北安市革命老区发展史

北安市老区建设促进会　编

黑龙江教育出版社

图书在版编目（CIP）数据

北安市革命老区发展史 / 北安市老区建设促进会编
. -- 哈尔滨 : 黑龙江教育出版社, 2021.5
ISBN 978-7-5709-2198-0

Ⅰ. ①北… Ⅱ. ①北… Ⅲ. ①北安—地方史 Ⅳ.
①K293.54

中国版本图书馆CIP数据核字(2021)第078434号

顾　　问　于万岭
丛书主编　杜吉明
副 主 编　白亚光　张利国　李树明　李　勃

北安市革命老区发展史
Beianshi Geming Laoqu Fazhanshi
北安市老区建设促进会　编

责任编辑　高　璐
封面设计　朱建明
责任校对　杨　彬
出版发行　黑龙江教育出版社
地　　址　哈尔滨市道里区群力第六大道1305号
印　　刷　哈尔滨博奇印刷有限公司
开　　本　787毫米×1092毫米　1/16
印　　张　16.5
字　　数　210千
版　　次　2021年5月第1版
印　　次　2021年5月第1次印刷

书　　号　ISBN 978-7-5709-2198-0　　定　　价　38.00元

黑龙江教育出版社网址：www.hljep.com.cn
如需订购图书，请与我社发行中心联系。联系电话：0 451-82533097　82534 665
如有印装质量问题，影响阅读，请与我公司联系调换。联系电话：0 451-51789 011
如发现盗版图书，请向我社举报。举报电话：0 451-82533087

《北安市革命老区发展史》编委会

总 序

在举国欢庆新中国成立70周年前夕，中国老区建设促进会王健会长请我为《全国革命老区县发展史》丛书作序，作为一名在老区战斗过并得到老区人民生死相助的老兵，回首往事，心潮澎湃，感慨万千，深感义不容辞，欣然应允。

中国革命老区，是以毛泽东为代表的中国共产党人在领导人民推翻帝国主义、封建主义和官僚资本主义三座大山，争取民族独立和人民解放伟大斗争中建立的革命根据地，在这片红色的土地上，诞生了无数可歌可泣的革命英雄儿女，为后人树起了一座不朽的丰碑。她是新中国的摇篮，是党和军队的根。

在艰苦卓绝的战争年代，老区人民把自己的命运与中华民族的命运紧紧地联系在一起，与中国共产党和人民军队的命运紧紧地联系在一起，他们生死相依，患难与共。我曾亲历过战争年代，并得到过老区红哥红嫂的救助，切身感受到发生在身边的一幕幕撼天动地的革命故事，在那极其艰难的条件下，老区人民倾其所有、破家支前，不怕艰难困苦，不怕流血牺牲。“最后一碗米送去做军粮，最后一尺布送去做军装，最后一件老棉袄盖在担架上，最后一个亲骨肉送去上战场”，这是当时伟大的老区人民为建立新中国做出巨大牺牲的真实写照，它将永远镌刻在中国共产党、中国人民解放军、中华人民共和国的历史丰碑上。他们的光辉业绩永载史册，他们的革命精神必将影响一代又一代的革命新人，造就一代又一代的民族脊梁。

在社会主义革命和建设时期，革命老区和老区人民响应党的号召，面对落后的面貌、脆弱的经济、恶劣的生态环境，他们本色不变，精神不丢，自力更生，艰苦奋斗，干一行爱一行。始终坚持“革命理想高于天”，自觉做共产主义远大理想的坚定信仰者和忠实实践者，勇于向恶劣的自然环境和贫穷落后宣战，他们在各条战线上为国建功立业，用平凡的双手创造了一个又一个不平凡的奇迹，彰显了老区人的崇高精神和人格力量。

在改革开放的伟大进程中，老区人民解放思想，勇于创新，发奋图强，攻坚克难，老区的经济社会建设取得了辉煌成就。特别是在改变中国的面貌、中华民族的面貌、中国人民的面貌、中国共产党的面貌的伟大实践中发挥了至关重要的作用。老区人民既是改革开放的参与者，也是改革开放的推动者。

艰苦练意志，危难见精神。老区人民在近百年的革命战争、社会主义建设和改革开放的伟大实践中，孕育形成了伟大的老区精神：爱党信党、坚定不移的理想信念；舍生忘死、无私奉献的博大胸怀；不屈不挠、敢于胜利的英雄气概；自强不息、艰苦奋斗的顽强斗志；求真务实、开拓创新的科学态度；鱼水情深、生死相依的光荣传统。这是党和人民宝贵的精神财富、丰厚的政治资源，是凝心聚力、振奋民族精神的重要法宝，也是社会主义核心价值观的重要内容。

中国老区建设促进会怀着强烈的政治责任感和历史使命感，组织全国各地老促会人员克服困难，尽心竭力编纂《全国革命老区县发展史》丛书，记录老区的光辉历史和辉煌成就，传承红色基因，弘扬老区精神，是功在当代，利及千秋的一件大事。手捧这部丛书的部分书稿，读着书中的故事，倍感亲切，深感这部丛书具有资政、育人、存史的社会功能，有着重要的时代和历史价值。它是不忘初心、牢记使命的源头活水，是赞颂共产党、讴歌老区人民的一部精品力作，是弘扬老区精神、传承红色记忆的丰厚载体，是一项继承优秀传统文化、弘扬革命文化、发展社会主义先进文化，坚定“四个自信”的宏大文化工程。它必将成为一种文化品牌，为各界人士了解老区宣传老区支持老区提供一部有价值的研究史料。希望读者朋友们能从中了解并牢记这些为党和民族的利益不断奉献的老区人民，从中得到教益，汲取人生奋斗的精神动力。

新时代赋予新使命，新起点开启新征程。让我们更加紧密地团结在以习近平同志为核心的党中央周围，坚持以习近平新时代中国特色社会主义思想为指导，增强“四个意识”，坚定“四个自信”，做到“两个维护”，弘扬老区精神，铭记苦难辉煌。为实现“两个一百年”奋斗目标，实现中华民族伟大复兴的中国梦做出新的更大的贡献！

遲浩田

2019年4月11日

编写说明

2017年6月，中国老区建设促进会组织全国各地老促会启动编纂《全国革命老区县发展史》丛书，按照“建立中国共产党、成立中华人民共和国、推进改革开放和中国特色社会主义事业”三大里程碑的历史脉络，系统书写革命老区百年历史，深入挖掘革命老区红色文化资源，这对于充实丰富中国革命史籍宝库、在新时代传承红色基因、弘扬革命精神、强根固本，对于激励人们在新的历史条件下夺取中国特色社会主义伟大胜利，实现中华民族伟大复兴的中国梦具有重要意义。

丛书编纂以习近平新时代中国特色社会主义思想为指导，以《中国共产党历史》《中国共产党的九十年》等重要文献为基本依据，以党的领导为核心，以老区人民为主体，以老区发展为主线，体现历史进程特征，突出时代发展特色，坚持辩证唯物主义和历史唯物主义相统一、历史真实性与内容可读性相统一的原则，书写革命老区从站起来、富起来到强起来的光辉革命史、不懈奋斗史、辉煌成就史，把老区人民的伟大贡献、伟大创造、伟大成就、伟大精神充分展示出来，形成一部具有厚重历史特征和鲜明时代特色的精品力作。这是一部培根铸魂、守正创新，既为历史立言，又为时代服务，字里行间流淌着红色血脉、催生着革命激情的传世之作。丛书的编纂出版将成为讴歌党讴歌人民讴歌时代、传播红色文化、为革命老区和老区人民树碑立传的重要载体。丛书按照编年体与纪事本末体相结合、以编年体为主的编写体例确定框架结构；运用时经事纬、点面结合的方式记述史实；坚持人事结合、以事带人的原则处理人与事的关系；采取夹叙夹议、叙论结合以叙为主的方法展开内容。做到史料与史论、历史与现实、政治与学术统一，文献性、学术性、知识性相兼容。

为编纂好《全国革命老区县发展史》丛书，打造红色文化品牌，中国老区建设促进会认真组织积极协调，提出政治立场鲜明、史料真实准确、思想论述深刻、历史维度厚重、时代特色突出、编写体例规范、篇目布局合理、审读把关严格、出版制作精良的编纂出版总要求，力求达到革命史籍精品的精神高度、思想深度、知识广度、语言力度，增强丛书的权威性和社会影响力。各省（区、市）、市（州、盟）、县（市、区、旗）老促会的同志，以强烈的使命感、责任感和紧迫感，勇于担当，积极作为，认真实施，组织由老促会成员、专家学者等参加的十余万人编纂队伍。编纂工作主体责任在县，省、市组织协调、有力指导、审读把关。各方面人员以高度负责的精神和科学严谨的态度，满腔热情地投入工作，为丛书编纂出版做出了重要贡献。丛书编纂工作还得到了党和国家有关部委、地方各级党委政府及有关部门的大力支持和积极参与，社会各界也给予了热情帮助。中共中央政治局原委员、中央军委原副主席、原国务委员兼国防部长迟浩田上将，对老区人民怀有深厚感情，对革命老区建设发展十分关注，欣然为《全国革命老区县发展史》丛书作总序。

丛书由总册和1 599 部分册（每个革命老区县编纂1部分册）组成，共1 600 册。鉴于丛书所记述的史实内容多、时间跨度长和编纂时间紧，不妥之处，敬请批评指正。

中国老区建设促进会

目 录

让红色成为北安永不褪色的底色（代序）

习近平总书记于2019年9月16日在河南新县考察时讲道：“我每次到革命老区考察调研，都去瞻仰革命历史纪念场所，就是要告诫全党同志不能忘记红色政权是怎么来的、新中国是怎么来的、今天的幸福生活是怎么来的，就是要宣示中国共产党将始终高举红色的旗帜，坚定走中国特色社会主义道路，把先辈们开创的事业不断推向前进。” 同时还强调：“要讲好党的故事、革命的故事、根据地的故事、英雄和烈士的故事，加强革命传统教育、爱国主义教育、青少年思想道德教育，把红色基因传承好，确保红色江山永不变色。”

北安是一片红色的沃土，也是远近闻名的革命老区，红色历史文化“成色足”、分量重。早在抗日战争时期，这里就是东北抗日联军第三路军最活跃的游击区和后方指挥中心。解放战争时期，这里又是老黑龙江省根据地中心以及北满根据地五大中心之一，被称为“土地改革的试验田”“红色军政人才的摇篮”“东北解放区稳固的后方基地”，陈云、李富春、蔡畅、赵尚志、李兆麟、何长工、洪学智等革命先辈在这片黑土地上战斗过，常有钧、朴吉松、赵光等革命英烈血染这片英雄的土地。“赵尚志指挥冰趟子大捷”“于天放牢笼脱险”“王钧雪夜运枪”“尚大嫂支援抗日”“刘二嫂掩护于天放”等脍炙人口的红色故事至今仍在北安大地广为传颂。红色血脉深深根植北安，革命传统落地生根，这里拥有“北国枪城，塞北延安”的美誉。

北安迎来新中国第一缕曙光。这里建立了中国共产党领导的第一个完整的省级民主政权、东北解放区第一批军政干部学校、全国解放区第一个铁路局、新中国第一个国营农场……北安红色历史上的“十个第一”，彰显了辉煌历史，也积淀了丰富内涵，这是北安人最宝贵的精神财富，也是最引以为傲的文化自信。

历史的荣光，擦亮了初心，也照亮了前进的路。在北安广阔富饶的大地上，红色基因代代相传，伟大的延安精神、抗大精神、抗联精神、红色军工精神在这里落地生根、融合发展、发扬光大，已成为北安人民的精神内核和前进动力，正在演变成新时代的北安精神。北安的红色历史富矿是取之不尽、用之不竭的宝贵财富，我们一定要挖掘好、利用好、守望好、传承好，从中汲取力量，推动发展。

令人欣喜的是，近年来经过全市上下的共同努力，我市红色历史文化资源的挖掘、利用和宣传取得丰硕成果，不仅建成了影响力日益增强的红色博物馆群，还卓有成效地开展了一系列红色活动，使“从延安到北安”成为响亮的红色品牌，并在省内外产生了前所未有的影响。今后我们还要加大力度，继续把这篇红色大文章做实做好，使之成为北安响当当的城市名片，让红色成为永不褪色的底色。

珍视历史，丰富内核。挖掘红色历史责任重大，意义深远，时不我待。要乘势而上，抢前抓早，尽快成立红色历史研究会、延安精神研究会、东北军政大学研究会等社会组织，积极开展红色历史研究和对外交流，提升学术研究水平。吸收专家和历史研究爱好者，组成精干的专班队伍，赴全国各地有计划地挖掘红色历史，追寻红色足迹，通过采访“红二代”，查找相关馆校所藏资料，开展红色交流活动，征集红色文物、建立红色档案、整理红色故事、编辑红色史料、绘制红色旅游地图，争取利用两到三年的时间，把北安的红色历史挖深挖透，系统、全面、完整地将其呈现出来，让北安的红色历史财富更加丰富饱满，让红色成为北安最鲜明的文化符号，让红色历史丰碑在北安大地高高耸立。

创新平台，薪火相传。弘扬红色历史，需化无形为有形，不仅要听得见，更要看得见。搭建红色文化资源大数据平台，通过网络和新媒体全方位宣传推介北安的红色历史文化。进一步抓好红色历史文化资源开发利用，重点抓好南北河、革命屯抗联连片遗址开发和保护，建设红色旅游景点、红色主题公园和红色主题雕塑等。进一步抓好红色博物馆群建设和完善提升，积极推进东北军政大学纪念馆、北安铁路局纪念馆、北安土地改革纪念馆等场馆建设，不断壮大红色博物馆群，尽快把北安打造成红色博物馆之城，使之成为全国知名的党史教育基地、红色教育基地、红色旅游经典景区、红色文艺创作基地、红色研学基地，国家级新时代文明实践中心示范基地、爱国主义教育基地、国防教育基地、党员干部培训基地，并成为全市党员干部了解党的历史、加强党性锻炼的重要场所，广大群众培养爱国情感、培育民族精神的重要阵地，青少年学习革命传统、陶冶道德情操的重要课堂，不断增强红色北安辐射力和影响力，最终把北安打造成为闻名遐迩的红色历史文化名城。

红色音符，律动北安。通过开展系列活动，让北安的红色名片更鲜亮，让红色精神感召人、鼓舞人、教化人。组织召开红色历史研讨会，邀请全国知名专家参加，扩大红色历史研究成果；与主流媒体合作，拍摄北安红色历史纪录片和短视频，在主流平台上播出，并作为对外宣传的视频资料；支持红色文艺作品创作，建立红色创作基地，邀请著名作家开展红色采风活动，创作一批反映北安红色历史的文学精品；编演一批红色情景剧和红色微电影，让更多的人感受到北安红色历史文化的独特魅力；举办红色文化节，扩大北安红色文化的影响力；成立红色故事宣讲团队，讲好北安的红色故事，让更多的人提升对红色历史文化的认知和认同；举办红色历史知识竞赛、征文比赛、主题党日等活动，扩大社会参与面；打造红色文化一条街、红色文化社区、红色文化通道等，让红色文化融入市民日常生活；建立红色文化产业园，完善旅游服务设施，抓好文创产品的开发，促进红色文化的繁荣和红色旅游产业的融合发展。

红旗飘飘，鼓声激越；初心如磐，奋斗不止。新时代的红色北安，步伐铿锵地踏上新的长征路，我们要把红色历史资源转化为精神力量和发展优势，始终保持一往无前的奋斗姿态，不断激发红色文化活力，提升文化竞争力，创造无愧于时代的新辉煌。

中共北安市委书记　冯　云
北安市人民政府市长　李　华

第一章　概述

一、历史沿革

北安市位于黑龙江省北部中心地带，介于东经126°16′—127°53′、北纬47°35′—48°33′之间，域内总面积7 149平方公里。

北安市是隶属黑河市管辖的县级市，是黑河市域内南部之门户；是铁路、公路交通枢纽；是滨北、齐北铁路的终点；是北黑铁路的起点。北安南至哈尔滨，北至黑河，东至伊春，西至齐齐哈尔、嫩江的中心腹地，公路四通八达。是哈尔滨、齐齐哈尔、黑河之间的交通要冲，战略地位十分重要。

北安市地处小兴安岭南麓向松嫩平原过度的边缘丘陵地带，素来有“南通省会，北达边疆，东靠林海，西接粮仓”之称。

北安市原名龙门县、龙镇县、北安县，是由北安、通北两县合并而成。

晚清时期，北安隶属海伦府管辖，因地处海伦北部，取北部安定之意，故称北安。清宣统三年（1911年）在海伦设龙门招垦局，在奇克特设分局，初放毛荒，分段划井而治。一井为36平方里（9平方公里），北安位于天字段十井。1912年10月，龙门招垦局移驻龙门镇，改称设治局兼办垦务，辖龙门镇、乌鱼镇、安古镇。1914年调整县界，将龙门设治局所辖最南部的安古镇划给了海伦，并将海伦最北部的北安镇划归了龙门设治局。1915年龙门设治局迁至西南30华里的新龙门（今五大连池市龙镇）。1917年1月11日，龙门设治局升为龙门县，序列二等县。同年7月改称龙镇县，辖龙镇、公安、乌鱼、湖山、北安五镇。

北安，晚清时叫北安街，民国初年叫北安村。1914年筑土城，修街道改称北安镇。1932年12月，龙镇县公署迁至北安镇。1939年1月1日起龙镇县更名为北安县。同年6月1日，伪满洲国推行北边振兴计划，调整地方行政机构设置，设立伪北安省，北安成为伪满省会城市。

1945年8月15日，日本侵略军宣布无条件投降，伪满洲帝国倒台。同月17日，受中共东北党委会派遣，王钧率部由苏联乘飞机到达北安，负责接收伪北安公署政权。同年10月24日，受中共东北局派遣从晋察冀先期来北安的19名干部团，召开伪满公署接收大会，宣布接收伪北安省公署。11月15日，中共中央东北局又派遣从延安来的195人干部团到北安，组建黑龙江省政府，至此，北安回到了人民手中。此后，中共黑龙江省工委，黑龙江军区相继在北安宣告成立，使北安成为全国第一个中国共产党领导的省级政权所在地，北安再次成为省会城市。其后，北安中心县委，县民主政府也相继成立。

1947年2月，黑龙江、嫩江两省合并，组建黑嫩省，北安、通北两县划为第一专区。同年9月，黑嫩省重新划分为黑龙江省和嫩江省，北安仍为黑龙江省省会。1949年4月黑龙江省和嫩江省合并为黑龙江省，省会迁至齐齐哈尔。

1956年3月6日，经国务院批准撤销通北县，并入北安县。1958年9月5日，经国务院批准撤销德都县，并入北安县。1960年1月7日，经国务院批准撤销北安县，设置北安市。1963年6月29日，经国务院批准撤销北安市，恢复北安县和德都县。1982年12

月18日，经国务院批准撤销北安县恢复北安市建制（县级）。同日，经国务院批准恢复通北县，1983年4月28日，经国务院批准撤销通北县，再度并入北安市。

北安市现辖5个建制镇和4个乡。境内有10个农林场，11个部队农场，农垦北安管理局，省森工通北林业局等42个省及黑河市直属单位。

二、北安市革命老区

北安市现辖5个镇、4个乡，62个行政村、384个自然屯，全市总人口48.5万人。其中革命老区3个镇2个乡，23个行政村，150个自然屯，老区人口7.5万人。

北安市革命老区经1953年省政府认定为：城郊乡革命村、赵光镇前进村。2001年，省民政厅按照国家民政部革命老区认定标准，认定城郊乡所辖的八个行政村，赵光镇所辖的七个行政村，总计15个村为革命老区村。2007年省民政厅下发《黑龙江省补划革命老区村名单》的通知（黑民救〔2007〕74号）文件。北安市革命老区增加至三镇两乡，即通北镇、赵光镇、二井镇、城郊乡、东胜乡；革命老区村增至20个行政村。2008年12月，黑龙江省老区建设促进会最终印发的《黑龙江省革命老区总揽》进一步明确认定了通北镇新民村、二井镇自民村、东胜乡东民村为革命老区村，北安市革命老区村最终增加至23个行政村。北安市被认定为革命老区市，城郊乡、通北镇、赵光镇被认定为革命老区乡镇。

三、抗日战争时期的北安

北安是北满地区开展抗日斗争较早的地区之一。1931年"九一八"事变后，日本侵略者占领了东北三省，1932年，代理黑龙江省主席马占山率部与日本侵略者进行的江桥战役失败后，于同年4月19日，在黑河通电全国宣告反满抗日。6月1日，马占山在率部赶赴抗日前线的途中，到达通北县驻地（今北安市赵光镇前进村），接受了美、德两国记者的联合采访，控诉了日本帝国主义的侵略罪行，响应抗日主张，表明了抗战到底的决心。同年7月11日，马占山部下李海青在参加江桥战役失利后，举旗建立了抗日义勇军（报号天照应），率部攻打了通北县（今北安市赵光镇前进村），俘获了伪通北县长，在广大群众中产生了积极影响，激发了民众的抗日情绪。1936年9月，遵照中共北满临时省委提出的“向新区发展，向日伪统治环节薄弱的隙缝中突击”的策略，抗联第三军军长赵尚志率部500余人率先开始西征，并在铁力将部队留下200余人，用于增加开辟庆、铁游击区的力量。率余部300人，于1937年2月底到达北安南北河地区八道林子（今通北林业局前进林场境内）。1937年3月初，赵尚志军长，率部在八道林子对尾随而来的日伪军进行了阻击战（史称八道林子阻击战），击退日伪军后，转移至冰趟子一带。同月7日，赵尚志军长又率部在冰趟子对围剿抗联的日伪军讨伐队800余人，进行了伏击战（史称冰趟子战斗），此战获得全胜。

北满抗日斗争领导指挥中心和抗联后方密营的形成。冰趟子伏击战获胜之后，军长赵尚志决定，将抗联三军六师留在八道林子（今通北林业局前进林场），由师长张光迪带领开辟建设后方基地。1937年7月上旬，抗联六军第一次西征部队700余人，在军长戴鸿斌率领下，到达八道林子与三军六师留守的张光迪部会师。同年9月，抗联六军西征部队返回汤原根据地。1938年9月，抗联六军第二次西征部队在参谋长冯治纲率领下，到达通北八道林子。同年12月29日，东北抗联最后一批西征部队共90余人，在东北抗联总政治部主任李兆麟率领下，到达八道林子。至此，东北抗联部队大部和北满临时省委主要成员全部到达八道林子，东北抗联史上的战略性转移胜利结束，八道林子成为北满抗联部队的后方大本营和北满地区抗日斗争的指挥中心。

北满省委在八道林子领导和指挥北满地区抗日斗争中发挥了不可替代的重要作用。1939年1月2日，李兆麟在八道林子白皮营，以北满临时省委代表的身份组织召开了抗联三、六军西征部队师、团干部会议，整编了部队，设立了龙北、龙南两个指挥部，明确了抗联部队的序列和建制，以及隶属关系、游击活动区域、主要任务。同时宣布成立东北抗联西北指挥部，李兆麟为总指挥，冯仲云为政治委员，许亨植为副总指挥，冯治纲为参谋长，稳定了部队，统一了北满地区抗日斗争的指挥与领导。

1939年3月，北满省委决定，撤销北满抗联总司令部，成立北满抗日联军第三路军及其总指挥部。1939年5月30日，抗联第三路军总指挥部在德都（今五大连池市）开辟建成的朝阳山后方密营宣告成立，北满抗日斗争领导和指挥机关离开了南北河白皮营子。

1940年4月下旬，北满省委在南北河后方基地召开会议，史称"南北河会议"，传达了伯力会议决议，使东北抗联与党中央失掉联系后第一次听到了党中央声音，认清了全国抗日斗争的局势，明确抗日斗争的方向，会议决定进一步整编部队。

1940年7月19日，德都朝阳山密营遭日伪讨伐队偷袭，抗联第三路军总指挥部和北满省委机关，在李兆麟总指挥率领下，重新返回南北河八道林子白皮营，使南北河地区的白皮营再度成为北满地区抗日斗争的领导机关驻地和指挥中心。

1940年10月，抗联第三路军总指挥李兆麟在白皮营主持召开龙南八县抗联干部会议，部署了广泛开展游击活动计划。1941年5月，李兆麟在白皮营召开了龙北抗联干部会议，听取第九、十二支队游击斗争的情况汇报，分析了两个支队活动区域的抗日斗争形势，安排部署了新的游击斗争任务。1941年12月，根据北满省委决定，除留下小分队继续坚持游击活动外，其他部队分别从不同地点过界进入苏联境内，参加野营整训。至此，北满省委机关和东北抗联指挥部全部撤离南北河后方基地。

北安是北满地区抗日烽火兴起的策源地之一。1938年10月，抗联六军十二团完成西征任务后，在八道林子白皮营接受了北满省委书记金策的指示，由政治部主任王钧率抗联六军十二团，开赴北安东部山区，负责开辟北安境内抗日游击区。同年10月底。十二团在腰孙家、白家店、李殿芳、董画匠、粮台、老山头等村屯开展抗日活动，时至隆冬，为解决部队的冬服和粮食问题，抗联派周云峰、王永昌2名同志到李殿芳屯开展工作，动员和发展了李殿芳，张广英（尚大嫂）等十多名抗日积极分子，在10多天的时间里，为抗联十二团解决了粮食7麻袋，赶制棉衣、棉裤、棉鞋、棉帽70余套，补充给十二团，使他们在深山里站住了脚。到1939年4月的半年时间里，李殿芳屯就有李殿芳妻子李张氏、内弟张庭训、张广英（尚大嫂）等多人秘密参加抗联，接受负责地方工作任务。此时，李殿芳屯已成为名副其实的抗日斗争堡垒屯，抗日活动非常活跃。

北安是北满地区第一个中共（地下）中心县委诞生地。1939年7月，经中共北满临时省委决定，中共北安（地下）中心县委在李殿芳屯秘密成立，同时派周云峰（抗联六军三师政治部主任）任县委书记，王永昌（原中共绥滨县委书记）以及郭铁坚、边凤祥等抗联骨干，并吸收革命屯新发展的党员于万真参加，任县委委员，组成了中共北安（地下）中心县委。并把德都（今五大连池）、通北两县的抗日斗争划归北安中心县委领导。

北安群众抗日组织的建立和兴起。1937年春，抗联三军九师政治部主任雷炎，在海伦、通北一带开展抗日活动，在他的宣传教育影响下，宋家站（今通北镇当时归属通北县）的张守智、白清泉、张天森、赵永申、王康礼等十多名青年参加了张守智为首的抗日救国会组织。到1940年底，在宋家站周边的宋英屯、刘大棒子屯、小后窑屯、王三乐屯先后成立了抗日救国会组织，发展会员40多人。1939年7月，中共北安（地下）中心县委在李殿芳屯成立后，随即在李殿芳屯以抗日活动积极分子为基础，宣告成立了抗日救国会和妇女救国会两个抗日群众组织，于万真担任救国会会长，张广英（尚大嫂）担任妇救会长。此后，两个救国会组织成员纷纷走出村屯，开展抗日宣传活动，很快在周边的四平街、董画匠、粮台、拉拉屯，德都县西南的马万良屯、腰张家、老道窝棚、王大犁等屯建立起了抗日救国会和妇女救国会组织，发展会员120余人。到1945年初，在北安（含原通北县）47个村屯建立了“两会”组织，发展会员近300余人。

四、抗日战争时期发生在北安的历史事件

日寇血洗张景芳屯事件（史称张景芳屯惨案）。1933年农历十月十六日，由于本屯土匪出身的王安亭为个人私怨，诬陷屯中大户张景芳窝藏“马胡子”，并称其全屯没有好人，遭日本关东军屠杀，全屯109人被抓，有108人惨遭杀害，只有一人叫时焕的在连遭八刀的情况下幸存下来。

李殿芳屯大逮捕事件（史称李殿芳屯惨案）。由于1937年以后，李殿芳屯群众积极参加抗日活动，引起了日伪警的注意。1940年10月31日，日伪军警特务头子郝喜山得到抗联叛徒尚连生的情报后，组织日伪军警400余人，分乘11辆大卡车，包围了李殿芳屯进行大搜捕，抓捕抗日群众55人，并把33人带到北安伪警署审问，把其中的25人押送到哈尔滨监狱，分别判处10至15年徒刑，有15人死在监狱中，其余10人直到“八一五”日本投降后才

被营救出来。

五、抗日战争时期发生在北安地域内的对日作战

八道林子阻击战。1937年3月初，冰趟子伏击战的前三天，赵尚志率部西征到达南北河八道林子，对尾追而来的日伪军近100人，进行了阻击战，此战击毙日军30多人，缴获7挺机枪，6个掷弹筒，50多支步枪和一批弹药，抗联仅伤一人。

冰趟子伏击战。1937年3月7日，赵尚志率西征部队在南北河冰趟子，对围剿抗联的日伪军800多人进行了伏击战，此战是抗联兵力不足300人，敌我力量对比相差相当悬殊，遭遇连续6个月的前堵后追，没有给养，没有宿营地，弹药奇缺条件的战斗，此战毙敌200余人，敌枪伤、冻伤100余人，是抗联战史上以极小的代价夺取巨大胜利的经典战例之一。

宋家站（今通北镇）战斗。1937年8月上中旬，王明贵率抗联六军三师在向通北（原赵光镇前进村）、北安远征中，部队与尾追而来的日伪军作战。在宋家站与日伪军激战后，缴获大批粮食和布匹。

柳毛沟战斗。1940年1月下旬，王明贵率部在通北柳毛沟（南北河域内）袭击日本移民团伐木场，战斗中王明贵右大腿上部负伤（第三次重伤）。

掩护省委机关转移伏击战。1940年2月下旬，日本讨伐队袭击我南北河密营，王明贵率部连续三次对讨伐队进行伏击，使得省委机关安全转移。

南北河密营保卫战。1940年2月下旬，省委机关转移后第二天，日伪讨伐队再次偷袭南北河密营，王明贵在率部转移中，多次阻击讨伐队，击毙敌人数名。

四〇四高地突围战。1939年12月，抗联六军十二团教导队

队长曹玉奎，率战士小周下山到李殿芳屯（今革命村）寻找北安（地下）中心县委，在通过四〇四林区时，被日伪军发现，并被包围，曹玉奎帅战士小周奋力突围，突围中战士小周受伤，二人突围后到李殿芳屯被妇救会长张广英营救下来。

攻打通北石泉镇警察护卫团战斗。1940年9月，由于日伪军在李殿芳屯对十二团（李殿芳屯籍）战士宋显、宋国发杀害，并惨无人道地割下他们的头颅，挂在屯东屯西的木杆上，恫吓抗日群众。为给烈士报仇，抗联第三路军第三支队参谋长王钧率部队，奔袭攻打石泉镇伪警察护卫团，缴获了许多物资和弹药。

抗联三路军三支队与通北伪骑兵22团遭遇战。1940年9月，抗联第三路军三支队在攻打石泉镇伪警察护卫团之后返回途中，在宋家站外围巧遇通北伪骑兵22团，在遭遇战中，日本指挥官被击毙，俘虏伪军一个排，此战获胜。

围歼徐占国屯伪警察所战斗。1940年10月，为铲除日伪统治势力，抗联第三路军第三支队参谋长王钧率部队，围歼了徐占国屯（今城郊乡新合屯）伪警所，击毙伪警察1人俘虏5人。

攻打口门子伪军连战斗。1940年10月底，为消除抗联北征道路的障碍，抗联第三路军第三支队参谋长王钧率部队，发起了攻打口门子伪军连战斗，此战全歼伪军连。

攻打日军炮楼战斗。1940年11月，三支队王钧参谋长率部下山，攻打了李殿芳屯外围（今革命村炮台屯）日伪军炮楼，端掉了日军三个炮楼，全歼日伪守军，缴获两挺机枪、部分弹药和大批物资。

六、在北安域内战斗过的抗日将领

1.李兆麟（原名张寿篯）：1931年转为中共党员，曾任中共满洲省委军委负责人、珠河游击队副队长、哈东支队代理政委、东北人民革命军第三军一师政治部主任、东北民众反日联合军总政治部主任、东北抗联第六军代政治部主任、第三路军总指挥、抗联教导旅政治副旅长、苏联红军哈尔滨卫戍副司令、滨江省副省长。1946年3月9日被国民党特务暗杀于哈尔滨。

2.赵尚志：1925年加入中国共产党，黄埔军校第四期学员，曾任中共满洲省委军委书记、巴彦游击队参谋长、中国工农红军第36军江北独立师政治部主任、珠河游击队队长、哈东支队司令、东北人民革命军第三军军长、东北抗日联军第三军军长、东北民众反日联合军总司令、东北抗日联军总司令、东北抗日联军第二路军副总指挥，1942年2月在鹤岗梧桐河壮烈牺牲。

3.冯仲云：曾化名冯群，1927年加入中国共产党，曾任清华大学党支部书记、中共满洲省委秘书处长、秘书长，东北人民革命军第三军政治部主任、中共北满临时省委书记兼东北抗日联军政治军事学校教育长、东北抗日联军第六军政治部主任、东北抗日联军第三路军总政委。新中国成立后任松江省主席、北京图书馆馆长、水利部副部长、水利电力部副部长。

4.张兰生：满族，原名包巨魁，1932年加入中国共产党，曾任中共珠河中心县委书记、中共北满临时省委书记、 东北抗日联军第三军政治部主任，1939年7月19日在五大连池朝阳山作战牺牲。

5.许亨植：朝鲜族，别名李熙山，1930年参加中国共产党，曾任宾县特支委员、哈东支队政治指导员、大队长，东北人民革命军第三军团长、团政治部主任、师政治部主任，东北抗日联军第三军师政治部主任、第九军政治部主任、第三军军长，东北抗日联军第三路军总参谋长兼十二支队支队长。1942年8月3日在黑龙江省巴彦县青峰岭邵凌河畔与敌人作战牺牲。

6.戴鸿宾：1932年加入中国共产党，曾任汤原游击队总队长、东北人民革命军第六军团长、东北抗日联军第六军军长、东北抗日联军第三路军第十二支队支队长。1945年后任三江省人民自卫军副司令、合江省军区副司令。新中国成立后任吉林省公路局局长、吉林省林业厅经营局局长、吉林市政协副主席。

7.王钧：1935年加入中国共产党，曾任汤原游击队排长、指导员，东北人民革命军第六军团政治部主任、团长，东北抗日联军第三路军第三支队参谋长。1945年9月任北安卫戍区副司令。新中国成立后任黑龙江省军区参谋长、副司令员、黑龙江省体委主任、省委视察室副主任。

8.耿殿君：绰号"耿破烂"，1933年加入中国共产党，

曾任东北人民革命军第六军留守团团长、东北抗日联军第六军十二团团长，1939年在作战中英勇牺牲。

9.金策：朝鲜人，1930年加入中国共产党，历任宁安县东京城区委书记、宾县特支书记、珠河中心县委秘书长、中共北满省委书记，曾任哈东支队军需处长、东北人民革命军第三军团政治部主任、东北抗日联军第三军政治部主任、东北抗日联军第三路军政委、抗日联军教导旅第三营政委。抗战胜利后任朝鲜劳动党中央委员、朝鲜共和国内阁副首相。

10.于天放：1931年加入中国共产党，曾任巴彦游击队特派员、东北抗日联军随军学校教育长、东北抗日联军第十一军师政治部主任、东北抗日联军第三路军六支队政委、三路军总部特派员。1945年后任黑龙江省军区副司令、高等法院院长，新中国成立后任黑龙江省军区司令、省政府副主席、副省长，省政协副主席兼黑龙江大学校长。

11.赵敬夫：原名白长岭，中共党员，中共北满省委委员，曾任东北抗日联军第三军五师宣传科长、三师代理政治部主任、

第三路军第三支队政委，1940年在德都（今五大连池市）朝阳山战斗中牺牲。

12.王明贵：1934年5月参加冯治纲领导的“文武抗日队”，1936年8月入党，1936年11月任抗日联军六军第三师副官长兼八团团长，六军三师代师长、师长，北满抗日联军龙南指挥部第三支队支队长，第三路军三支队支队长，齐齐哈尔市苏军卫戍司令部副司令员，第四野战军独八师师长，160师师长，1955年任黑龙江省军区副司令员，被授予少将军衔，1966年5月离职休养。

13.李景荫：1937年加入中国共产党，1937年起义参加东北抗日联军，曾任东北抗日联军独立师参谋长、副师长、师长、龙南指挥部指挥、东北抗联第三路军六支队支队长，1945年后任富锦县公安局长。新中国成立后任双鸭山和阜新煤矿局局长。

14.冯治纲： 1936年加入中国共产党，抗日义勇军“文武队”队长，后任汤原民众反日游击总队中队长、东北人民革命军第六军团长和参谋长、东北抗日联军第六军参谋长、第三路军龙北指挥部指挥。1940年在内蒙古阿荣旗对日伪军作战牺牲。

15.郭铁坚：原名郭成文，1935年加入中国共产党，曾任依兰县某区游击连连长、东北抗日联军第九军师政治部主任、师长、龙南指挥部第四支队参谋长、东北抗日联军第三路军九支队政委，1941年9月在甘南县郭尼河屯作战牺牲。

16.常有钧：1934年秋参加反日游击队哈东支队，1935年9月任东北人民革命军第六团政治部主任，1936年3月率部参加抗日联军三军西征，1936年8月任抗日联军第三军第一师政治部主任，政保师师长。1938年夏率三军八团和六军十二团在由海伦向通北南北河后方基地途中，在柳毛河东岸被叛徒杀害，时年27岁。

17.白福厚：中共党员，1933年参加青年抗日救国军，后到伪军当兵，1937年哗变参加抗日联军第六军，历任连长、团长、大队长，1941年3月在孙吴县辰清车站遭遇战中不幸牺牲。

18.陈雷：中共党员，曾任佳木斯市委宣传部长、书记，东北抗日联军第六军组织科长、龙南指挥部第一支队政治部主任、东北抗日联军第三路军指挥部宣传科长。1945年后任绥化军分区政委、西满军区副政委、黑龙江省委秘书长，新中国成立后任黑龙江省政府副主席、主席、省长、省委副书记，中共12大中央委员。

19.张光迪：1934年加入中国共产党，曾任东北抗日联军第三军执法处长、团长、副师长、师长、支队长。1945年9月后任黑龙江省（北安）军区司令、合江军事副部长、内蒙古骑兵师副师长，新中国成立后任天津、邯郸军分区副司令。

20.李敏：原名李明顺，朝鲜族，女，1937年入团，1939年转入中国共产党，曾任东北抗日联军第六军被服厂战士、医院护理员、政治教员，抗日联军教导旅广播员、报务员。抗战胜利后任军区连指导员，新中国成立后任黑龙江省文教办副主任、哈尔滨市第一工具厂党委书记、省工会副主席、省民委主任、省政协副主席。

21.张传福：1934年起义参加汤原游击总队，1935年加入中国共产党，曾任东北人民革命军第六军团长、东北抗日联军第六军师长，1938年8月作战牺牲。

22.高玉林：1940年参加抗日联军第三路军第十二支队任战士。1943年入党，1945年9月任通北县苏联红军司令部副司令员，新中国成立后任营长、团参谋长、副团长，伊春林管局副处长、营林局副局长、局长，伊春市人大副主任，

23.曹玉奎：东北抗日联军第六军教导队的干部，抗联第三路军第九支队副官长，1941年在甘南县郭尼河屯作战牺牲。

24.关树勋：中共党员，曾任东北抗日联军第六军三师二团政治部主任、龙南指挥部第四支队政治部主任，1939年12月在绥棱县周家店与日军战斗中牺牲。

25.边凤祥：中共党员，曾任桦川县反日游击队连长、东北抗日联军第六军团长、第三路军九支队副官长、支队长。

26.朴吉松：朝鲜族，1933年参加反帝大同盟，1934年参加共青团，后任儿童局长、汪清县四区共青团书记，1936年加入中国共产党，历任东北抗日联军第五军战士、第三军一师少年排长、三师组织科长、司令部警卫团政治部主任、七团政治部主任、东北抗联第三路军第十二支队大队政治部主任、十二支队支队长，1943年1月在庆安作战负伤被俘，同年9月在北安监狱英勇就义。

七、黑龙江省政权在北安建立

建立黑龙江省政府。1945年“八一五”日本侵略者宣告无条件投降，经在苏联（八十八国际旅）野营整训的东北党委决定，由原抗日联军第三路军第三支队参谋长王钧等23人组成的政权接收组，负责伪满北安省（北安省行政公署）和伪满北安省所辖的二十五个县的接收工作，于同年8月17日接收组乘苏联飞机到达北安。展开了政权接收工作，为建立黑龙江省党、政、军各级政权机关奠定了基础，争取到了宝贵的时间。同年10月10日，为开辟北安（黑龙江地区）的工作，经中共中央东北局决定，从晋察冀派陈大凡、王堃骋等19名干部来到北安，组建中共嫩江省工作委员会。并开始了建立根据地的工作。同月24日在苏联驻北安卫戍司令阿里耶夫的参与下，在伪北安行政公署驻地召开了政权接管大会，正式接管了伪北安省行政公署权力。同时，在陈大凡和徐烈的主持下，解散伪北安维持会，清理了有国民党倾向的伪公署职员。同年11月13日，受中共东北局派遣从延安来北安的

195人干部团到达北安，召开各界代表会议，宣告成立黑龙江省政府，陈大凡任省政府主席，徐烈任政府秘书长，省政府驻北安县城。全省共辖北安、德都、克东、克山、拜泉、依安、明水、望奎、海伦、通北、绥棱、绥化、庆安、瑷珲、孙吴、逊克、呼玛、乌云：鸥浦、漠河、通肯、铁骊、青岗、兰西、绥东等25个县。

建立中共黑龙江省委。1945年10月23日，中共中央东北局决定成立中共嫩江地区工作委员会，王堃骋任书记。同年11月15日，延安195人干部团到达北安后，宣布：中共中央东北局撤销中共嫩江地区工作员会，成立黑龙江省工作委员会的决定（简称省工委）。范式人任工委副书记、代理书记，赵德尊任组织部长，王堃骋任宣传部长，范式人、赵德尊、叶长庚、陈大凡，杨英杰，王堃骋、王钧、陈雷、张光迪为省委委员，黄一然任省委秘书。同年12月底，省工委设常委会，并增补了省委委员。王鹤寿、范式人、叶长庚、陈大凡、赵德尊5人为常委，杨英杰、于天放、王钧、张光迪、陈雷、王堃骋、林一心为委员，王鹤寿任书记，范式人任副书记。1946年12月，为应对战时特殊形势，中共西满分局决定撤销黑龙江省委，分设北安、龙南、黑河三个地委，第一地委设在北安，王鹤寿任书记。1949年5月15日，中共中央东北局决定：黑龙江省委与嫩江省委合并，成立新的黑龙江省委，张启龙、赵德尊、冯白新，于毅夫、杨英杰为省委常委，张启龙任省委书记，赵德尊任省委副书记，黑龙江省委机关移至齐齐哈尔。

建立黑龙江军区。1945年8月15日，抗联第三路军三支队参谋长王钧率北安政权接收组到达北安以后，出任苏联红军北安卫戍司令部副司令。当时他考虑用什么办法可以公开地把自己掌握的武装力量搞起来，这支武装力量依据北安社会状况较乱，周边匪情严重，需要建立武装维护社会治安，也可以消除匪患，说服了苏联卫戍司令阿里耶夫，通过一个多月的努力，建立起两个连队，近200余人。同年9月正式成立了黑龙江保安大队，扩建到八个连队近千余人。后发展到1 600余人，改编为保安团。11月15日，经中共中央东北局决定：成立东北人民自治军北安（龙江）军区，叶长庚任司令员，范式人任军区党委书记兼副政委，代理政委，王钧任副司令员兼参谋长，于天放·任副司令员，林一心任军区政治部主任。1946年9月22日，东北民主联军总部和西满军区下达命令，任命洪学智为黑龙江省军区司令员，叶长庚任第一副司令员，王钧任第二副司令员，赵承金任第三副司令员（原副司令员于天放改任黑龙江省参议会参议长）。1947年11月，东北民主联军总部撤销黑龙江军区，成立直属西满军区的第一、第三、第五军分区。其中第一军分区设在北安。叶长庚任司令员，北安地委书记王鹤寿兼任军分区政治委员，1947年7月26日，东北民主联军总部命令，撤销西满军区，重新成立黑龙江军区。同年9月11日，东北民主联军总部命令：叶长庚任黑龙江军区司令员，王鹤寿兼任军区政治委员，关靖寰任副司令员，廖仲符任参谋长，陈志芳任政治部主任。1948年1月，李英武任参谋长。1948年1月，中央军委命令，东北民主联军改为东北人民解放军，东北民主联军黑龙江军区改称为东北人民解放军黑龙江军区。1949年1月20日，奉东北军区命令，黑龙江军区被撤销，改为省军事部。

八、建立县人民民主政权

建立中共北安中心县委。中共北安（地下）中心县委于1939年7月在李殿芳屯成立。1940年底，遭到了严重破坏。县委书记王永昌在李殿芳屯群众的掩护下，安全转移后，始终在北安坚持领导抗日斗争。

1945年“八一五”光复后，王钧率政权接收组到达北安，首先找到了在北安坚持地下抗日斗争的中共北安（地下）中心县委书记王永昌，按照新的斗争形势的需要，北安中心县委迅速把从日伪监狱营救出来的抗日积极分子、救国会成员以及抗联失散人员组织起来，投入建党建政斗争。

1945年11月15日，党中央从延安派往东北的195名干部到达北安后，同月16日，中共北安中心县工作委员会（对外称政治部、县委书记改称政委）秘密组成，中共黑龙江省委任命史梓铭为县委书记兼黑龙江警备三旅政委，王永昌为副书记兼县大队政委，中共北安中心县委辖通北、克山、德都三县和本县的五个区委。同月16日，中共通北县工委成立，李仰南任通北县工委书记兼县大队政委。1946年1月，中共北安中心县委决定：在所辖的各区建立区委会（简称区委）。同年8月15日，中共黑龙江省委决定：除黑河地区外，各县工委均改为县委。同时，从8月开始，原中共北安中心县委，所辖的通北、德都、克山县委隶属中共黑龙江省委。1947年10月15日，史梓铭调任兰西县委书记，牟海波继任北安县委书记。1949年4月，李仰楠调转工作，王占元继任通北县委书记。同年5月15日，牟海波调转工作，周守成继任北安县委副书记，主持县委工作。同年8月22日，中共北安县委第一次代表大会召开，实现了公开建党。

建立北安县民主政府。1945年“八一五”光复后，北安县本级政权出现真空。8月17日，伪官吏认为有机可乘，率先跳出来四处活动，成立了伪县长钟秀琦为委员长的北安县地方维持会，等待国民党政府前来接收。苏军进驻北安后，县地方维持会自动解散。9月7日，经苏军驻北安卫戍司令部司令官阿里耶夫同意，成立了伪满北安县公署行政科长张希玉为委员长，苏文友、迟伦甫为副委员长北安地方维持会，在苏军指挥下维持社会治安。1945年11月16日，延安派来的老干部史梓铭等同志到达北安，于11月24日接收了伪政权，建立的北安县民主政府。张希玉任县长，王维之任政务秘书。同时宣布："解散维持会和所有敌伪政权，限令敌伪人员向民主政府报到登记，听候调遣，逾期不报到者，将遵从人们意志予以处理"。并对敌伪人员进行了集中教育，对其中无民愤、表现较好者将其分配到政府部门工作。初始，北安县民主政府下设秘书室、教育科、财粮科、城乡建设科、公安局、税务局、邮电局、贸易分局等。后经审查，县长张希玉表面上服从县委领导，但暗地勾结国民党势力，阴谋搞叛乱，被撤销职务。1946年2月，刘铁樵任县长。1947年8月以后，由延安到北安的女干部陈明智担任县长。1949年4月21日，北安县政府改称为北安县人民政府。1949年6月，尚作为接任县长。

建立北安县人民武装。北安中心县委成立后，积极发展地方武装，在短短几个月内就发展武装力量400余人。1945年12月，组建北安县保安大队，县委副书记王永昌任保安大队政委，李家新任大队长，建制为一个连，兵员90余人。1946年春，县内十个区都组建了区中队，每个区中队建制为1个班，1949年1月15日，奉省军区命令，县大队与区中队同时撤销。当时的通北县于1945年12月成立县保安大队，初建时兵员有140余人，编为两个中队。1946年增编3个中队，这时县大队所属共5个中队，兵员增至260人。1949年1月15日，奉省军区命令撤销县大队，其中直属一个连建制143人，改制为通北公安队。赵光中队保留30人，新兴、海星两个中队各保留20人，其余人员及大队排以上干部和技术人员，交省军区另行分配，战士、勤杂人员编入绥化11团。

九、在北安建立各类学校　培养选拔干部

东北军政大学在北安办学。根据党中央的指示，延安抗日军政大学总校迁往东北，在副校长何长工的带领下，于1945年10月到达吉林通化，并更名为“东北民主联军军政大学”。因时局关系，于同年5月，又迁往东北大后方的黑龙江省省会驻地北安。校址选定在北安东大营（原庆华工具厂址），并在东北解放区的较大城市，粘贴了有领导署名的招生布告。到7月1日开学时，报到学员有600余人，到9月份入校青年学生达2 100余人，形成了教学高潮。第一批学员毕业后，有的被分配到地方工作，有的参加了部队工作，还有一部分留在学校，为总校各部门增添了新的力量。1948年春季第二期开学时，由于东北战局发生扭转，急需大批各类不同干部，因此对招收的学员对象做了调整，主要从前线部队的连排干部和一批老班长、骨干中招生。全校共分为三个大队，下设12个学员队。在教学过程中，学员参加了整风运动、土地改革，曾协助地方剿匪，接受过为前线部队补充兵员任务，还选派一批优秀骨干，到地方担任领导干部，他们当中绝大多数在爱国自卫战争中发挥了积极作用。

建立初、高两级中学培养干部。1946年3月，根据黑龙江省工委、省政府决定：北安高师、高初两级中学成立。校长由省政府秘书长徐烈兼任，副校长韩立。学校设9个班级，高中1个班，初中5个班，师范3个班，学生485人。同年8月。校名改称为“黑龙江省立北安两级中学、高级师范学校”。在教学中，东北军政大学常务副校长何长工、省委书记王鹤寿、省政府副主席杨英杰，省军区司令员洪学智、叶长庚、副司令员于天放等，都亲自到班级给学生讲过课。1947年3月。延安派来的干部方俊夫担任校长，在校的9个班级400多名学生于当年7月21日毕业，全部

分配到相应的工作岗位。1948年3月，学校开设3个地方干部培训班，两个师资培训班。另有两个初中班，学员600人。同年5月，省政府确定：省立高师改为黑龙江省立北安师范学校。9月又增招了两个正规师范班，学员达700多人。年末3个地方干部班和2个师资培训班毕业，被分配到全省各地。1949年招收师范、文艺、政训等班9个，毕业800余人。天津解放后，流亡在国统区天津大王庄的东北第四临时中学的学生和东北籍教师200多人，于1949年1月被接收后，来到北安学习半年后毕业，他们大多数参加了革命工作。这所学校在国共两党决战年代，为巩固北满后方基地，支援解放战争发挥了重要作用。为国家培养了上千名各种类型人才，毕业生遍布北满地区，乃至全国各地，在不同的工作岗位上，为巩固新生政权与国民经济的恢复和发展做出了积极的贡献。

建立黑龙江省军政干部学校培养干部。抗日战争胜利后，为培养训练干部，建立与巩固民主政权，中共黑龙江省工委决定：创办黑龙江省军政干部学校。1945年11月，受党派遣来黑龙江省工作的高衡出任军政干部学校教育长（后任副校长），陈大凡兼任校长，王堃骋、于天放任副校长。校内设军事队、民政队和文教队，并直接从社会招生，后改为各县保送。每期轮训3至5个月，毕业后分配到各县、区政府和军队后，基本都能胜任工作。1946年6月，中共中央东北局组织两万名干部下乡，开展反奸清算斗争和土地改革运动，军政干部学校大部分教职员工和学员600多人，在教育长高衡带领下，组成40多个工作组，开赴克东县前丰等区开展工作。在工作实践中锻炼培养干部，一批先进学员光荣地加入了中国共产党，通过工作组的广泛宣传教育，广大青年纷纷报名参军参战，既巩固了后方建设，又为前线输送了大批战士。1946年11月，按照省委的决定，以高衡为首的近70名干部和近百名学员，由北安迁到德都县城。至1949年军政干部学校和省委党校共培训近4 000多名党军政干部和文教干部，其中许多学员成为黑龙江省各级领导机关的骨干力量。

黑龙江省委机关报《时事新闻》在北安创刊。1945年初，张向凌、侯野峰、章子冈3人为创办黑龙江省委机关报而接收旧报社《北安康德新闻》，3人到伪报社时已人去楼空，只有几张残破桌凳的二层小楼。他们在楼后的小平房找到了一个老编辑和印刷工王雅忠，拣字工金铁铭、崔贵吉等人，随后展开了设备修理，为筹建报社做准备工作。接收报社时侯野峰任社长，章子冈任副社长，张向凌任副社长兼总务部长。消息来源靠收音机收录延安新华广播电台的新闻和当时黑龙江省委省政府的重要决定，以及省内各县的情况报道。通过夜以继日的努力工作，黑龙江省委机关报《时事新闻》于12月1日正式在北安创刊，并于翌年1月改为《新黑龙江报》。

十、为巩固新生政权　北安域内进行的剿匪斗争

卞家窝堡战斗。1946年2月15日，省政府得到情报，一股约200人的土匪进入了卞家窝堡屯（今二井镇自平村），省长陈大凡立即指示省保安大队组织剿匪，保安大队冯行盛大队长立即抽调200名战士，于16日拂晓，赶到了北安城西30里的卞家窝堡外围，并进行了作战部署，待天大亮后，战斗打响，由于弹药不足没有重火力等原因，停止了攻击，派人回省政府求援。在省长陈大凡、秘书长徐烈的协调下，苏军卫戍司令部派出两辆卡车和部分战士参战，于当天下午到达卞家窝堡，在苏军的有力配合下，击溃了土匪，打死土匪30多人，我部侦查股长高广恒，另有三名战士在作战中牺牲。

靠山屯剿匪。1946年2月，盘踞在靠山屯（今东胜乡东北村东边屯）的土匪蠢蠢欲动，开始向北安城边移动。得知情报后，县公安局局长章林带领20多名战士对土匪展开了围剿。根据情况，章林局长对土匪进行了“政策攻心战”，以靠老百姓给土匪捎话，讲明政策，引导他们弃暗投明。经过艰苦努力，土匪头子“草上飞”带队到县公安局，“草上飞”表示，“如果政府信任，愿为政府效力”。此后“草上飞”交出20支新手枪、5支苏式转盘枪，向政府投诚。

歼灭通北叛匪，平息通北叛乱。1945年9月，日伪敌特混入通北县新生政权内部，并掌握了部分部门的领导和控制权。他们相互勾结，在卢慧杰、王迁举的指挥下，派出了赵连科、刘斌去哈尔滨与国民党东北挺进军第一支队长贾清勾结，成立了一个旅。任命卢慧杰为旅长，王迁举、张志儒、辛荣久分别任第一、二、三团团长，并发了空白的委任状和官印。同年12月18日晚，叛匪卢慧杰、王迁举为首在通兴（今通北镇）召开了叛变策划会，密谋于12月29日叛变，并进行了叛变前的各项准备。同年12月19日，通北县政务秘书（由延安到通北县接收伪政权干部）赵光去省请示汇报工作，在通北车站（今赵光车站）候车室被叛匪辛荣久发现，他们怕走漏叛变的风声，辛荣久勾结10多个叛匪在车站将赵光杀害，由此通北叛变事件发生。12月27日，叛匪攻打了通北县政府，绑架了县大队长高玉林后逃回海星镇。为平息叛变事件，1946年1月23日，北安警备三旅分三路把叛匪包围在海星，将叛匪打散。以后，又在呼兰县五站（乐安镇）将大股叛匪包围。1月27日拂晓，经过一天的激战，缴获长短枪600多支、马140多匹，通北叛队最终被剿灭。

受党的民主政策感召，鄂伦春土匪投诚。东北沦陷时期，黑河日伪特务机关将居住在山林中的部分鄂伦春人改编为“栖林大队”，为日本侵略者服务。1945年“八一五”日本无条件投降后，“栖林大队”受国民挺进军头子刘光才（绰号刘山东，东北挺进军混成第六旅旅长）拉拢欺骗，被收编为东北挺进军混成第六旅骑兵独立二十团。1947年2月，“栖林大队”这股残匪溃而不散，南下活动于孙吴、北安、通北、海伦、绥棱一带。其中设在大岭东侧的中线，由副团长莫东生指挥，活动在通北造木场、口门子（今城郊乡革命村辖）、九道沟、北安境内的窑营、后六团、老山头、拉拉屯、董画匠（今东胜乡辖）和帮办屯等地。为实现以党的民族政策感化土匪投城，1949年1月，经黑龙江军区研究决定：同意李延培（省军区警卫团长）带领参谋长穆景祥进山去找莫金生。经过艰难的政策、形势、民族生存教育，得到了莫金生的认可，党的民族政策，民族生存的前途，使莫金生产生了下山看看的想法。莫金生下山来到北安后，受到军区军事部长于天放、副部长王化成、王钧等领导的热情接待，安排他们在北安住了两天，并参观了军区兵营驻地，他们受到了教育。回山里时，带回去了几马车粮食、衣物和药品等救济物资。1949年2月28日，莫德生、莫德林和宋宝勤代表莫金生在投降人民政府的保证书上正式签字，至此由于受国民党特务分子的欺骗和煽动，与人民为敌长达4年之久的莫金生、莫东生这股挺匪全部投城人民政府。

十一、参军参战支援前线　迎接全国解放

建立民主武装力量，保卫新生政权。北安是黑龙江省省会所在地，地处东北战场后方，成为支援全国解放战争的重要基地。1946年，黑龙江省政府建立之初，北安中心县委就派出了抗联第三军教导队指导员蔡青山和革命屯妇救会成员（由日伪哈尔滨监狱营救出来的）于长青，分别深入到农村和北安城内组织动员。

广大群众参军参战，蔡青山以李殿芳屯（今革命村）为中心，动员100多人参军，组建成了一个连队，被编入黑龙江省公安大队。于长青在北安南下坎，以铁路工人和贫苦市民为基础，组建成了一个有150多人的连队，后被编入黑龙江军区警备三旅九团。这两个连队一直是地方武装的骨干连队。后又被编入一线主力兵团，参加了全国解放战争。1946年7月，根据省工委提出的“保卫胜利果实、保卫家乡，动员广大青年参军参战”的号召，一个月内在北安增召500名青年入伍。1947年6月，中共北安地委发出《关于加紧扩军的指示》，北安在短暂时间内就动员597人报名参军，并加入主力部队。从1946年东北解放战争开始，至1948年11月辽沈战役胜利结束，在三年多的解放战争中，北安、通北两县共有2 700多名青年参军参战。

全力支援前线，保障战场需要。为全面做好解放战争中的战勤保障，按照黑龙江省委、省政府的要求，1947年2月，北安动员民工346人，担架60副，大车47台，支援前线作战部队，连续在战场运送弹药物资八昼夜，受到前线部队的通报嘉奖。1947年冬，在解放辽宁康平、法库作战时，北安战勤大队186人，编为一个中队，执行任务3个月返回北安。1948年2月，北安由80人组成的担架队，在通辽执行伤员转接任务6个月，8月底返回北安。1947年6月，北安出战勤大车45台（每台四匹马），民工80人。同年10月，县机关出大车2台、车夫4人，支援野战部队。1947年11月，原通北县先后出二批民工，出战勤大车25台、车夫50人，先后到达吉林四平、开源、法库、辽阳等地运送战利品。在解放战争中，北安、通北两县共500多人参加担架队、大车队，有力地支援了东北各战场。

广泛动员群众，开展募捐活动。在解放战争中，北安广大群众积极响应党和政府的号召，在积极参军参战的同时，开展了捐款、捐物支援前线运动。1946年6月，在中心县委的组织动员下，五天时间，各界捐款204万元，捐衣50件、鞋5 920双、白面200袋、鸡蛋800个，写慰问信1 300封。北安医院职工为伤员献血2 000毫升。1948年10月13日，北安为前线部队送干菜39 500斤。同年底北安、通北两县征募劳军鞋款（为东北流通券）12.5亿元，这些捐募款有力地支援了前方战场。

第二章　北安燃起抗日烽火

在世界反法西斯战争中，中国东北抗日联军打响了世界反法西斯战争东方战场抗日斗争的第一枪，揭开了东北长达十四年抗日斗争的序幕。在风起云涌、艰苦卓绝的抗日斗争中，1936年至1938年，抗联三、六军两次西征，点燃了北安大地抗日斗争的烽火，北安地区广大仁人志士，积极响应党的号召，义无反顾地投身于抗日斗争的洪流，其史绩成为北满地区抗日斗争红色历史的重要组成部分。

一、在民族危亡关头　中国共产党举起了抗日救国的伟大旗帜

1931年9月18日，日本帝国主义发动了侵略我国东北的战争。由于国民党蒋介石实行了不抵抗政策，日本仅用4个月时间即占领了中国的东北三省，使东北沦为日本帝国主义的殖民地，东北人民陷入了水深火热之中。在这民族危亡的关头，中国共产党代表全民族的利益，高举抗日救亡的伟大旗帜，发出了抗击日本侵略的号召：1931年9月19日，中共满洲省委发表了《为日本帝国主义武装占领满洲宣言》；9月20日，中共中央发表《为日本帝国主义强暴占领东三省事件宣言》；9月21日，中共满洲省委又作出《日本帝国主义武装占据满洲和目前党的紧急任务的决

议》；22日中共中央作出《中共中央关于日本帝国主义强占满洲事变的决议》。这些宣言和决议，愤怒声讨了日本帝国主义的侵略暴行，谴责了国民党政府不抵抗政策，号召人民群众奋起抗击日本侵略者。

在中国共产党的领导下，东北人民掀起了轰轰烈烈的抗日浪潮。东北军中一部分爱国将士不顾国民党政府的不抵抗命令，举起抗日的旗帜，奔赴抗日战场。以马占山为首的“黑龙江救国军”于1931年11月发动了震惊中外的江桥抗战，给进犯黑龙江省的日本侵略军以迎头痛击。此后，东北爱国军警纷纷建立起义勇军、救国军、自卫军以及报字号的抗日“山林队”（以上当时统称抗日义勇军）等各种名目的抗日武装，同日本侵略者展开了英勇的战斗。在不到半年的时间里，义勇军总数即达30余万人。他们到处袭击日军占领的城镇和据点，破坏敌人的交通运输，英勇地阻击了日军的进犯，表现了中国人民不畏强敌，誓死抵御外侮的崇高爱国主义民族精神。

但是，由于日本帝国主义的猖狂进攻，由于国民党反动派不抵抗政策的阻挠，未能给予这些抗日武装以应有的支援，也由于义勇军自身存在的弱点，这一大规模的抗日运动未能持久，不到两年时间，30万人的队伍就大都溃散了。

由于历史的原因，当时东北中共组织的力量还比较弱小。九一八事变当时，全东北的中共党员仅有2 000名左右，而且多数集中在中东铁路和南满铁路沿线的城镇，除东满外，党在广大农村中的影响还比较弱。特别是东北没有经历过大革命时期的武装斗争，党组织没有建立起自己掌握的武装力量。在这种情况下，为了组织和领导东北人民的抗日游击战争，中共满洲省委根据党中央的有关指示，着手创建自己的抗日武装。

首先党是争取义勇军转变为自己领导的抗日武装。1931年9

月22日《中央关于日本帝国主义强占满洲事变的决议》中指出："要加紧在北满军队中的工作，组织他们兵变与游击战争，直接给日本帝国主义以严重打击。"同年9月23日，中共满洲省委《对士兵工作的紧急决议》指出，要在当时已经进行抗日的军队中发起拒绝日军缴械、反对长官动摇、反对执行不抵抗命令的斗争，要求利用可能的机会发动反日军队"与工农的斗争相配合，反抗日军的进攻"；或者组织士兵哗变，到党的工作基础较好的农村中去发动农民的斗争，进行游击战争。根据中共中央指示，在义勇军抗日斗争开始之时，中共满洲省委以及中共河北省委、中共北平市委等，就派出党的干部和许多共产党员、进步青年到这些队伍中去，推动他们的抗日斗争，争取他们接受共产党的领导，坚持抗日救国。共产党员周保中、李延禄、胡伦、张建东等就是各地党组织派到救国军中工作的，他们并掌握了一部分队伍，后来成为抗日联军的一部分重要骨干力量。

其次是党组织直接派党员到各地依靠地方党组织建立自己的抗日武装。1931年10月12日，中共中央发出《关于满洲士兵工作的指示》，要求满洲省委派出巡视员，"帮助地方党支部，深入贫民中间去，发展他们的分粮吃大户、围官衙的行动，加紧贫民自卫队的组织，一直走向夺取地主武装……建立游击队"。1931年10月周恩来在中共中央机关刊物《红旗周报》第20期发表《日本帝国主义占领满洲与我们党的当前任务》的重要文章，号召"工人农民及一切被压迫民众自己武装起来，赶走日本帝国主义"，并指出要重视正在不断发展的义勇军运动，"要领导工农及一切被压迫民众自己组织武装的救国义勇军"。1932年1月，中共满洲省委书记罗登贤组织省委负责同志学习中共中央有关指示和周恩来同志的文章，制定了《抗日救国武装人民群众进行游击战争》的纲领性文件，确定了领导、支持义勇军抗日，在群众斗争中创建党直接领导的人民武装的方针。

根据上述方针，中共满洲省委以及关内各党组织，先后派扬林、杨靖宇、赵尚志、冯仲云、童长荣、张甲洲等许多干部，到党的工作基础较好的农村，帮助当地党组织发动群众，开展抗日斗争，夺取敌人武器，建立抗日游击队。从1932年春到1934年底，先后建立了十几支抗日游击队。这些游击队紧紧依靠人民群众，凭借简陋的武器，依靠游击队员们大无畏的革命精神，同日本侵略者展开了顽强的斗争。在游击队活动区域，清除了敌伪统治，建立了抗日组织和抗日政权，形成了游击队赖以生存的游击根据地，从而使游击队在斗争中不断发展壮大。期间，东北抗日武装的创建发展虽然受到当时党中央"左"倾错误的干扰，但战斗在抗日斗争第一线的东北广大共产党员，不怕牺牲、顽强奋战，抱定抗日救国的宗旨，克服重重困难，终于使党创建的抗日游击队得以不断发展壮大，并创建了数块抗日游击根据地，为东北抗日游击战争的进一步发展奠定了坚实基础。

二、东北抗日武装力量的形成

1933年1月26日，中共中央给满洲省委发出《给满洲各级党部及全体党员的信》（即"一·二六"指示信）。

"一·二六"指示信正确地分析了"九一八"事变后国内阶级关系的新变化，并在此基础上提出了在东北要实行"全民族的统一战线"，来同主要的敌人——日本帝国主义作斗争的总的策略方针。同时，提出了一些比较符合实际的具体政策来保证这一总的策略方针的贯彻执行。一是提出"没收日本帝国主义及民族叛徒的财产"，建立民众革命军（即后来的"人民革命军"），"建立选举的民众革命政权"，"扩大群众的游击运动"。二是对义勇军、自卫军、红枪会等各种抗日武装进行了比较恰当的分析，按照它们的社会成分和组织领导的不同，分为三种不同类型，并具体规定了与他们联合的不同方式。三是提出了统一战线中无产阶级的领导权问题。指出：为了保证抗日斗争的胜利，无产阶级政党“无论什么时候”都要“坚持和保存政治上和组织上的独立性”，“不留情的批评和揭穿统一战线内同伴的一切不彻底、动摇、叛变、变节、投降的企图和事实”，“保证无产阶级在这一统一战线中的领导权”。

1933年5月中旬，中共满洲省委在书记李实的主持下召开扩大会议，传达贯彻“一·二六”指示信。5月15日，会议作出了《关于执行反帝统一战线与争取领导权的决议》。此后，从1933年9月至1936年1月，中共满洲省委在各地已建立的抗日游击队的基础上，陆续建立了“东北人民革命军”第一至第六军共6个军，进一步扩大了游击根据地，珠河（今尚志）、汤原等地还建立了县级抗日政权，人民革命军发展到6 000余人，游击区也扩大到东北三省40余县。人民革命军执行统一战线政策，联合义勇军余部和抗日山林队等其他抗日武装，在南满、北满、东满和吉东各地区建立起了反日联合军总司令部或总指挥部，团结各种抗日队伍，运用游击战术，粉碎了敌人的多次“讨伐”，主动出击打击敌伪势力，极大地动摇了日伪在东北的殖民统治。

随着全国抗日救亡运动的不断高涨，中共中央于1935年发表《八一宣言》，号召组织全国统一的抗日联军。东北人民革命军各部率先响应《宣言》的号召，积极准备组建抗日联军。1936年2月20日，由中国共产党领导的东北人民革命军和汤原、海伦游击队领衔发表了《东北抗日联军统一军队建制宣言》，宣布东北人民革命军“一律改组军队建制为东北抗日联军”，同时表示“欢迎目前东北各反日武装军队参加东北抗日联军组织”。

根据《统一军队建制宣言》的要求，从1936年2月至1936年11月间，中国共产党直接领导的抗日部队改编为东北抗日联军第一至第七军共7个军，杨靖宇、王德泰、赵尚志、李延平、周保中、夏云杰、陈荣久分任各军军长。此后，中共北满和吉东党组织又把谢文东所部“东北民众救国军”、李华堂所部“抗日自卫军吉林混成旅第二支队”、汪雅臣所部抗日军“双龙队”和祁致中所部“东北山林义勇军”（报号“明山队”），陆续改编为东北抗日联军第八、第九、第十、第十一军，谢文东、李华堂、汪雅臣、祁致中分别任军长。到1937年10月，东北抗日联军共建11个军，35 000余人，抗日游击区扩大到东北70余县，形成了南满（包括东满）、吉东、北满游击区，在更大范围内开展抗日游击战争。

1936年1月，中共驻共产国际代表团撤销了中共满洲省委，之后在东北陆续建立了南满、北满、吉东三个省委，领导三大游击区的抗联部队分区开展抗日游击战争。在北满活动的抗联第三、第四、第六军以及谢文东、李华堂、汪雅臣、祁致中部，于1936年联合成立了“北满抗联总司令部”，以赵尚志为总司令。各部队主要活动在今黑龙江省三江平原和松嫩平原地区。1936年7月，在东、南满活动的抗联：第一、第二军联合编成了抗联第一路军，以杨靖宇为总司令；1937年10月，在吉东和哈南活动的抗联第四、第五、第七、第八、第十军联合编成了抗联第二路军，以周保中为总指挥；1935年5月，活动在北满的抗联部队第三、第六，第九、第十一军联合编成抗联第三路军，以李兆麟为总指挥。

三、北安南北河地区抗联后方基地的建立

1936年9月，中共北满临时省委成立，赵尚志为省委临时

主席，冯仲云为省委书记。省委确定了发展抗联第三、六军和扩大抗日根据地任务。遵照省委“向新区发展，向日伪统治环节薄弱的细缝中突击”的策略，抗联第三、六军陆续开始向铁力、庆城（今庆安）、海伦、通北（今北安）进行第一次西征。

抗联西征部队由第三军一、二、三、五、六、九师组成，共500余人。部队到达铁力、庆城后，留下部分部队开展抗日游击战争，三军军长赵尚志又率军部少年连和六师二百余人继续向北远征，于1937年2月到达海伦、通北南北河地区。3月初，部队行至南北河地区，赵尚志军长在八道林子一带对尾追的日伪军讨伐队进行的一次阻击作战，毙敌多人，随后率部转移至冰趟子一带。赵尚志军长判断，日伪军很可能还会对远征部队进行讨伐，指挥部队利用有利地形，在冰趟子设置了伏击阵地。3月7日在军长赵尚志的指挥下在南北河地区的冰趟子，对日伪军进行了伏击作战，史称“抗日史上著名的冰趟子伏击战”，共歼灭日伪军300余人，缴获了大批武器弹药。冰趟子战斗后，赵尚志军长决定，由三军六师师长张光迪率六师共200余人，留在南北河地区，建设以八道林子（原名腰店林场，今前进林场域内）为中心的抗联后方基地，余部五师和少年连由赵尚志军长率领继续远征。

1937年7月，抗联六军共700余人第一批西征部队，在军长戴洪滨率领下，到达南北河八道林子，与三军六师胜利会师。在八道林子召开了六军师以上干部会议，三军六师师长张光迪参加了会议。期间，抗联六军在通北攻打了宋家站（今北安市通北镇），缴获一批布匹和粮食，于同年9月返回汤原根据地。1938年9月上旬，由抗联六军参谋长冯志刚率领的六军二次西征部队到达八道林子后方基地，与三军 六师张光迪所率领的部队会合。

期间张光迪和陈雷在八道林子接受了组建第二批“西征先遣队”的任务，并分别任军事和政治负责人。同年10月8日六军三师师长王明贵率部到达绥棱山区白马石与六军部队会合，并一同到达南北河八道林子后方基地。同年12月29日，北满抗联总政治部主任李兆麟率六军教导队和十一军一师90余人到达南北河八道林子后方基地。至此，抗联北满部队，胜利完成了中共北满临时省委确定的战略转移任务。

东北抗联第三、六军二次西征，在通北南北河（今北安东南部山区）的南小河和北小河建立起了后方基地，史称“南北河密营”。设有较完整体系的秘密宿营地，抗联指挥中心和北满省委机关驻地教导队、被服厂、枪械修理所和后方医院，成为后方部队的休整地。随后，抗联第九、十一军先后到达后方基地，人员增多，密营扩大，形成了以白皮营子为中心的北满抗日斗争领导和抗联三、六军的指挥中心。1939年3月，北满省委决定撤销北满抗联总司令部，成立抗联第三路军及其总指挥部。根据这一决定，1939年5月30日，抗联第三路军在新开辟的游击区德都（今五大连池市）朝阳山区后方密营宣告成立，李兆麟为总指挥，冯仲云为政委，许亨植为总参谋长。1940年7月19日，德都境内的朝阳山抗联第三路军后方基地被日伪军偷袭，第三路军总指挥李兆麟率领指挥机关重返南北河后方基地，继续领导指挥北满地区的抗日战争。使南北河抗联后方基地两度成为北满地区抗日斗争的领导指挥中心。

北安域内的南北河地区及其八道林白皮营，是北满抗日联军1936年至1938年第三、六军两次西征后建立起来的重要后方基地和指挥中心，在领导和指挥北满地区抗日斗争中发挥了不可替代的重要作用。

四、中共北满省委、抗联西北指挥部在南北河之白皮营成立

1939年1月2日，在八道林子白皮营，李兆麟以北满临时省委代表的身份召开西征部队师团职干部会议。会议分析了北满抗联部队西征之后，遭受重大挫折和损失，根据地被破坏，部队减员严重的情况，为加强对部队的统一领导和指挥，根据中共北满省委第八次常委会议关于建立西北指挥部的决议，成立东北抗联西北指挥部，总指挥李兆麟，政治委员冯仲云，副总指挥许亨植，参谋长冯治纲。同时对西征部队进行了整编，在原各军、师、团番号不变的情况下编成了四个支队，两个独立师。会后整编后的各部队依托小兴安岭山区，在黑嫩平原迅速展开抗日游击战争和地方群众工作。根据会议决定：2月11日由张寿篯负责，与侯启刚、王明贵、许亨植组成嫩海地区代表团，代表中共北满临时省委领导嫩海地区抗日斗争。其中北安、通北、德都、嫩江在这一地区之内。

1939年4月12日，中共北满临时省委在通河召开第二次执委会议。会议决定，将中共北满临时省委改为中共北满省委，会议选举金策为省委书记，张寿篯为组织部长，冯仲云为宣传部长，组成新的省委常委，撤销北满抗联总司令部，以三、六、九、十一军为基础，成立东北抗日联军第三路军及总指挥部，调整了第三、六军的组织领导，任命许亨植为第三军军长，张兰生为政治部主任，任命张寿篯为第六军军长，冯仲云为政治部主任。同时派张寿篯、冯仲云作为省委代表，分别到下江、龙北领导抗日工作。此后，中共北满省委在南北河八道林子之白皮营担负起领导北满地区抗日斗争的重任。

1940年4月下旬，北满省委在南北河后方基地召开会议，史

称“南北河会议”，冯仲云、李兆麟等参加了会议。这是一次重要会议，是北满抗联与党中央失掉联系后第一次听到党中央的声音（是从苏联与中共中央驻共产国际代表联系辗转而来的）。会议传达了在苏境内召开的“伯力”会议决议和北满省委第十次常委会议决议，认清全国抗日大局的形势和党中央的方针政策，为今后的抗日大计指明了方向。会议决定，对北满抗联部队二次进行整编，将抗联的三、六、九、十一军整编为三、六、九、十二支队。

1940年7月19日，德都境内的朝阳山后方基地被敌偷袭，第三路军总指挥李兆麟率总指挥部南迁到通北的南北河后方基地，继续指挥北满的抗日游击战争。

1940年10月，第三路军总指挥李兆麟在南北河后方基地召开张光迪、于天放领导的第六支队干部会议，讨论在海伦、绥化、兰西、青冈、明水、拜泉、呼兰、通北八县广泛开展游击活动计划。

1941年5月，李兆麟在南北河后方基地先后听取了总参谋长许亨植关于龙南地区游击活动情况和第九支队长边凤祥关于部队经过休整后的情况汇报，部署了龙南地区部队抗日斗争的新任务和活动安排。以及第十二支队，下辖两个大队，共90余人，活动于庆城、铁力、绥化、望奎、巴彦、木兰和“三肇”（肇源、肇州、肇东）一带的情况。此后，第十二支队支队长徐泽民率领部队突破敌人的前堵后击，于1941年11月8日攻克肇源县城。这一胜利鼓舞了广大人民群众的抗日情绪，给敌人很大打击。

1940年春开始，敌人对我三路军活动区域，实行分兵包围和不断“讨伐”，抗日游击战争进入空前残酷阶段。根据北满省委决定，为保存实力准备反攻，除留下部分小部队继续活动外，大部队分别由李兆麟、王明贵、张光迪率领，于1941年12月初，从黑龙江流域的萝北、乌云、黑河等地过界进入苏境参加野营整训。与此同时抗联在苏境组织若干支小分队返回东北侦察敌情，袭击日伪军事据点，开展群众工作。

1940年3月以后，抗联第三路军九支队，以南北河为后方基地，活动于通北、北安、克山、克东、拜泉、明水一带。陈绍滨为九支队队长，边凤祥为副队长，周云峰（后高禹民）为政委，使龙南地区的抗日游击战争进入一个新阶段。

五、抗联第三军在北安打响的抗战第一枪

1936年9月，中共北满临时省委成立，确定了发展抗联第三、六军和扩大抗日根据地“向新区发展，向日伪统治环节薄弱的隙缝中突击”的策略，提出了在通（北）、海（伦）一带开拓新的游击区，建立抗联后方基地的任务。

三军率先西征。1936年10月，抗联三军军长赵尚志根据临时省委会议精神，在汤原第三军司令部主持召开了由三、六军主要负责人和汤原、珠河县委负责人参加的军政联席会议，分析了抗联三、六军即将面临的日伪军第三期冬季“大讨伐”的严峻形势，对三、六军反日伪军“大讨伐”作出了具体部署，会议决定三、六军分批西征。之后，赵尚志率三军500余人在铁力，庆城（今庆安）作战，取得部分胜利。同年12月，将所率部队留下200余人，以增加开辟庆铁游击区的力量。随即，率军部少年连（政保师一部）、一师、五师、六师各部共300余人队伍，从铁力经庆城、绥棱向海伦、通北地区率先西征。

远征部队在挺进中，吸引了日伪军从各地调集来的8 000多人讨伐队的前堵后追，敌人意欲将三军主力一举歼灭。时至隆冬，部队在零下三四十度的严寒中进行长途行军，不管是在战斗或是休息，总是处在冰天雪地之中，许多抗联战士被冻伤。由于

敌人的严密封锁，部队给养发生了极大困难，粮食吃尽，只好宰食瘦弱的战马，马肉吃光，吃马皮，马皮不够就以橡子为食。远征部队历尽艰险，备尝辛苦，克服了常人难以想象的困难，在抗日救国坚强意志激励下，不怕流血牺牲，勇敢地与凶恶的敌人拼死相搏，表现出顽强的革命精神。

1937年3月初的一天，当部队行至通北八道林子附近时，情况已十分危急。军长赵尚志站在远征部队中央动员说："现在的情况大家都清楚了，前有各县'讨伐大队'的阻截，后有日寇和伪军的追击，敌人的目的很明显：一个是想把我们消灭，再一个是想把我们赶进大山里饿死、冻死。我们怎么办呢？我们要把日本鬼子引进山去打一次硬仗，让鬼子吃点苦头，知道中国人民是不好惹的，大家说好不好！"战士们齐声回答："好！"军长一挥手，"出发！"他走在了队伍的最前头。

阻敌八道林子。抗联部队踏着皑皑白雪，沿着运木材的山道行进。中午时分，部队到达宽阔的山沟地带，这里两侧密林丛生，而中间却是没有树的山沟。这时，赵尚志军长用木棍指着两侧山林说："这是个打埋伏的好地点。"于是，他指挥部队向前走了三里多路，命令部队从两侧返回，埋伏在两侧的丛林中，快速用雪构筑好工事。他把少年连机枪手张祥叫到跟前，命令各分队统一由机枪打响后再开火，然后对张祥说："你的机枪由我指挥。"

部队在密林深处静静等了两个多小时，哨兵跑来向赵尚志军长报告："敌人来了。"赵尚志说了一声"好！"眼睛霎时亮了起来，马上对通讯员说："通告各部队做好战斗准备。"通讯员走后不久，敌人就出现在前面，他们沿着抗联留下的脚印行进，速度很慢，有的在东张西望，有的低头只管走。一会儿，敌人说话的声音都能听见了，有的伪军说："这次赵尚志可让我们赶进山了……”看着敌人越来越近，张祥握紧了枪把子，就在这时，耳边传来了赵军长轻轻的话语：“小张，这是伪军，先放他们过去等日军上来再打。”他点头称是。

一个营的伪军过去后，不到半小时光景，20多张马爬犁，拉着100多日本兵来了。眼看着日军已全部进入埋伏圈，这时，赵尚志军长才用小棍子捅捅小张的后背说：“打！”话音未落，小张的机枪就吼叫起来。瞬间，抗联所有的武器一齐开火，密集的子弹带着战士的满腔仇恨和怒火，一齐向日寇射去。这突如其来的袭击打得日军措手不及，拉爬犁的马受惊之后扭头就跑，甩掉了几件大衣和军毯，有的仓促抵抗，有的拼命向外跑。趁着日军失去指挥乱了阵脚的机会，赵尚志军长高喊：“冲啊！”抗联部队便像猛虎下山一样扑向了日寇。战士们不顾日军的疯狂反扑，不怕流血牺牲，边打边冲，日军的防线很快土崩瓦解。经过两个多小时的战斗，抗联取得了胜利。前面先过去的伪军，听到后面打响后，早吓得溜回县城。这一战共击毙日军30多人，活捉了几个钻在雪堆里装死的日军，缴获7挺歪把子机枪、6个掷弹筒、50多支三八式步枪及一批弹药，我军只伤一人。

打扫完战场，天已黑了。晚饭后，赵尚志军长对战士们说：“前边的伪军吓跑了，今天不敢再来了，咱们刚才给鬼子很大的打击，他们是不会甘心的，一定还会来报复。今晚咱们不能住在这儿，要继续往山里走，只有把日军诱进山里打，才能取得胜利。”说着，赵尚志军长攥起了拳头说道：“同志们，一定要让敌人再来尝尝咱们抗联战士的厉害！”

激战冰趟子。在赵尚志军长率领下，部队连夜向山里行军走了数里地后，部队到了八道林子白皮营。这里有一座伐木工人遗弃的木板房子，三军司令部、五师、少年连住在这里，六师由师长张光迪率领，向北行至冰趟子发现了四幢伐木工人住的木营，木营很大，每个能住二百多人，里面还有用汽油桶做成的烧木柈子的火炉子。部队在这里宿营，暖烘烘的，这对一些还没有穿上棉衣的战士来说，可真是一件好事。

为防止敌人前来报复，第二天，赵尚志军长在冰趟子召集了一次连以上干部会议。赵尚志军长在会上介绍说："我们现在待的地方叫冰趟子（因附近有山泉水在这里结成一片冰川而得名）。这里的地形不错，易守难攻，是个好地方。四幢大木营很坚固，可固守，沟的两侧是山林，可以设埋伏，沟口处很窄，我们埋伏上人，既可以截断敌人的退路，又可以打敌人的增援。"他指着外面那一片平坦的盖着一层白雪的冰川，信心十足而又诙谐地说："只要我们能固守阵地，把日本兵引到冰川，日本鬼子就像秃头上的虱子无处藏身，别说他五十（武士）道精神，就是六十道、七十道也不成！同志们，要是真能来他两三千日本兵，那咱们可就不愁没有棉衣过冬喽！"一席话，说得大家喜笑颜开，兴高采烈，齐声喊"好！"接着赵尚志军长对各部队下达了作战任务，命令各部队占领有利地形，要求两天内把阵地构筑好，并用雪在阵地间垒起了交通壕。赵尚志军长又叫战士们在阵地前浇水结冰，阻止鬼子兵爬上来。一切准备就绪后，大家轮流放哨，等着鬼子自投罗网。

待敌第三天，3月7日拂晓，一阵"轰轰"的炮声把抗联战士从梦中惊醒，"敌人来了！"大家立即各就各位，做好了战斗准备。大约九点钟，日军竹内部队守田大尉所率队伍及伪军约有800余人沿山沟口向抗联阵地赶来，杀气腾腾地开进了山沟。大概是前次吃了亏的缘故，这次日军也学乖了，凡是有密林的地方，他们都先打炮，然后在炮火的掩护下向抗联阵地接近。面对着武器好、人数又多的日军，抗联战士面无惧色，士气高昂，早已把生死置之度外，正盼着能和日军大战一场。赵尚志军长更是镇定自若，胸有成竹。

日军进入冰趟子沟口后，以战斗队形向抗联依托的木营阵地扑来，但他们在阵地前的冰上尽栽跟头，队形很快就乱了，散成了黄乎乎的一大片。就在这时，赵尚志军长大喊一声：“打！”首先一支伪军被击退，伪军中队长毙命，其余的伪军在冰上乱滚乱爬，冰面被染成了红色。这时，在沟外的日军炮兵仍向抗联阵地打炮，接着约200余名日军在炮火的掩护下，从远处耀武扬威地扑向抗联的木营。这时，抗联架在矮墙上的六挺机枪，猛烈地向敌人射击，成排日军被打倒，一些趴在冰上拼命还击的日本兵也迅速被打退。

第一次进攻失败后，日军的后援部队也已到达，日军稍加整顿以后，又组织第二次、第三次更疯狂地轮番攻击，但在抗联部队的顽强阻击下，敌人一次又一次地被打了回去，有的日军既使冲到面前，也爬不上结了冰的阵地。就这样，大批日军的尸首扔在了抗联的阵地前。

战斗打得十分残酷。虽然在抗联的顽强阻击下，敌人未能前进一步，但日军依仗他们的优势兵力和火力，使战斗处于胶着状态。下午四点左右，抗联左侧的一个木营被二十几个日本兵抢占了。赵尚志军长立即命令少年连的赵有财（代理排长）带领两个班，趁日军立足未稳之时，夺回木营，少年连机枪手张祥参加执行这项任务。他们先迂回到木营后面占领了木营大门，接着，用机枪向木营内扫射，日军也向抗联战士扫射。这样相持了几分钟后，有同志建议向木营内甩手榴弹。大家突然醒悟，摘下手榴弹连续向营内甩去，营内的火炉子被炸爆了，火星四扬，烧着铺草，顿时营内充满了烟火。日军被呛得嗷嗷叫着直往门口冲，都被抗联战士用机枪逼了回去，没被炸死、打死的，很快被烟熏火烧死了。抗联顺利地夺回了木营。

当晚战斗仍在继续。因山里夜间天气寒冷，气温开始急骤下降，呼啸的西北风吹得地上的积雪直冒白烟，气温已到零下40多摄氏度，战士们的枪支冻得打不响，战士的手指也冻得麻木不能弯曲勾扳机，战士们就换班轮流到木营里烤火、烤手，然后再出去战斗。而趴在冰雪中的日本日军被冻得无力还击，枪声逐渐稀落下来。这时，赵尚志军长估计，日军将会在沟口突围，于是抽调一部分兵力加强沟口处力量。果然不出所料，日军开始行动了，他们集中火力不顾一切地向沟外突围，抗联六师在张光迪师长率领下，全力出击，奋力阻击敌人，在夜色中又打了一个多小时，切断了敌人的退路，又出奇制胜地杀伤了大批敌人。

冰趟子战斗一直打到3月8日清晨，天已渐亮，赵尚志军长下达了快速打扫战场，搜集敌人的武器、弹药，不再与敌人纠缠，撤出阵地的命令。然后率三军部队撤出冰趟子。

部队撤出阵地时，天已大亮，从山上往下看，到处是敌人的尸体、武器和军毯，日军眼睁睁地在山下看着抗联部队撤退，也不敢追击。看来，他们是没有这份力量了。冰趟子战斗共歼灭日伪军300余人，其中被击毙200余人，枪伤、冻伤100余人。被击毙的日军中有守田大尉，片山五郎曹长，天野松治曹长，三井勇三伍长等。事后，当地群众反映，抗联撤退后，敌人来了不少大板车往回拉死尸。这次战斗，抗联三军缴获大批武器弹药以及许多敌人运送给养的马爬犁和大量大米、猪肉、服装、军毯等物资。此次战斗，抗联仅牺牲7人。

冰趟子战斗是抗联第三军远征部队在赵尚志军长指挥下进行的一次较大的战斗，参战部队有三军少年连、一师、五师、六师各一部，兵力不足300人，而且，此战是在敌我力量相差相当悬殊情况下的战斗。抗联三军是在日伪军连续三个月的前堵后追，没有给养、没有宿营地，物资没有补充，弹药奇缺的条件下的战斗。战斗的胜利是指挥员正确指挥，准确地分析和抗联战士们英勇顽强、充分利用地形地物，采取巧妙的伏击战术以及为民族解放而战的决心战胜了日伪军“讨伐队”。冰趟子战斗是以极小的代价换取巨大胜利的一次抗联史上经典战例之一。她不但体现了我中华民族不可欺的民族意识，更重要的是证明了无论在任何条件下，中华民族是不可战胜的！我们今天不忘冰趟子战斗的辉煌战绩，更重要的是把这一经典战例以及抗联战士所表现出来的民族抗争精神百世传扬！

六、中共北安（地下）中心县委在李殿芳屯成立①

1938年10月，北满抗联三、六军第二次西征，胜利到达北安境内南北河流域的八道林子白皮营之后，面临着日伪北安省在北安东部地区实行严酷的法西斯统治，推行保甲制，净化村屯（并大屯），搞大检举和烧光、杀光、抢光的“三光”政策，设立伪警署分所，对广大群众实行监视连保居住，妄图把抗日群众与抗联部队隔离开来，达到把抗联部队冻死、饿死在深山密林的严峻形势。

为了应对严峻的抗日斗争形势，1939年9月初，根据北满省委决定：撤销龙北地委，组建北安、讷河两个中心县委。并把德都、通北两县的抗日斗争活动划归中共北安（地下）中心县委领导。根据这一决定，中共北安（地下）中心县委随即在李殿芳屯（今北安市城郊乡革命村）成立。北满省委派抗联六军三师政治部主任周云峰任中心县委书记（后被捕叛变投敌），原绥滨县委书记王永昌（1938年随抗联六军西征来到北安），抗联骨干郭铁

①注赵俊清著《赵尚志传》1990年。张光迪著《冰趟子战斗》。张祥著《冰趟子战斗》。

坚、边凤祥，革命屯籍，抗联西征到北安后秘密发展的党员于万真等四人为委员（周云峰叛变投敌后，王永昌接任县委书记），周云峰、王永昌负责北安和通北县的抗日斗争领导工作；郭铁坚、边凤祥负责德都县的抗日斗争领导工作；于万真负责李殿芳屯救国会工作。中共北安（地下）中心县委成立后，组织和领导了北满三县如火如荼的抗日斗争。王永昌、于万真首先在李殿芳屯以抗日积极分子为基础，建立了由于万真任会长的北满地区第一个抗日救国会，和由张广英（尚大嫂）任会长的妇女救国会组织，发展会员15人。同时组织李殿芳屯抗日救国会和妇救会成员走出村屯，宣传抗日救国思想，秘密发展抗日救国组织，先后在四平街（今革命村新安屯）；董画匠、粮台、拉拉屯（今北安市东胜乡辖）；北部半山区的西南马子良、腰张家、老道窝棚、王大犁等村屯（今五大连池市辖）；通北县境内四井八甲、西火犁、王治国、刘海山、王福堂等村屯（今北安市赵光镇辖）；宋家站、管家烧锅、杜家围子、王三乐、腰孙家、赵大房子（今北安市通北镇辖）等20多个村屯，相继建立了抗日救国会和妇女救国会组织，发展会员120多人。形成了北安东部山区边缘村屯，与抗联密营木沟河、南北河两大流域紧密相连的群众抗日组织。在中共北安（地下）中心县委成立，至1940年底的两年多时间里，是北安地区抗日斗争最为活跃的时期。各村屯筹集的粮食，赶制的衣物，在各村屯抗日救国会的组织下，源源不断地集中到李殿芳屯。其中肖家屯（今北安市城郊乡新华村新合屯）一次就筹集了7石多粮食。这期间，李殿芳屯广大群众白天准备物资，晚间组织车辆往山里运送物资，既是秘密，又是公开的事情。在屯中，群众不但能看到抗联的宣传画，而且还学会了抗联战士传唱的《五更》《四季》《民国20年》等抗日歌曲，使龙北地区抗日烽火越烧越旺。通过中心县委的广泛动员和各地抗日救国会的精心组织，在李殿芳屯有宋国发及其长子宋显、邓发、李殿云等七人参加抗联六军十二团；另有李张氏、张廷训、张广英、徐永才、于化成、乔发、孙海、戴军等人秘密参加了抗联十二团负责地方工作。在宋家站有张守义、张守志、王志军等人秘密参加抗联九支队，其中张守义、张守志两兄弟成为南北河密营医治枪伤的知名大夫。宋家站抗日救国会长王志军被发展为抗联九支队的交通员，在为抗联部队组织物资筹集中发挥了重要作用。

抗日救国会组织成为抗联打击日伪军的“千里眼和顺风耳”。1938年底，抗联南北河基地急需一批粮食和物资补充，派人下山与宋家站救国会成员负责人之一王志军联系，他没有推辞，主动地承担了侦查宋家站粮库的任务，并把得到的情报及时传送给南北河基地。

同年12月13日，抗联六军三师在师长王明贵率领下，成功的夜袭了宋家站粮库，缴获粮食2万多斤和部分生活物资。同月底，经过整训的抗联六军十二团，根据各地救国会侦查得知的情报，在政治部主任王钧的率领下，突然北进，攻下了日伪军龙镇飞机场，炸毁日军飞机12架。同时，端掉了讷谟尔伪警所，打散了伪军自卫团，缴获了大批物资，装备了部队，实现了十二团西征后首战全胜的战绩。

1939年底，抗联十二团教导队队长曹玉奎、战士小周奉命到李殿芳屯寻找北安（地下）中心县委，了解北安敌情，途中被日军发现遭到阻截，战士小周在突围中受伤，两人奋力突击到李殿芳屯后，被救国会长于万真、妇救会长张广英机智地掩护起来，舍命相救，又秘密地安排小周与抗联转送来的伤员季振国一同养伤，直至痊愈归队。

1940年7月，十二团教导队连长穆景祥作战负伤，被救国会安排在宋家站王三乐屯徐焕文家养伤，为防止出现意外，徐焕文寸步不离地陪护穆景祥，并亲自出去为他买药疗伤，始终陪住在野外的窝棚里，在他的精心照料下，穆景祥于同年底伤愈，安全返回十二团。

同仇敌忾，军民共赴抗日杀敌战场。1940年10月，十二团教导队长曹玉奎奉命率李殿芳屯籍战士宋国发、宋显父子到李殿芳屯了解日伪军情况，在完成任务返回驻地时，被伪警所发现，宋国发、宋显父子不幸被捕，并被残酷地杀害。

为了给烈士报仇，根据（地下）中心县委的侦察情报，抗联十二团在王钧主任率领下，连续五次出击，首先攻打了通北石泉镇警察护卫团，缴获了大批弹药和物资。战斗结束后，十二团在返回途中，与伪通北骑兵22团遭遇，十二团在王钧主任的指挥下，采取分兵包围战术，击毙了日本指挥官，俘虏伪军一个排，缴获部分物资弹药。

同年10月底，十二团接到救国会交通员戴君送去的情报，王钧主任率十二团端掉了徐占国屯伪警所，6名伪警察，1人被击毙，5人被捕，挖掉了日伪军设在李殿芳屯附近的眼睛。

11月初，十二团接到（地下）中心县委交通员孙海送去的情报，利用口门子伪军连分派给李殿芳屯一头猪、五麻袋白面任务之机，秘密下山，一举全歼了口门子伪军连。同月，十二团又在王钧主任率领下，在革命屯外围端掉了安置在炮台屯周边的三个日军炮楼，缴获机枪两挺，拔掉了日伪军驻扎在北安县域内通往东部山区的两颗钉子，并给牺牲的两位抗联战士报了仇。

危难之际尽显英雄本色，不怕牺牲掩护（地下）中心县委。到1940年底，北安地区抗日斗争进入了最艰苦时期。同年10月30日（旧历11月底），由于抗联尚连生、于静波叛变投敌，在北安省日伪大特务郝喜山、吕庆文、范东阁、杨宝珠，和日本宪兵队长冈野南泽松的组织下，纠集日伪军警400多人，从西、北、东三个方向秘密包围了李殿芳屯。

面对突发变故，抗日救国会和妇救会迅速组织起来，沉着应对这一事变。抗日救国会长于万真、妇救会长张广英等人想方设法把县委书记王永昌隐藏起来（事变后安全转移）。日伪军警按照叛徒提供的名单，在李殿芳屯进行了大搜捕，当天有55名群众被捕（多数为抗日救国会和妇救会成员）。在大特务郝喜山、吕庆文的指挥下，在李殿芳屯对55名被捕群众使用了坐老虎凳、灌辣椒水、上大吊、燃皮焦、手指钉针等酷刑，妄图得到北安（地下）中心县委和抗日组织的情况。在这最艰难时刻，李殿芳屯的广大群众表现出了超乎寻常的沉着坚毅和大智大勇，他们宁死不屈，没有一人变节投敌。

两天后，日伪军警在没有得到任何有价值的情报后，把其中的33人押到北安宪兵队，此后，有24人被分别判处10年至15年徒刑，其中有14人死于哈尔滨监狱，有10人在1945年东北光复后被释放。

由于日伪军对北安东部山区的长期严密封锁和对抗联密营的反复“清剿”，1941年以后，抗联部队相继转入外线作战，中共北安（地下）中心县委与北满省委失去了联系。但此间以李殿芳屯为中心的北安地区抗日斗争并没有停止，（地下）中心县委书记王永昌同志安全脱险后，很长一段时间都在李殿芳屯坚持地下斗争，并以在东边屯（今东胜乡东北村）打短工为掩护，在北安城内四道街王金贵饺子馆建立联络点，寻找抗联失散人员，组织营救被捕的抗日群众，组织抗联战士处决了叛徒尚连生、于静波，一直坚持斗争到1945年“八一五”东北光复。[①]

①选自《血荐轩辕》王钧回忆录第217页一节。

七、抗日英雄尚大嫂①

尚大嫂，原名张广英，1907年出生在山东省潍县一个贫苦的农民家庭，幼年父亲去世，体弱多病的母亲领着她和三个哥哥，过着衣不遮体、食不饱腹的日子，在她幼小的心灵里种下了对旧社会仇恨的种子，盼望着有一天贫苦人能翻身得解放。在她15岁那年，家中生活实在无法维持，母亲含泪把她嫁给了一个姓王的农民。谁知这个人不务正业，吃喝嫖赌，还经常虐待她，稍一反抗，便被打得遍体鳞伤，苦不堪言。在她23的时候，这个坏丈夫为了还赌债把她卖给了人贩子，人贩子又把她带到北大荒，卖给了贫苦农民尚福，在李殿芳屯（现北安市城郊乡革命屯）安了家，从此人们都习惯叫她“尚大嫂”。

1939年初夏，抗联二次西征，六军十二团在政治部主任王钧的率领下，来到李殿芳屯（今城郊乡革命村）。为建立抗联后方基地，派周云峰、王永昌二位同志在李殿芳屯广泛发动群众，宣传抗日救国的道理。尚大嫂被抗日救国、翻身求解放的道理所吸引，从共产党的抗日主张中看到了穷苦人翻身解放的希望，明白了要翻身、要解放，就要斗争的革命道理。她心里暗暗下定决心，要像抗联战士那样，不畏艰险，勇敢顽强地和日军斗争到底。很快她就成为最活跃的积极分子，被抗联首批发展为抗日救国会成员，并担任妇女救国会会长，年底被抗联六军十二团接收为抗联战士，负责地方后勤工作，从此走上了革命道路。

满腔赤诚为革命。尚大嫂，这个普普通通的农家妇女，以她的朴实勇敢，满腔热情，全身心地投入到抗日救国中。

为完成组织上交给的任务，她不顾日伪政权搞“集团部落”、实行“封山”、“并大屯”、烧杀掠抢的危险处境，奔走

①选自《烽火南北河》，张海龙整理。

于李殿芳屯周边的四平街、口门子、徐占国、保三兴四个屯，积极向广大妇女宣传从抗联那里学来的抗日救国道理，动员广大妇女组织起来，成立妇女抗日救国会，号召大家为抗日救国出力。在她的努力下，1939年底，以李殿芳屯为中心的周边四个屯都相继成立了妇女救国会组织，扩大了抗联的后方基地。

由于日军搞归屯并户，实行经济封锁，战士们的冬装经常没有着落。1940年的秋天她接受了为抗联十二团赶做过冬棉衣、棉鞋的任务。白天，日军经常到村里来搜查，不能干活，她们只能利用晚上的时间干活。天黑以后，尚大嫂把布和棉花按件分成小份，一份一份送到各家，组织妇女们用棉被把窗户挡上，夜间赶做，天亮以前，她再到各家把做好的棉衣取回来。就这样，三天三夜顺利完成了七十九件棉衣的制作任务。经救国会安排，以进山倒套子为名，把棉衣、药品、电池等物资安全送到抗联部队。

从1939年末到1941年10月间，她参与发动组织周边救国会、妇救会组织，为抗联部队筹粮十多石、乌拉一百七十余双、棉衣一百四十多套（件），还有部分抗联需要的药品、电池等物资，出色地完成了任务，受到了抗联部队首长的表扬。

舍生忘死救战友。在残酷的战争年代，抗联官兵经常遇到险境。每当这时候，尚大嫂总是舍身相救，把保护抗联战士的安全当成自己最重要的责任，使他们一次次转危为安，重返战场。她常说，救一个抗联战士，就增加一份打敌人的力量。

1940年春的一天，两名抗联战士由四〇四方向向革命屯奔来，正在家干活的尚大嫂忽然听到一阵汽车声，到后窗户一看北边和东西两边，全是密密麻麻的日本兵，他们端着带刺刀的枪已经围上来了，房前是一片草甸子，草还不高，根本无法藏身，情况万分危急，怎么办？危急之中，两名抗联战士要冲出和敌人拼命，被尚大嫂一把拉住，她急中生智，把战士藏在猪圈旁边的柴禾堆里。转眼间，敌人就进了院，在离柴火堆十多步的地方就有一个日本兵岗哨。

已经是一天多了，敌人还没有撤，尚大嫂想到战士一天没吃没喝了，急得心里像着了火一样，可是岗哨就是不撤。尚大嫂心想，战士身体虚弱，一天没吃东西肯定会熬不住的，自己就是把命搭上也要救战士。她便冒着危险烧了两个“面团”，装着去柴火堆抱柴火的样子，趁敌人哨兵一转身的工夫，把面团塞了进去，又急忙回到屋里装了一瓶水，藏到袖筒里，拿着猪食盆子假装喂猪，把瓶子也塞了进去。第二天日本兵终于撤走了，抗联战士得救了，大家都称赞她机智勇敢。她说：“抗联战士是为了咱们不当亡国奴，豁出命来打日本侵略者，我也要豁出命来保护他们。”

在一次战斗中，抗联战士季振国同志负了重伤，被转送到革命屯，尚大嫂不顾个人安危同妇救会副会长于长青把伤员藏在苞米楼子里。为了确保安全，她又同抗日救国会的同志，把伤员转移到西沟子破房框子隐藏起来。这时，乡亲们都非常为她担心，她却坦然地说：“别怕，我一个人死活算啥，救出一个抗联同志，就等于消灭无数个敌人。”这期间，日本兵、警察、特务经常到屯中搜查，还派了一个连的伪军长期在口门子屯驻防。一时间整个村子都笼罩在白色恐怖之中，可尚大嫂并没有在敌人面前屈服，她领着乡亲们以打柴为名，在北山深草棵里，挖了一个小地窨子，让季振国在那里养伤。并想方设法给他送粮送药，就连家里鸡下几个蛋，家里人也舍不得吃，让小猪官给捎到山上去。在她和抗日救国会同志的精心照料下，季振国终于伤愈归队了。

宁死不屈陷囹圄。正当尚大嫂满怀豪情热心工作时，由于叛徒尚连生出卖了她和抗日救国会的同志们，1940年10月30日，尚大嫂等五十五名群众被捕，其中还有她的丈夫尚福。被捕的时候，她知道落到敌人手里是没有好的，便对丈夫说：“宁可被打死，也不能说出抗联活动的情况。你一定要记住，咱可是中国人哪！”尚大哥记住了她的话，七天经受了敌人十一次过堂审讯，抗联的事，他一个字也没说。尚大嫂在敌人的严刑拷打下，坚贞不屈。敌人问她抗联情况，她回答：“你们要杀就杀，要砍就砍，再问啥也不知道！”敌人恼羞成怒，对她施以各种酷刑，叫她睡“阴阳床”，扯着她的头发吊在梁柁上灌辣椒水、往手指钉针……然而，敌人的各种酷刑都无法动摇尚大嫂，敌人问她怕不怕死，她坚定地回答：“死了我一个不算啥，有千千万万个中华儿女会给我报仇。”敌人对她束手无策，只好判了她十年徒刑。

艰苦的囚狱生活和敌人的严刑拷打丝毫没有动摇尚大嫂抗日的决心，她时刻想着早日出来，为抗日救国献身。她不顾伤痛积极宣传抗日救国的主张，并同刘志敏、于长青及三名朝鲜族同志悄悄商量准备组织越狱，后因三名朝鲜族同志被转监，越狱未成。平时，她非常关心同室难友，当她发现三名朝族同志穿得非常单薄时，就把自己的一个大夹袄和两件布衫送给了她们。

投身建设憾早逝。1945年3月11日，尚大嫂被解救，回到了家乡，受到了乡亲们的热烈欢迎。尚大嫂用自己的鲜血和生命同敌人进行英勇斗争的事迹，使全村群众深为敬佩和感动。乡亲们看她没房子住，就自发地出动30多人，给她盖起了一撮马架子。

解放后，尚大嫂以战争年代的激情投身社会主义建设，积极参加了土地改革运动，带领农民群众走互助合作道路。由于表现出色，她被选为村妇女会主任，1948年又被选为副村长。她常说，现在是我们的天下了，要努力抓生产支援国家建设。她每天忙个不停，不是召集群众开会，就是下地干活。由于她在工作和生产中时时处处都起模范作用，于1949年光荣地加入了中国共产党，由一个普通的农村家庭妇女，成长为一名无产阶级的先锋战士。

党没有忘记这位为抗日做出贡献的大嫂。1951年8月，中央人民政府东北老革命根据地慰问团亲切慰问了尚大嫂。1951年9月，她光荣地被选为国庆观礼代表，要去北京见毛主席，不幸途中在齐齐哈尔市旧病复发，省委、省政府非常关心她的病情，将她安排在省立医院精心治疗。但终因病情严重，于1951年10月9日病逝，年仅44岁。省、市党政机关为她举行了一千八百多人参加的追悼大会，省委、省政协的领导同志在会上讲话，对尚大嫂的一生给予了高度的评价，并号召全省干部和人民向抗日英雄尚大嫂学习。

今天，在北安这块富饶而美丽的土地上，只要提起抗日英雄尚大嫂的名字，几乎是家喻户晓，人人皆知。她是北安人民的光荣和骄傲，她的英名将永载史册，万古流芳！

八、危难之中挺身而出的刘二嫂①

刘二嫂是一个普普通通的农家妇女，心地善良，富有同情心和正义感，当时虽然她的名字今无所知晓，但她在抗联领导人于天放同志成功越狱又遭敌人追捕的危急关头，临危不惧，挺身而出，救助于天放同志脱离险境的英雄事迹却铭记在人们心中，永远值得我们弘扬和传颂。

1945年7月11日，关押在北安监狱的我抗联第三路军总指挥部军政特派员，第三路军第六支队政治委员于天放和同监室抗联军第二路军的赵忠良，打死日本看守石丸监政逃出敌狱，敌人立即进行全城开始大搜捕。

夜幕笼罩下的自新屯经过几天的大搜捕显得格外寂静，阴森可怕。坐落在屯西边二里多的一座孤零零的草房就是刘二嫂的家。天傍晚，刚吃过晚饭，家里突然来了一个高个子的陌生人，他自称是郑家屯的。在刘二嫂家歇工的几个农友问道：“你有证

①选自《烽火南北河》。

明吗？”高个子坦然地回答：“我是路过的，没有证明。”大家吃了一惊：“现在抓于天放正紧，没有证明你走得了吗？”高个子看了看大伙说：“大家别害怕，我知道北安正在抓于天放，实不相瞒，我就是于天放，那个抗日的人就是我。我看大家都是受苦的老百姓，就实话实说了吧。不久前，我被日军逮捕，押在北安。前几天打死日本看守，逃出了监狱。我已经四天没有吃饭了，想找点饭吃。我也知道敌人正在悬赏抓我，如果你们想请功受奖，我死在乡亲们手里也算甘心！可话又说回来，你们真忍心让我刚从敌人虎口逃出来，再送我去死？我们都是中国人哪！”他说得慷慨激昂，眼里闪着泪花，声音有些发颤。也许是最后的一句话引起大家的共鸣：是啊，于天放是抗日的，于天放是个大英雄。日军欺负我们这么些年了，我们怎么能帮日本人做伤天害理的事呢？于天放用自己的话打动了乡亲们的心，又借机向大家宣传抗日救国、抗战必胜的道理。他说：“别看现在小日本闹得欢，用不了几天，他们就要完蛋了，中国即将解放，老百姓就要见到天日了……”大家听了这番话，深受鼓舞，革命的火种在心中燃烧起来了。

刘二嫂把于天放领到屋里，用当时家里最好的饭菜：小米饭，小葱拌大酱招待于天放。四天四夜未吃饭的于天放一口气吃了七八碗小米饭，一大盘小葱拌大酱也吃光了。饭后，刘二嫂急忙和大家商议怎么把于天放送走。这时瘫在炕上的刘二嫂的小姑子嚷了起来：“你的胆子可真不小啊，不把他赶紧打发走还给他做饭吃！你要把大家往火坑里送啊！”刘二嫂的三小叔子刘国祥主张把于送到村公所去。刘二嫂严肃地说：“我们就是凭中国人的良心也不能把他送到敌人手里。”刘国祥的弟弟刘国祯听了三哥的话气愤地说：“咱们不能伤天害理，谁敢送我就宰了他！”大家都纷纷表示：“宁可掉脑袋，也要保护于天放。”正在这时，刘国祥已悄悄打发两个人去村公所报告。刘二嫂闻讯后急忙叫她的侄子李风清火速去追那两个人，两个人总算被追回来了。刘二嫂又在想，本屯人、外屯人、大人小孩都知道这件事，千万不能走漏半点风声，怎样才能让大家保守秘密呢？她想了一个土办法，按照当地风俗，把大伙聚到小庙前，烧香、磕头盟誓（群众叫拜把子）："坚决保守秘密，今日虽不能同生，来日但愿同死，谁要说出于天放的去处不得好死。"拜完把子，刘二嫂给于天放准备了一些小米饭，刘国祯拿出一双胶鞋，于天放感激地告别了众乡亲，在夜幕的掩护下悄悄离开了刘家。

几天来，村上不断有日军、伪警察、特务密探在活动，于天放越狱的消息传出的第四天，一大早自新屯所有的男人都被警察叫去。这天上午，于天放又回了刘家，刘二嫂见是于天放，急忙把他拉到屋里说："你咋又回来了，特务警察老来寻风，今天村公所把全屯的男人都叫去了，说你没有离开北安，要手牵手拉大网抓你呢！"于天放说："二嫂，不要紧，我特意回来是想打听一件事情，你听说和我一同越狱的赵忠良怎样了？""有人告密，他已经被捕牺牲了，你也快跑吧，拉大网的一会儿就会过来的，这里不能久留。"刘二嫂说完，忙给于天放装了两碗饭、一把盐、一瓶水，拿了一顶破草帽、一把镰刀，还炒了一袋爆米花说："现在正闹饥荒，你二嫂没有啥好吃的，这东西放几天也不会坏，给你带着路上充饥。"又急忙拿出膏药，把于天放的伤手贴上。然后机警地朝门外望了望，把于天放送出门，指着一条毛道说："顺着这条路往西走，那是地主的麦地，估计拉大网的人不一定会到那里乱踩，你先藏那里。"刘二嫂的热诚，机智和勇敢，使于天放感激地流下了泪水。后来十几天的阴雨困难生活，就是靠这两碗饭、一把盐、一袋爆米花，于天放才能没有饿倒在嫩江平原上，终于逃出敌人的追捕和包围，安全转移到讷河县，组织群众进行斗争，直到“八一五”东北解放。

于天放走后，刘二嫂时时挂念着他的安全，经常到附近的地里寻找。虽然一直没有听到抓住于天放的消息，但心里总是放不下。后来，在一小块麦地里，发现了一堆碎碎的爆米花和几颗大葱，看到这些，她高兴极了，一颗悬着的心终于放下了。

1945年“八一五”光复，日本侵略者被赶出了中国，于天放带领部队回来了，他没有忘记在危难之中救过他生命的刘二嫂，亲自到她家里看望她。新中国成立后，于天放也曾多次邀请刘二嫂到部队给战士们作报告，她朴实的话语和感人的事迹，使战士们受到深刻的教育。

经过了战斗的锻炼和考验，刘二嫂的阶级觉悟不断提高，她对党的事业忠心耿耿，任劳任怨，在土地改革运动中，她经常奔波在农家小院，田间地头，热心地为群众服务，深受群众的拥护和爱戴，曾三次被选为县人民代表，还接受了廖泽民同志率领的中央人民政府东北抗日根据地慰问团的慰问。

1952年9月，刘二嫂光荣地出席了中华人民共和国成立三周年庆祝大会，幸福地见到了伟大领袖毛主席。回来后，她的劲头更足了，把全部的精力倾注到街道工作上，真心实意地为居民排忧解难，不知疲倦地忙碌，被誉为群众的贴心人。1957年，刘二嫂不幸因病逝世，离开了她热爱的事业和亲人，终年45岁，但她的精神将永远激励我们前进。

第三章　抗日名将在北安的战斗生活[①]

一、抗日名将王明贵七进南北河

西征路上，王明贵进入南北河。1937年5月4日，我率领抗联六军三师到达通北县木沟河一带，发现森林里冒出缕缕炊烟，但辨别不清是敌人还是自己人。后来我们通过鸣枪、摆旗同对方沟通了联系，原来是自己人，对方是三军六师的队伍。六师师长张光迪与曾任六师政治部主任的兰志渊久别重逢，两师的队伍进行了联欢，大家都为胜利到达了目的地格外高兴。5月5日，两师又在南北河上游与东北抗日联军政治军事学校的领导和学员会合。在侯启刚同志的倡议下，三方举行了一次形势分析会，侯启刚、张德、张文廉、张光迪、兰志渊、周云峰、雷炎、王德富、高吉庭和我参加了会议。通过形势分析，大家进一步统一了思想。一致认为：北满临时省委和联军司令部先后派三、六军队伍西征的决定是正确的。开辟小兴安岭西部抗日游击区具有重要的战略意义。这个地区的自然条件和群众基础都有利于我军开展抗日游击活动。去年三军西征部队已经杀开了一条血路，经过绥棱、海伦、通河等地的对日作战，给日军以沉重的打击，在群众中造成了深远的影响。三军六师和六军三师在这里坚持斗争下去，必将

①根据王明贵回忆录《忠骨》整理。

为我军开展更大规模的抗日游击战争打下基础。

形势分析会开过之后，兰志渊同志带领8名战士返回汤原，向北满临时省委汇报情况，并要六军军部尽快率领部队执行西征计划。张光迪率领三军六师仍留在通北、北安一带活动。我师把已经瘦弱不堪的马匹全部送到南北河牧放，变骑兵为步兵，返回绥棱、海伦，发动群众。

我们六军三师来到富饶美丽的哈拉巴岐山地区，先后进占坝墙子地主老王家和吴天方家，多次召开群众大会，揭露日本侵略者犯下的滔天罪行，宣传抗日民族统一战线，对当地群众震动很大。群众看到我军纪律严明，不拿群众一针一线，不打骂群众，不骑群众的马，不调戏妇女，逐渐产生了好感，主动向我们靠拢，壮大了抗日力量。但这触怒了日军，他们立即采取了毒辣的对策，一方面调兵遣将加强防范，如在六井子、四海店、一间楼（今海伦境内）都增加了驻军；另方面组织了宣传班，到群众中进行反共宣传，诬蔑我抗日联军“共产共妻”，说抗日联军都是“疯子”“傻子”。敌人虽然费尽心机，加快推行“集团部落”制度，但一切封锁都隔不住人民群众与抗日联军的血肉联系，仅仅一个多月的时间，我师就与海伦县柴家店的柴老四、八井子肇启，东八井子魏震邦、六井子芦子阳、秦家屯秦殿甲、哈拉巴山的老王家、吴天方家，绥棱县兰家烧锅，张寡妇等建立了密切联系，组织他们参加了抗日救国活动。同时还建立大青灌和八道林子两处后方基地，储存粮食万余斤，为六军西征后续部队开展抗日游击活动奠定了群众和物质基础。

转战松嫩平原，王明贵二进南北河。1937年6月28日，中共北满临时省委在汤原县帽儿山。（现属伊春市）召开扩大会议。六军军长戴鸿宾、政治部主任兰志渊都列席了会议。会上，北满、吉东省委领导人对东北抗日游击战争的重大策略问题充分地交换了意见。会议号召：北满抗日部队发扬团结互助精神，打破敌人“围剿”，继续向兴安岭西部进军。会后，戴鸿宾、兰志渊同志率领抗联六军保安团、特科连（炮兵）和四师部队西征。他们从依兰县的白石砬子出发，于7月初又与张星德率领的六军二师在岔巴气会合。盛夏7月，正是酷暑季节，队伍在原始森林里行军困难很多。蚊子、瞎蠓、小咬密密麻麻，防不胜防，常常被咬得满身满脸起包，甚至鲜血淋淋。由于连续多日在荒草泥泞路上行军，许多战士的双脚都溃烂了。经过半个月的艰苦跋涉，顽强奋战，他们终于在7月15日到达通北县南北河八道林子，同我三师先遣部队会师了。戴鸿宾军长听了我们的汇报之后，立即召开了师以上干部会议，研究下一步的军事行动。会上，不少同志担心因部队过分集中而走漏风声，建议尽快分散开展军事活动。戴鸿宾采纳了这个意见，决定部队立即分散活动，进攻叶家窝棚并扫清侯家碗铺、孙广林屯外围据点。他宣布了各师的进攻目标和任务，强调指出，这是我军西征松嫩平原第一仗，要速战速决，坚决完成战斗任务。

会后，各师立即行动，所有部队都是在夜间从安古镇出发，分别向指定的目标进军，我们三师部队和三军六师部队经激战，按时完成了解除侯家碗铺自卫团武装的任务，然后迅速占领了克音河大桥以阻击敌人的援兵。六军二师在预定的时间攻克了孙广林屯并解除了自卫团武装。六军保安团、特科连和四师部队，因长途行军过度疲劳，进军迟缓，未能按时到达叶家窝棚，贻误了战机。戴鸿宾没有根据变化了的情况改变作战计划，仍然命令部队进攻叶家窝棚。军部保安团、二师十一团和十四团的指战员，作战都非常英勇，冒着敌人四角炮台的交叉火力，如同猛虎下山一样向3米多高的院墙冲去。由于伪警察和炮手居高临下，又在日军的监督下进行顽抗，我军组织两次冲锋均未奏效。在这关键时刻，戴鸿宾命令特科连长向敌人堡垒猛烈开炮。因炮弹受了潮湿，发射了数十枚只爆炸了三枚，还没击中要害目标。四师十四团的高排长带领几名战士跳进院内与敌人展开了肉搏，终因敌众我寡而英勇牺牲。十二团政治部主任王钧同志在战斗中负了重伤。这次战斗持续了两个小时之久，我军伤亡达四五十名，如继续恶战下去对我军十分不利。当时又发现了从海伦方向开过来10多辆汽车的日本援兵，戴鸿宾遂下令部队撤至叶家窝棚北岗。

7月17日，日本援兵疯狂扑向李刚烧锅我军驻地。戴鸿宾指挥六军各师和三军六师英勇抵抗，战斗非常激烈。与敌人最先接火的六军二师部队首先击毁了日军汽车两辆，几名战士跳上汽车从敌人手中夺取了九二式重机枪一挺、子弹三千多发。敌人伤亡了30多人，减弱了攻势。在敌人后续部队赶到之前，戴鸿宾命令我军撤至扎音河北王八脖子山。

在王八脖子山进行了短时间的休息，戴鸿宾军长又进行了新的战斗部署：一是四师十一团团长耿殿君带领部队护送伤员进入小兴安岭大青灌后方基地，主要任务是想办法请医生、购买药品，尽快治好伤员重返前线。二是六军三师留在海伦、绥棱一带深入平原地区开展游击活动，以牵制日军疯狂“讨伐”。三是军部直属部队和二、四师向通北、北安方向开拔。

军部离开海伦以后，我师为了充分利用青纱帐深入平原地区，再次决定变骑兵为步兵，马匹全部送进山里牧放。7月25日9点，我们进入徐大犁屯，仅隔两个小时敌人就从通北、六井子同时乘汽车包抄过来，并向我军阵地进行炮击。为了有效地杀伤敌人，我军沉着地隐蔽在围墙跟前的工事坑里，有意把敌人放近再打。屯中房屋被敌人炮弹炸毁一些，升起了浓烟，牲畜死伤很多。部队在群众的关照下，吃好饭，做好突围的准备。夜幕降临之后。我们的队伍从一片谷子地冲杀出去，转移到绥棱县冯家窑。

抗联六军第一次西征结束，王明贵三进南北河。戴鸿宾率领的六军西征部队和张光迪率领的三军六师不顾日军、伪军的围追堵截、飞机轰炸，继续向通北、北安远征。他们在途中曾与尾追的敌人进行了多次战斗。宋家站（现通北镇）一仗，缴获了大量粮食，没收了日本商店的一些布匹，解决了部队的给养和冬季服装，鼓舞了士气。

8月中旬，戴鸿宾的西征部队，在海伦县三井子与我三师会合。之后，他在通北县八道林子召开师团两级干部会议，参加会议的有：兰志渊、夏振华、张兴德、韩铁汉、周云峰、耿殿君和我。三军六师师长张光迪也出席了会议。这次会议主要研究下步的活动计划。在讨论中出现了两种意见：一种意见主张立即回汤原的游击根据地，依靠地方党和人民群众的配合加强部队建设，保存军马，明春返回松嫩平原。第二种意见是坚持在小兴安岭西部地区开展抗日游击活动，迅速开展群众工作，宣传党的抗日民族统一战线政策，不必往返徒劳。戴鸿宾最后采纳了前一种意见，决定各师分批返回汤原。8月下旬，戴鸿宾带领军部直属部队和二、四师先到达汤原。我三师部队最后离开通北。后来，戴鸿宾的这一决定，受到了北满临时省委的批评。

抗联六军第一次西征是抗联六军军史上的重大事件，具有重大的战略意义。六军指战员为了实现西征计划，以高度的爱国主义觉悟进行了艰苦卓绝的斗争，在小兴安岭西部地区播下了抗日火种，扩大了我党我军在群众中的影响，为以后抗联部队的第三次西征奠定了群众基础。

一路踏来一路情，王明贵四进南北河。1938年12月29日，我们日夜期盼的西征后续部队到达通北境内。张寿篯先派耿殿君带领一支小部队，到八道林子与我军三师后方联系。1939年1月2

日，六军教导队队长于大发和许交通员来到八道林子，给我送来了张寿篯的信，信中大意是：“我带领的第三批西征部队已到达白皮营。要火速送粮，以解燃眉之急！”每个字旁边都画着圈，表示焦急万分。我立即集中了30匹马，驮着粮食送往白皮营。

1月3日早晨，我在白皮营见到了疲惫不堪的西征战士。他们衣着褴褛，目不忍睹。部分穿棉衣的战士，棉衣全部被树枝刮的破烂不堪，露出了棉花，没有棉衣的战士，身上披着破棉被、麻袋片或口袋布。没有棉鞋，有的脚上包着马皮；没有帽子，有的头上缠着好几层布。他们正围着篝火取暖，见我们来到，立刻互相搀扶着站了起来，惊喜地欢呼：“三师送粮来了！”战友们互相拥抱在一起，热泪禁不住滚滚而下。我来到密营里的木板房子里，见到里面躺满了伤员，有的冻掉了手指和脚趾，有的冻坏了鼻子和耳朵。没有药，只能用旧布包扎着，伤势和病情正在恶化，有的人已经奄奄一息了；有的伤员挣扎着坐起来，伸出肿得发紫的手和我相握，几个病情严重的女战士激动地流出了眼泪。我一一安慰他们好好养伤，以争取重返抗日战场。

在另一间房子里，见到了张寿篯、雷炎、李景荫、于天放、张中孚和高继贤同志，我几乎认不出他们了。他们身穿破旧的棉衣，头发蓬乱脸庞黑瘦，眼睛深陷。我和他们一一握手。张寿篯第一句话就问：“粮食送来了吗？”当我告诉他们已经送来了几千斤粮食时，张寿篯激动地说：“这回部队可得救了！你们辛苦了！”接着他们向我讲述了第三批西征队伍的艰难历程：这支队伍从富锦出发时，寒冬已降临，途中又屡遭日伪军的围追堵截，他们风餐露宿，铺冰盖雪，杀光了战马吃尽了皮骨，最后饥肠辘辘，只能靠煮乌拉和树皮充饥。到了晚上，因工具不足，拢火十分艰难。有的战士连饿带冻，病倒在西征路上。最可惜的是有的战士走完了2 000多里的西征路程，离白皮营仅剩两里路的地方，却倒在雪地上再也站不起来了。

我听到了这些艰苦动人的事迹，心中十分钦佩这支英雄的部队。我向张寿篯同志汇报了绥棱、海伦地区敌我斗争的情况，并共同研究了下步开展游击活动的设想。

为了帮助第三批西征队伍解决点冬装，我回到三师部队，向战士们介绍了他们的困境，动员大家脱下一件冬装，支援兄弟部队，在那数九寒冬，战士们二话没说，有的脱下棉袄，有的脱下棉裤，还有的脱下秋衣和秋裤，表现了崇高的共产主义风格。当我们把这些冬装送给战友们的时候，他们深为这种阶级友爱所感动。

参加“八道林子”会议，王明贵五进南北河。由于西伯利亚寒流的影响，小兴安岭西坡八道林子、白皮营的气温骤然下降到零下四十多度。1939年1月初的一个夜晚，联军总政治部主任张寿篯在六军三师后方1处四外透风的木板房子里，主持召开了三、六、十一军部分师以上干部参加的联席会议。出席会议的有我（六军三师师长）和李景荫（十一军一师师长）、雷炎（原三军九师政治部主任），于天放（原十一军一师政治部主任）等同志。张寿篯开始就指出这次会议的中心议题是讨论解决北满西征部队的统一领导问题。在讨论中心议题之前，根据张寿篯的要求，我向到会的同志们扼要地进行了汇报，其内容大体是：（1）抗联六军先后两批西征部队在松嫩平原各地分布的现状；（2）第二批三、六军联合西征部队冲破汤原敌人封锁，先后到达海伦、铁力、通北的经过；（3）六军三师八团和范春元部队冲破绥棱，海伦敌人“讨伐”筹集粮食和建设后方的艰苦斗争；（4）郭铁坚率九军二师余部从南河到北河路经八道林子的情况。张寿篯同志听了我的汇报之后，对松嫩平原进一步开展抗日游击战争的前途很乐观，对经受了西征考验的部队寄予了很大希望。他在会上指出：我北满各军西征部队在中共北满临时省委的领导下，胜利地完成了西征，为建立松嫩平原和大兴安岭西部地区的抗日游击根据地准备了条件。但是这个胜利是初步的，更长期的艰巨任务还在后头，需要我们团结一致、统一思想、统一组织、统一行动才能取得抗日游击战争的更大胜利。今天，我们到会的军政领导干部要集中精力，严肃认真地讨论西征部队统一领导的机构和编制问题。与会者都发表了自己的意见，最后一致同意成立东北抗日联军西北临时指挥部，并在其统一领导下与日军、伪满军、伪兴安军、伪靖安军、伪警察武装进行战斗。

夜深了，大家围着火堆、点着兽油灯，还兴致勃勃地讨论张寿篯在会前拟出来西北临时指挥部《临时行动纲领》和《临时规则》。指挥部下属四个支队：第一支队，即“黑龙江省西北远征队”由第三军三师一部、第六军一师六团组成，张光迪任支队长、陈雷任政治部主任，第二支队由六军二师十二团和三军三师八团组成，冯治纲兼支队长、赵敬夫任政治部主任，第三支队，由六军三师和十一军一师部队队伍组成，我任队长、于天放任政治部主任；第四支队由六军三师和十一军一师各一部组成，雷炎任支队长、关树勋任政治部主任。后方医院由耿殿君负责，全部伤病员进入大青灌后方治疗、疗养。第一、二支队为龙北部队，主要在嫩江、讷河、德都、通北、克东、克山一带活动；第三、四支队为龙南部队，主要在海伦、绥棱、绥化、望奎各县活动。另外，我所知道的六军一师20余名西征部队战士，在团长冷绍生的领导下，冲破了松花江下游敌人的层层封锁，历经千难万险，终于在这次会议之后（1月30日）也到达了南北河见到了张寿篯政委，编为六军十团，独立活动在克山、克东、拜泉一带。该部直属西北临时指挥部领导之下，在龙北游击区创造了优异的战绩。

西北部队的整编，适应了抗日斗争形势发展的需要，解决了统一领导、统一指挥的问题，利于各部队互相配合，有力地打击敌人。根据会议的决定，我六军三师部队同十一军一师西征部队混编为三、四支队。不久，三军六师被服厂也搬迁到大青灌，其中有邢德范、金玉坤、老安、张景淑、朴英善、王才、老谷等10余名同志。他们克服了许多困难，既要为部队做军装，又要搞生产，还要同敌人作战。当时，张寿篯政委考虑在绥棱和海伦平原地区开展游击活动，不同于山区，光靠两条腿是不行的，必须由步兵变成骑兵，那样我们就如虎添翼了。他要求我把两个支队带出八道林子，想方设法装备成骑兵，以利于在平原开展游击战争。

在南北河密营养伤，王明贵六进南北河。1940年1月下旬，我和郭铁坚率领70余人前往通北县活动，一天上午袭击了柳毛沟日本移民团伐木场。在激战中我腿部负伤，是大家用担架抬回南北河东岸养伤的。这里是一望无际的松涛林海，充满着新鲜空气和明媚的阳光，犹如世外仙境一般。我的身边只有警卫员王福臣（周福臣）一人，他在山边挖了一个洞，用树干铺成床，洞外用树枝掩盖着。王福臣原是六军三师警卫连的一个排长，他为人忠厚老实，作战机智勇敢。1938年夏，师部选他做我的警卫员，一直在我的身边。我养伤期间，他时刻警惕敌人的袭击，还要给我做饭、买药，任劳任怨地照料我，使我很快地恢复了健康。我养伤的地方，有一座马架房，住着一位50多岁的老王头负责交通站工作。无论哪个支队派人到总指挥部办事，都得事先通过他联系。这处交通站是保密单位，不允许随便进入，所以我在这里养伤两个多月，没受到任何干扰。

同年2月上旬，陈绍宾带领六军一师50余名战士到达南北河东岸。陈绍宾是在徐光海牺牲之后，受张寿篯政委的委托代理师长的。这次他来看望我时，详细谈了一年多的复杂经历。他谈的几个重要问题是：

第一，1939年上半年，我六军一师余部70余人遇到了极大的困难。他带领这支队伍到了萝北县，去寻找六军政委张寿篯。6月间，在黑龙江边了解到张寿篯率领十一军一师部队西征的消息，无奈忍着饥饿，乘着一只小船驶入苏联境内。在苏联休整4个月，补充了枪支，弹药重返东北战场。

第二，陈绍宾带领这支队伍，于10月返回东北，并在汤原东部森林遇见了冯仲云。尔后，他带领部队穿过小兴安岭，于12月到达绥棱县老金沟，见到了中共北满省委书记金策。

第三，陈绍宾还散布有关赵尚志枪毙100余名抗联战士和企图谋杀中共北满省委领导人的言论。当时，我对这些言论表示不相信，我问他怎么知道的？他说，听尚连生说的。我提醒他千万不要上当，避免在政治上犯错误。但他仍坚持自己的观点。

随后，陈绍宾和郭铁坚带领部队出去活动，这时我的伤口已经愈合，能够拄拐下地走动了。一天，尚连生来到南北河，我向他进一步询问了陈绍宾散布有关赵尚志的问题。尚连生说："xxx等数十人违抗了赵尚志背两袋白面的命令而被枪毙"。听了这些话，我更觉得他说得很不合乎情理。我感到：当前斗争是如此残酷。为了抗日战争的胜利随时随地都在流血牺牲。陈绍宾和尚连生的言论将会破坏抗联领导人之间的团结，我更加担心敌人也会乘虚而入，进行破坏和捣乱，其后果不堪设想。

正当我为此忧虑的时候，三路军总指挥张寿篯带领指挥部的同志到达我养伤的地方。随行人员中有三路军秘书长张中孚，工作人员金伯文，女电报员陈月华等。我对张寿篯同志的慰问和关怀很感激。他是开完中共北满省委第十次常委会之后，从绥棱县回到南北河的。他还向我传达了"永远开除赵尚志党籍"的决定。我当即意识到，这一定是听信了尚连生的流言之后而作出的决定。那时，我是北满省委的候补委员，听了他的传达之后，我开诚布公地向他表示：“这可是件大事，对赵尚志的错误事实应当面核对，才能最后下结论，否则一旦与事实有了出入，其严重后果将不堪设想。”同时，我还把陈绍宾、尚连生散布的言论及我的看法，如实向张寿篯同志汇报，并建议张寿篯去苏联见周保中、冯仲云共同商量此事。张寿篯思考了一会儿后，表示同意我的意见。历史最终证明散布有关赵尚志流言的尚连生，曾两次被日本宪兵队逮捕，投敌叛变，解放后已被镇压。

参加南北河会议，王明贵七进南北河。冯仲云向张寿篯传达了伯力会议精神之后，就近在南北河支流木沟河召开了三、六军部分干部会议，史称“南北河会议”。这次会议分为前后两个阶段进行，出席第一阶段会议的有我和赵敬夫、陈绍宾、高禹民、边风祥、郭铁坚等。这次会议开了三天，由始至终充满着团结、紧张的气氛。在会上张寿篯、冯仲云先后作了报告，他俩所谈的问题理论性较强、涉及面较广，进一步指明了东北抗日救国运动的新策略。大家都感到明确了斗争方向，增强了信心，受到了鼓舞。因为这次会议非常重要，在会上决定和讨论的一些问题至今在我的记忆里仍然还有很深刻的印象。会议涉及的主要问题是：

传达伯力会议精神。所谓伯力会议是在1940年1月24 日至2月5日，中共北满省委，中共吉东省委的代表在苏联伯力（今俄罗斯哈巴罗夫斯克）举行的会谈．出席这次会议的代表有北满省委常委冯仲云，吉东省委书记周保中，前东北民众反日联合军总司令、三军军长赵尚志。他们在会议期间认真地总结了东北抗日游击战争的经验教训，分析了敌我斗争形势，确定了今后的斗争任务。这次会议开得很成功，取得的主要成果是：（1）周保中、冯仲云和赵尚志都站在国际主义，爱国主义的高度，开诚布公地交换了意见，统一了思想，消除了隔阂，解除了误会，增强了团结。（2）为在东北建立统一的抗日游击运动，一致同意改变部队原有的编制，确定新编制和新原则。（3）在会议期间，与会代表接到了毛泽东在中国共产党第六届中央委员会第六次扩大会议上所作的题为《中国人民解放的道路》（即《论新阶段》）的报告。并一致认为这个文件应是东北抗日游击战争的总指南。（4）3月18日，周保中、冯仲云、赵尚志同苏联远东军代表举行会谈共同确定：为反对共同敌人——日本帝国主义，苏联远东军与东北抗日联军建立友好和支援的关系。（5）与会者通过了《关于东北抗日救国运动的新提纲草案》。会议代表一致认为，吉东、北满党在长期的抗日游击战争中，贯彻执行了党中央的政治路线和抗日民族统一战线政策，在领导东北广大群众抗日救国运动中取得了光辉的成绩，牵制和阻碍了日本关东军向关内进攻。同时也指出了吉东、北满党在执行抗日民族统一战线的过程中，也曾经有过缺点和错误，要从中吸取教训。在总结经验教训的基础上，提出了中国共产党在东北的任务是：必须加强对东北抗日武装的领导。恢复和重建各地党组织，大力开展城乡抗日救国运动；并强调指出了党是东北抗日游击战争的缔造者，是抗日武装队伍的领导者，党必须抓住时机，力争引导游击战争的稳步发展。这次会议指出：党在东北的抗日游击战争中与人民群众是血肉相连的，应继续发动和依靠人民群众壮大抗日力量，以适应全国持久抗战的要求。会上，三路军总指挥部要求各支队1940年都要打开一座县城，以此表明伪满洲国不是日本巩固的后方，而是随时可以爆发的火山。

当时抗联官兵学习和讨论了张寿篯、冯仲云传达的报告，特别是学习了冯仲云同志从苏联带回来的《论持久战》一文，完全同意毛泽东论述的战略方针。都一致表示：三路军各支队一定坚持抗战到底，绝不动摇；在战术上要深入到敌人的心腹地带，展开游击战争，同地下党紧密配合发动群众、组织群众，扩大反日武装力量，不断地打击日伪统治力量，争取抗日战争的早日胜利。

传达中共北满省委第十次常委会议精神。第一，要求地方和部队各级党组织召开全体党员大会，吸收各抗日阶层的积极分子，扩大抗日民族统一战线，真正地把人民的物力、智力都集中起来变成抗日救国的实际行动。第二，要抓住敌人“统治”中的薄弱环节，进行有计划军事行动，并以胜利的军事行动，提高民众的抗日救国的决心和信心，以创造北满游击运动的新阵容。

在这次会议上，张寿篯向与会干部传达了省委十次常委会开除赵尚志党籍的决定。这件事过去了40余年，终于在1982年6月8日，中共黑龙江省委作出了恢复赵尚志党籍的决定。赵尚志于1942年2月12日在袭击梧桐河伪警察分驻所的战斗中，身负重伤。在生命最后时刻，仍然宁死不屈，满腔怒火，顽强地斗争，为中华民族的解放事业献出了宝贵的生命。

南北河会议开了几天便休会了，各支队的干部带领部队出去开展游击活动几天，打了胜仗，得到了粮食，又回到三路军总指挥部驻地继续开会。

二、抗日将领王钧征战北满历程[①]

战略转移，再次西征。1938年5月下旬，六军师团干部来开会的同志到齐，会议地址在萝北县麻花林子，五师后方基地召开的。参加会议的有六军参谋长冯治纲、二师师长张传福、师政治部主任张兴德、三师副师长王明贵、五师师长刘振生、师

①根据王钧回忆录《血荐轩辕》整理。

政治部主任高玉滨、一师六团政治部主任李云峰、地方党的干部黄小周（代号）。会议由冯治纲主持，李兆麟首先传达省委会议精神并作了当前形势的报告。二是研究了北满抗联今后对敌斗争的策略。三是决定留下少数部队，牵制敌人。在这一地区坚持与敌斗争。四是决定冲破敌人大讨伐，大部分部队和地方干部进行西征。

1938年第一批西征部队由六军参谋长冯治纲带队，率二师和军部教导队。第一批西征部队确定后，先进行整训和准备西征路上用的米盐衣物。

1938年7月份，李兆麟率领他的小部队又返回松花江北老等山，察看首批西征部队思想整顿和物资准备情况。六军参谋长冯治纲提议:“把王钧调到第一批西征部队来， 他在上一年随军长西征过一次，道路熟。”李兆麟同意把王钧调到第一批西征部队上来，冯参谋长把王钧派到二师十一团任政治部主任兼团长，主要任务是在西征部队前头指引路线。

李兆麟对第一批西征部队又进一步进行思想动员和党的组织整编临时党委工作。首批西征部队党委书记由军参谋长冯治纲担任，委员有二师师长张传福，军部副官长杨万山、二师参谋长韩铁汉、二师十一团政治部主任王钧等五人，组成西征部队临时党委。首批西征部队组成后，李兆麟在老等山召开一次盛大的欢送晚会。这次晚会第一个内容是:庆祝七七抗战一周年。第二个内容是:欢送首批西征部队。部队集合起来，大家拢起篝火，晚会开始前，各部队的积极分子引导互相拉些抗联歌曲唱，《露营之歌》是必唱的，一、二、三段是各部队一齐唱的，指挥是二师十一团孙福成指导员。 这首歌唱完，各部队继续拉歌子唱，这个晚会开得很成功，鼓舞了部队的士气，西征一路没有一个掉队的。

晚会后，部队在指挥部住十几天，李兆麟同志又安排女同志李敏、裴大姐等到出征部队里来洗衣服、缝补鞋袜和子弹袋，做许多手套和布袜子，还在手帕上绣有出征的歌和“听党的话”等字样，来慰问部队。

李兆麟同志也亲自深入首批西征部队作了细致的思想工作和组织动员，召开党员干部会议，进一步贯彻省委会议精神，叫大家知道这次西征是战略上的转移。他重点讲了松花江下游的形势，全东北的形势及七七抗战一年多的时间，全国抗战的形势发展，特别讲到毛主席、朱德总司令领导的中央工农红军的发展壮大情况。我们这次西征，不是失败，而是配合全国总抗战的一部分。要求大家要坚决完成西征开辟新游击区的任务。

首批西征部队在指挥部受到党的温暖教育，提高了思想认识，在组织上，思想上更加紧密团结，明确了任务的重大。在李兆麟将军身边住这十几天，实际上等于给部队上了一次党的教育课，使战士们对马列主义思想的认识有了很大的提高，进一步加深了对抗战和革命道理的认识。又加上女同志给部队缝补、看病等亲切活动，把首批西征部队的劲鼓得足足的。

由于七月份是伏天雨多，道路泥泞，稀泥过膝，马匹累死的很多。因此，王钧提议:“我们坚决完成西征的任务是坚定不移的，为了更好地保存部队实力，今年西征是否晚走几天？ 到八月初开始走，道路干些好走，也走得快，这个时间部队可充分准备给养。”李兆麟同意了王钧的意见，并把陈雷派到二师作宣传科长。

部队抓紧准备出征的给养和物品，在汤原县城东，太平川耿子修家筹了的米，月初部队按预定时间出发了。第一天部队走到汤原北山黑金河西沟岔住下，刚把马驼的米盐放在地上，敌人就从西北山岗梁上开枪，向十一团射击，把做饭用的铁盆子打的都是窟窿。敌人又抬高了射线，打到师里去了，把张师长腿打断了，陈雷的脖子上负了轻伤。敌人占领了居高临下的有利地形，用机关枪和掷弹筒猛烈火力压制，在山下用机动部队向我们冲锋，想打得我军什么也带不走，激烈中张传福师长腿被打断。此时王钧立即命令十一团就地卧倒，向敌人还击，顶住敌人的进攻。并冒着冰雹似的弹雨和同志们一起用毛毯将张师长和十一团董英华连长等重伤员抬出险地。然后命令十一团撤下来。这一次阻击战打死日军七八十人，打死日本指导官东丸俊一郎少将。但师部和十一团的米盐、做饭用的锅具、马匹等都失掉了。部队撤到沟里冯参谋长住处，冯参谋长在危机情况下果断的决定把二师保安连留下，委托温连长负责，把张师长和董英华连长放一安全地方养伤，买药，运粮，伤养好继续西征。部队走了一个多月的时间才穿过人迹罕见的丛山密林的小兴安岭，到达海伦县东山八道林子（今北安境内：通北林业局前进林场），见到了中共北满省委书记金策同志（朝鲜族），金策同志说:“西征的部队省委早有部署，你们六军二师的部队下一步开赴通北、北安一带，去开辟新的游击区。”

部队接受新的任务后，冯治纲参谋长召集干部研究开辟通北，北安新的游击区工作。冯参谋长讲。“部队到一个新的地方，开展群众工作，要加强部队纪律教育，宣传我们部队的性质，宣传抗日救国的道理，把群众动员起来，和我们一道抗日救国，你们就能站住脚。”

会议开完后，王钧和冯治纲参谋长讲：“二师的领导力量十分弱，师部领导就剩一个伪军投诚过来的韩铁汉参谋长，开辟通北、北安新区工作能担负起来吗？二师共三个团，十团在西征不久，在萝北县三间房被数倍的日伪军围住，在重炮轰击下，全团战斗到最后一人，全部壮烈牺牲。十二团还在后面的路上，只有自己带的小十一团，师长又负重伤一时来不了，现在的师部领导力量太弱了。”王钧认为:“二师负责开辟龙北地区党、政、军的工作，是缺乏党的核心领导，感到不放心，急需要有位较强的同志派到二师来作领导工作。”冯参谋长认为王钧的意见很对，于是他向省委书记金策同志提议派一位强有力的骨干力量到二师来作领导工作。金策同志马上从三军三师把政治部主任常有君同志调到六军二师作政治部主任工作，由此六军二师师部就由常有君、韩铁汉率领十一团向通北、北安一带前进。

部队从海伦东八道林子出发（今南北河流域），北进经过张二把头店，跋涉过大酱缸和稀泥蛤塘，来到了深山老林，三军后方的被服厂，有许多女同志正在扛布匹、弹棉花、剪裁做衣服。女同志中有朝鲜族、鄂伦春族和汉族。朝鲜族有张景淑，鄂伦春族有李贵香，汉族有金玉坤、邢德范等同志。她们已做出很多趟子绒马裤。同志们看到了自己的后方，好像回到家一般亲切，被服厂女同志们更热情地欢迎和慰问西征到来的部队，表演女声小合唱、单人唱、二人舞等节目，使指战员们受到很大鼓舞。

部队在被服厂吃了午饭后走到北山边，王八脖子山头，居高临下往北一望，是无际的平坦坦的大草原，秋风吹来，好似麦浪起伏（今北安赵光农场）。部队从山上下来，走进了大草甸子，大家劲头很足，说说笑笑不觉疲劳，惊起四五个狍子横冲过来，被十一团一连连长曹玉奎抱住一个。通信员蒋全说:“狍子穿队不吉利。”曹连长说:“管他吉利不吉利，反正今晚有狍子肉吃了。”部队前进经过田延公司（是早期的马占山的废农场），地名叫一撮毛，在柳毛河东沿。由于长期征途，赵敬夫、孙福成、李兴汉等四人由于趟稀泥、过红眼蛤塘，脚都泡烂了，就地留下养伤。

部队还得继续往西行进，同志们在柳毛河沿锯倒两棵大树，用两棵大杨树干横担在河的两岸，架起了浮桥，顺利地过了柳毛河，又趟了十几里路的漂筏甸子，前进到通北东边的王治国南山上的一个炭窑，师部决定在这住下。

师部副官李英臣进炭窑屋里不一会出来说:“在这买两袋子米，十一团派人把它搬出来，”十一团连长曹玉奎派了四个人进屋把米搬出来。李英臣说:“你们十一团分一袋子、师部分一袋子，”十一团小高司务长说，“李坏嘴真不是东西（指李副官），师部那么几个人也分一袋子米。”十一团副官共产党员王万俊说:“这一袋子米总比我们西征一路只分一碗米好得多吧，先拿去吃吧。”

师部李副官接着说:“离这有三四里路西南沟有二茬子草（割了草又长出来的嫩草），你们十一团到那去放马休息。”十一团王万俊副官把米一分两半搭在马身上，在前头领队走，走了好长时间也没看到有二茬草的沟，连长曹玉奎喊着说:“王主任，咱们露营在哪地方还不行？非找那个地方干啥！”王钧一听，大家一个多月没有吃净米做的饭了，也累了，不愿意走了就命令部队停下做饭吃。王万俊副官把各连司务长叫来分米。团部的小高司务长和传令兵蒋全端着米盆到河沟去淘米，其他人忙着支锅拣柴火，小高司务长问蒋全说:“你看师部那个李坏嘴为啥把我们支出这么远来？”蒋全说:“人家是师的副官，能传达领导的指示，叫你到哪，你就得去。”王万俊副官看他俩闲谈这些话，就大声喊:“高司务长，锅支好了，快把米拿回来。”曹玉奎连长把他在行军中抱住那个狍子给团部送一支狍子大腿，大家特别高兴。

危难之际，挺身而出平叛乱。这时，师部的传令兵骑着马来到十一团，说韩参谋长调王钧主任去师部开会。王钧以为师部住在炭窑屋里，可能明天叫炭窑把头去通北县买些东西，就问大家谁有零用钱拿来，可以到通北去买点牙粉香皂，大家凑了二十多元钱，团部传令兵把王钧的马拉了过来，王钧告诉蒋全饭好叫一声，便骑上马随师部传令兵来到师部，下马后，把马拴在树上，刚一进屋门，师部三四个警卫拿枪把王钧逼上，立即解除了他的武装。王钧猛地一惊，难道我犯了什么错误不成？抗联纪律犯有一条：犯有严重错误，上级可以解除下级武装。王钧冷静地想，西征一路也没犯什么错误啊，为啥要解除我的武装呢？没做亏心事，不怕鬼叫门！所以心里并不害怕。

王钧在青年时是有点血性的人，反问韩参谋长。“我犯了什么错误？够不够枪毙？够枪毙就枪毙吧！为什么还用枪逼着我呢？”这时韩铁汉和李坏嘴副官脸色表情凶神恶煞。韩铁汉恶狠狠地说:“就是要枪毙你！”王钧反问他说:“你这师参谋长就没有权枪毙我这团政治部主任，我得见见常主任。”韩铁汉反说:“他在后边炭窑呢，你不用见他了！”正在这千钧一发之际，忽然听团部通信员蒋全在沟子南沿大声喊叫:“王主任，饭做好了，等你回来吃饭呢！”韩、李等人听到外边有人喊王钧，惊得他们冲出房门，韩铁汉把王钧的马从树上解下来，急忙过沟子去缴蒋全之后，韩铁汉领他师部的人急忙奔团部去缴团部，留下两个人看王钧。看王钧的两个人怕掉队，把他推进房西一个空炭窑里，他俩也过沟子跑了。王钧听见他俩也过沟子跑了，就从空炭窑出来到炭窑屋里问李万山把头:“我们常主任到哪去了？”“他们在后边山岗坡用枪打死一个人，不知是谁，听他们叫什么君的，挺有骨气，他骂参谋长是叛徒，死的时候还喊什么万岁。”王钧一愣，心想，坏了。他推开门跑到后边山坡上看到常主任果然在躺着，到跟前以惊异的心情摸推常主任，没有一点气了，脑袋“轰”一下想:一定是韩铁汉这坏蛋叛变了。他撒腿跑进拗瞎塘里（杂树棵子和深草）藏起来。

韩铁汉这些坏家伙缴了团部和连长曹玉奎等人的武器，把部队带到炭窑来，看王钧跑掉了，韩铁汉骂着说:“王钧这小子跑了，他跑不掉，一定跑到柳毛河东沿一撮毛那找赵敬夫去了，一会儿就追上。”

韩铁汉骑马带队往一撮毛跑去追王钧，其实王钧这时还在炭窑这边山坡里藏着，但是他估计这些叛徒今晚肯定住在一撮毛那。心想，与十一团指战员刚刚离开两个钟头，今晚摸回去，岗哨不会打自己，于是下了摸回去的决心。

夕阳西下，秋风吹得身上浑身打冷战，王钧思潮翻滚，心像刀绞似的难过，党把十一团交给我，现在应该怎么办？我是共产党员，坚决不能让叛徒得逞，一定要和叛徒斗争到底，死也要和同志们死在一起。王钧悄悄地摸回炭窑，向李把头借了一把镰刀、一盒火柴，李把头说:“什么借不借的，都是闯山沟的（江湖话），拿去用吧。”日落西山，大半圆的月亮照耀前进的道路，王钧向柳毛河一撮毛摸去。

出了炭窑林子边，就是部队从柳毛河来的十几里漂筏甸子，好歹有来时趟的路印，照旧路深一脚、浅一脚地往前走去，蹚水哗哗地响，又怕叛徒听着，就得慢慢地走，走出水甸子不远就到柳毛河西沿，王钧趴在深草丛里，侧耳细听，发现叛徒们把在一撮毛四个养脚的赵敬夫、孙福成、李兴汉等缴械后，叛徒们起队走了。根据他们走的方向，王钧判断叛徒们要到后方去抢服装，俘虏妇女。

为了不让叛徒的阴谋得逞，王钧急忙起身趟过柳毛河，抄近道走，向后方基地奔去。虽然一天多没吃东西，他忘了饥饿，忘了疲劳，顺着田延公司大草甸急匆匆地往后方跑。这时，连恶狼也来袭击他，一个大恶狼嘴巴子往地下一插，嚎叫起来，非常吓人，不一会又来两三个恶狼，似乎要吃他。于是他用镰刀砍了棵树樱子扛着走，避免恶狼从背后抓脖子，还不时划一颗火柴摇晃摇晃，恶狼怕火，也怕强壮拿刀的青年人。听老人讲，狗怕猫腰，狼怕蹲，王钧也蹲下，划一棵火柴摇晃摇晃，把镰刀把朝外，端起来当枪式的向狼瞄准，果然恶狼吓跑了。

王钧带着小跑终于第二天一早六七点钟抢先跑到后方基地的第一道岗哨，刘海飞团长的驻地。王钧向刘海飞团长说明了韩铁汉叛变的情况，要刘团长早点把放的马匹赶回来，做好准备。刘团长将马赶回来，备好马鞍子，叛徒韩铁汉带队就赶到刘团长的岗哨上，韩铁汉问岗哨:“十一团的王主任过来了吗?”“过来好一阵子了”李坏嘴副官用手拍着大腿埋怨韩铁汉说:“我说当时枪毙他吧！看，破坏后方基地的一切计划都暴露了。”他们听到王主任过来了，掉过头就往回跑了。王钧和刘团长随即迅速追击，一直撵到通北向叛徒打了一顿枪，在深草棵中找到被叛徒缴械的李兴汉小理发员回来了。王钧和刘海飞团长两人没有耽搁，一齐到后方基地去送信，向许亨植汇报之后，后方基地机关作了转移准备。王钧又急忙往南河走，向冯参谋长汇报，到了南河见到冯参谋长，作了详细汇报，冯参谋长说;“王钧，幸亏你赶回来汇报，不然后方基地被叛徒韩铁汉破坏不算，连我们也得被他们缴械了。”这天正是阴历八月十五日，中秋节，群众给冯参谋长送来猪肉和白面，冯参谋长叫司务长做饭吃，烙饼和猪肉炖粉条。饭、菜将好，曹玉奎、赵敬夫、孙福成指导员他们三人被叛徒缴械后，从一撮毛那绕到东山里，绕回来了。亲人相见，抱头痛哭，曹玉奎、孙指导员边哭边说，“我们以为你被叛徒枪毙了呢?”冯参谋长过来安慰大家说:“不要过于难过，部队被叛徒领走了，是一个重大损失，但责任不在你们，上级叛变下级是不易发觉的，王主任在危险中能脱险先跑回来到后方基地作汇报，你们三位又都识破叛徒的意图转回来，这是不幸之中的大幸。部队损失了，但你们几位骨干回来了，还可建立部队吗，别难过了，先吃点饭吧。”

大家正在端起饭碗吃饭时，东山上又下来部队了，冯参谋长用望远镜看看，是自己的部队，走到近前才看清，是王明贵同志带着三师和二师一个十二团组成的第二批西征部队也来到八道林子会合点了。冯参谋长和北满省委书记金策同志研究了部队活动计划。将部队重新作了部署，确定王明贵带着六军三师部队留在龙南，靠近庆安、铁力、绥化一带活动；张光迪、陈雷带着六军六团和三军七团到龙北开辟讷河、嫩江地区；海伦到德都之间由六军十二团和三军八团继续北进开辟通北、北安的游击新区。

王钧当即被冯治纲参谋长派到六军二师十二团任政治部主任，十二团沿着十一团走的路，经过张二把头店，走出大酱缸和稀泥蛤塘，到刘团长那住了几天，刘团长把找回来的李兴汉交还给十二团，并向刘团长借了些米之后，部队继续向北挺进。来到王八脖子山，从山上下来，经过大草原，过了柳毛河之后，天时已大黑了，还得走一段大草甸子，才能到王治国屯南山。由于王钧刚到十二团还未建立起领导威信，张团长对他有点怀疑，并说“这大草甸子一棵树也没有，哪来的炭窑呢？你往哪领我们哪？”王钧估计还有四五里路就到了，但是他得多说点，还有七八里路就到了，部队往前走二里来路就到树林子边了，找到了韩铁汉搞阴谋叛变的那个炭窑，老李把头对王钧惊奇地说：“头两天你被人家缴械，部队被韩铁汉领走了，你怎么又领来队伍了呢！”王钧回答说：“抗日联军部队多得很呢，还有许多部队要来呢！”通过炭窑李万山把头了解到韩铁汉叛变队伍正在铁道西，张大房子一带，听说要投降通北县。

于是王钧细心的作了李万山的工作，耐心讲述了“抗联是共产党领导的抗日救国的部队，是从佳木斯那边西征过来的，你看我们部队穿的那样褴褛，都是西征一路被树枝刮的。我们刚到这，是和这地方人民群众抗日救国的”。老李把头接话说：“头两年有个赵尚志带队在这东边冰趟子一带打死了三四百名日本军”，王钧说，“对啦，那就是我们上级，我们这次来还需要老李大爷帮忙呢。”老李把头很爽快地说：“那没问题，需要做的事只管说，抗日我也应该有一份嘛。”王钧接着说：“那就好了，你这里就作我们的联络站吧。你明天能否去通北县了解一下叛队投降的具体时间、地点，再给部队弄点米回来。”老李把头愉快地接受了任务，第二天一早就到通北县去了。

第二天天亮，王钧领部队到东边山坡上，找到了常有君主任的尸体，开一个简单的追悼会，之后大家动手就地挖了一个放棺材的坑，用圆木贴墙，然后用两床军用毛毯将常主任裹起来，放进坟墓，上边又盖上一床毛毯，顶上用圆木架上，再扔上土掩埋了。

隔了两天，李万山老人赶一个大轱辘车，拉回四袋小米，李万山老人气喘吁吁地说：“叛队明天上午十点来钟去投降，县里的日本守备队、参事官、县长等各界和学生打着小旗，还搬桌凳等，在通北县南大岗上接受投降者。”

听取老李讲的受降具体时间、地点和人物后，王钧立即召开干部会，研究了破坏投降者和受降者的事宜。王钧在第二天拂晓前把部队带到通北县南大岗东南侧，约一公里的树林子边，静待叛队前来。等到上午10点钟才发现叛队从张大房子那边来了，叛队前边一个穿便衣还骑着马比比画画的人，可能是受降的说客，部队按原计划等叛队走到距接降地500米时，王钧命令：“打”，大家开枪射击，打得日本守备队人仰桌翻，日本鬼子反过把来，向叛队射击，十一团王万俊副官领头把部队从受降场前边撤下来。叛徒头子韩铁汉已被日本守备队打死，从马背上折了下来。叛徒第二个头子李英臣（李坏嘴）虽然跟随部队跑出来了，但十一团的人都不听他的指挥了。这时叛队里最大的官就是十一团副官王万俊了，王万俊副官说:“咱们回去找王主任去。”师部的齐司务长和几个枪毙常主任的警卫人员及帮凶不敢回去，说什么“回去？非叫王主任枪毙不可，俺们还是投降日本吧。”王万俊副官很严肃地说:“叛变也不是我们，我们坚决回去找王主任去，认可叫自己人枪毙，也不投敌叫日本人扔进饿狗圈去，回去！”这一强调，师部的人和机枪班都被十一团带回来了。

十二团从日本受降地撤下来，在北安东边老山头（现东胜乡东民村），摆好一个口袋战术，准备把十一团装进来缴械。

王万俊副官率队伍从受降地点撤出来到王治国屯南山，韩铁汉搞阴谋叛变那个炭窑，见到李万山老把头，老李把头用诚恳的语言告诫王万俊副官:“你们千辛万苦西征到这，和这地方人民来共同抗日该有多么英勇啊？投什么敌哪。你们王主任又带一个十二团，在东边老山头那儿等你们呢。”王副官一听说王钧带十二团在老山头那等他们，极为高兴地说。“我们这就回去见王主任去。”

王万俊副官并不知道十二团早已摆好口袋战术，要把他们装进来缴械呢，十二团也不知道十一团的党员变化，不清楚他们坚决反投敌，创造机会，主动回到党的怀抱来的想法。

王万俊带着部队来到老山头前边，把部队停在外边，他自己向前探望，当他走进埋伏圈里时，十二团邢副官带两个人从深草棵子里突然冲到王万俊副官马的后边，逼着王万俊下马当俘虏。王万俊急忙说：“我是来找王主任的。”邢副官用枪逼着王万俊来找王钧，当王万俊来到王钧跟前时，难过地哭了起来，连哭带述说：“这是韩铁汉和李坏嘴的阴谋，开始他们骗我们，说你们都犯错误了，他带队要去抢后方基地，把做的新军服和趟子绒马裤都穿上，把女同志都分了做媳妇。可当部队走到刘团长岗哨处，问王主任过去没有，岗哨说过去了，才不敢再往前走，返回来以后又被后边追来的刘团长打了我们一顿枪。十一团的人开始怀疑，为什么自己人打自己人呢？纪律也松懈了，还给大烟抽，不敢进山里活动，到铁道边平原住。并看到师部这几天老来一些穿长袍短褂的人，又传出皇军不会亏待你们的等等一些话。我们根据这些天的接触，发现他们一反常态，我召集十一团党员秘密开个小会，大家一致表示，坚决不能跟韩铁汉投敌去。咱们利用和敌人接触时机，先开枪，把敌人和叛徒消灭掉，把部队带着往回跑。前天韩铁汉在队伍的前头走，走到通北南大岗上日本鬼子先向我们开枪射击，韩铁汉在队伍的最前头走，他首先被打掉马了。我带队伍往回撤（王钧插话说，这是我们给你们创造的良机），撤到安全地带，我们就不听师部李副官的话了，他晚上偷偷逃跑了。”王万俊副官虽然极度难过地说出他们跟韩铁汉叛徒走的这几天的经过，但王钧还是抱着万分警惕的心情，叫王万俊回去把十一团的党员都叫来，和他们一一谈了话，他们讲的和王万俊讲的都是一致的，这才叫十二团把十一团放进来。十一团来到王钧跟前，大家眼泪汪汪抱着惭愧而亲切的心情把他围起来，王钧和大家一一握手。战士们好像离家多日孩子似的。王万俊副官把队伍整理好，让王钧给大家讲话，王钧来到队伍前面高声讲道：“同志们！你们的革命意志战胜了反革命的叛徒，冲破重重危险，今天又回到革命队伍里来了，这是我们革命军队的胜利，是党的光荣。你们这几天受到叛徒的欺骗，受到污辱和惊吓，但是你们还是回到党的怀抱来了，不愧为老根据地的人民子弟兵！是经得起考验的！这个事件证明我们抗日联军是共产党领导的，是特殊人才组建起来的队伍，是一支打倒日本帝国主义，建设社会主义和共产主义，解放全人类的无产阶级大军。你们的觉悟是能够识别是非的，你们在关键时刻抛弃叛徒，和敌人进行坚决的斗争，你们为党作出十分可喜的事情。不管是谁，只要他做与伟大革命性质相违背的反革命的事情，都必然以失败而告终。”

为进一步稳定住部队，彻底查清反革命分子，王钧决定解散十一团（因为叛徒韩铁汉把你们领出去之后，已向全军通报了，谁再见到十一团就要开枪的），把十一团的同志们都编到十二团各个班、排、连里。

此后经过严格审查，把师部的几个帮助韩铁汉叛变、枪杀常有君主任的警卫员和帮凶处决了。

执行新任务，开辟北安游击区。两团合成一个十二团，人员增多了，是件好事，继续在通北、北安一带活动。到十月中旬雪已下了半尺深啦，部队还穿着西征过来时的单衣服和胶皮鞋，一路上衣服被树杈刮得破狼破虎，胶鞋也被磨露脚趾头了，没有米吃，大家就扒开雪，在树叶子下找橡子吃，又加上十一团部分人跟着叛徒走了几天，思想混乱，十二团张团长没有带过部队打游击，年龄也大些，西征前始终在地方工作，十二团从海伦开赴通北，王钧又刚到十二团不久，对部队情况不那么熟悉，部队有冻死、饿死的危险。为了队伍不受损失，部队必须进行思想整顿，召开了连排干部和党员会议，王钧分析道：“从形势看，部队刚刚西征过来，还没有站住脚，由于叛徒的搅闹，耽误了我们发动群众，造成许多困难。时间拖延了，群众关系不熟，又距离北安省会这么近，敌伪、汉奸势力比较强，封屯、筑垒等这些困难都摆在我们面前，不想办法确实有冻死、饿死的危险。”他号召同志们：“我们是共产党领导的革命军队，上级给我们的任务是开辟北安和通北地区游击区，活动就有出路，活动就能接触群众，群众就是我们的生命线，离开群众将一事无成。敌人虽然多，还没有秫秸夹杖子似的，一个个挨着摆上，就是这样摆上，我们也可以打开一个缺口，冲进去，我们就可以自由飞翔吗！”王钧的分析动员振奋起了同志们的精神，一致同意。会后王钧又和几位连长、指导员把地图摆开，研究向哪个方向打出去，确定了必须先解决敌人一个据点，才能解决部队的换装问题，在地图上发现北安四平街这个屯子很大，有地主大院，可能有伪自卫团，于是就确定到四平街去（今北安市城郊乡革命村新安屯）。没有带路人，他亲自拿着指南针在头前走，天快亮时，看见前边有一个大屯子，肯定是四平街了。部队暂停下，研究部队的行动路线之后，王钧带领部队急速从前面往屯子直插，看到没有一个大户人家，他想，坏了可能走错了屯子，敲敲门，把老乡叫出来一问，才知道，四平街在西面还有六七里路呢。看看表已经六点了，天时已大亮啦，不能再走了，这距北安只有20里路，一旦暴露目标，东大营的日本骑兵一撒欢就能跑到。王钧请这位老乡把十户长叫来，十户长来了很热情，他说，“这是拉拉屯，净是小户，屯子倒很长，天气这么冷，请首长叫弟兄们进屋吧。”十户长老乡，先把各户的门叫开，点上灯，然后部队才进屋。十户长和那位老乡两个分工挨户敲门点灯，把冻得嘶嘶哈哈的战士们让进屋。接着王钧又叫两位十户长把每户老乡叫来一名开会，老乡集合到屯中间那个十户长家，王钧站在炕上给老乡讲讲部队的来意，他说:“乡亲们！我们是中国共产党领导的部队，是打日本鬼子的部队，我们不是胡匪，你们看见，我们大家都穿得破破烂烂的，我们是从佳木斯那边才西征过来的。我们部队纪律严明，不拿群众一针一线， 你们不点灯开门我们的战士就不进屋。我们原计划是到四平街去的，但是走错了路，没办法，只好进你们屯子来了。”乡亲们：“我们的部队是人民子弟兵，他们是尊重乡亲们的。”他的话还没等落，人群里有两位老乡问：“你们是红军吧？”答：“是的。”他接着说：“红军是我们自己的部队，我们得帮助啊！”这两位老乡是从山东搬过来的，在山东见过红军。

会开完了，两位十户长分配各家做饭，并叫来两位山东老乡，一个叫朱瑞祥，一个叫马耕方的，两位十户长帮助筹划米、筹划衣服忙个不停，米很快筹划够背了，衣服也筹划了一堆，好心的青年姑娘给点数代叠，很快点完了，但这一堆衣服只能够三分之一的人摊上一件。王钧就把连长、司务长叫来，对他们说："这堆衣服是乡亲们拥军来的，各连领回去，共产党员先不分，能分到一件的人，换下来的衣服再分给另一个人，这样就有一半的人贴补上一件衣服了。"拉拉屯救助抗联十二团作出了很大的贡献！群众是爱国的，是拥护抗日部队的。

十二团在这个屯子住了六个小时，吃完早饭，身体恢复了温暖，用望远镜看到北安一清二楚的。部队不能久住，背上米，打了欠条，告别乡亲们，部队开始奔向东山。走到距离山边还有七八里路，共产党员刘殿福司务长和班长韩九发冻死在行军路上，刘殿福同志抱住一个塔头墩子当火烤，嘴里舌头冻硬了，呼啦、呼啦地半语子了，"首长，你们先走吧，我烤热乎了在后边撵队。"部队停下来，好几个人给他做人工呼吸，怎样搓也没缓过来，大家眼含热泪，给刘殿福和韩九发二位同志开个简单的告别会，然后大家捧雪将二位同志掩埋起来。

坚持游击战争，扩大北满抗日新区。十二团在北安东山建立了密营地，坚持在通北、北安一带活动，这一带山里冬季雪深没膝盖，部队在这一带坚持下去，就必须把步兵变成骑兵。于是王钧组织召开排以上的干部会议，大家讨论说，我们实现到建立游击区这一目的，改步兵变骑兵是向老百姓征马，还是缴敌人的马。通过讨论，大家一致认为解决马的办法；一是缴龙镇附近、讷漠尔自卫团的全鞍马。二是缴通北县东南日本开拓团的马，那地方马匹多。解决马匹的地点就这样定了，并对缴马的任务进行了分工。三连由王、朱连长带队去缴日本开拓团。王钧带团部和二连去缴讷漠尔伪自卫团。各自领任务回去动员部队开始行动，经过一夜的战斗，两个地方马匹和枪械都被十二团缴械了。

第二天，十二团由步兵变成了骑兵，冬衣和粮食、子弹也都装备好了。这支跋涉千余里小兴安岭的西征部队来到这里，经历艰难困苦和危险的斗争考验，算是初步站住了脚。

十二团变成骑兵，像驾驶坦克一样，在龙北大地横冲直撞，自由活动了。为了锻炼部队和解决骑兵的装备，十二团首先迎风顶雪，通过龙镇北部，越过北黑铁路，到达龙门山、尾山、五大连池北方的七星泡，前进到嫩江县，缴了南齐岭警察分署驻所和何家大泡子伪自卫团。为了迷惑敌人，十二团骑兵又突然往东进杨树屯之后，转向北进海江，西进到嫩江县北部土腰，遇敌人打了一仗。冲过冰封的嫩江，到达内蒙古管辖的巴彦旗，缴了几处嘎查所，发动了达斡尔族起来抗日给十二团骑兵带路和通信联络点，打渡边日本守备队，偷袭了孙强骑兵团，得了许多鞍马。这时十二团成为比较完整的骑兵队伍了，达到横扫嫩江平原的目的。此后，十二团又突然转回北安十二团驻地（今北安种畜场北山域内）。

1938年最后离开老根据地三江平原的第四批西征部队。在李兆麟的带领下于当年12月下旬到达海伦八道林子后方基地，他就听到“二师十一团被叛徒韩铁汉领跑了：北征支队被伏击后，过江去了苏联”两个不幸的消息，他没有休息急忙徒步踏着大雪，于1938年底来到北安，找到王钧带领的十二团。李兆麟来到十二团第一句话就说：“王钧，你搞的不错呀有饭吃！指战员都穿上了棉衣，变成了骑兵，能过冬站住脚了。”他详细地听取了王钧的汇报十一团被叛徒韩铁汉领出去，自己又回来的情况后，严厉批评了张团长蹲窑坑思想，不愿出来领导部队打游击，将部队扔给主任一个人带着的畏难情绪。并将他带回军部另行分配工作。又经审查处决了二师师部漏下来的一个叛徒程义和，他气愤地说:“这小兔崽子，解赵敬夫绑腿态度可坏啦。”部队经过李兆麟同志的组织纪律教育和思想整顿，战斗力大大提高了。

李兆麟听王钧汇报到十二团变成骑兵，顶着西北逆风寒雪，冻得马低头不愿走，但是决心到达嫩江源头两岸，并初步取得了胜利时，李兆麟将军把十二团英勇的到达嫩江两岸的内容，改写在《露营之歌》第四段上。（歌词是这样的:“朔风怒吼，大雪飞扬，征马踟蹰。壮士们！精诚奋发横扫嫩江源，全民族各阶级，团结起夺回我河山”）。《路营之歌》第四段里边的几句内容，就是描写十二团变成骑兵，长途跋涉到达嫩江源头两岸的经过（当时，其他西征部队没有骑兵）。

李兆麟临走前指示王钧:“原北征支队的任务是开辟讷河、嫩江的，他们已经不存在了，十二团的任务是往前跋涉。顶替北征支队，开辟讷河、嫩江游击区。”并决定派冯治纲参谋长率十二团和教导队深入德都平原。

1939年1月12日凌晨，十二团二百多骑兵由龙门山下来，冲过冰封的讷漠尔河，来到田家船口屯住下。准备在这打一次伏击战，缴获些服装和枪支弹药来装备部队。也教训一下日本侵略者，启发人民群众起来抗日救国。

部队在大地主田景春屯吃过早饭，王钧和冯参谋长向田景春和屯长以及群众详细了解德都县城的敌人和武器装备等情况后，作了战斗布置。为了避免部队走后，敌人向群众报复，残害群众，决定派伪屯长孟繁贵到六七里路的西相腰岗警察分署去报告。部队作了进一步的埋伏。敌人果然中计了，上午9点左右，由德都县城开来两辆汽车，满载日伪军向田家船口屯开来。汽车距屯子很远就被我军哨兵发现，王钧当即命令哨兵不要暴露目标，把敌人放进屯里来在打。敌人汽车开到村外西南角时，突然停下来，不敢冒进，带试探性的，走走停停，直到把车开到村西头还是没有发现抗联的踪影，就毫无目标打了阵枪。

冯治纲参谋长从敌人无目标的乱打枪中看出，敌人是在试探，并没有发现我们的埋伏，于是低声命令王钧，让敌人“再靠近些”。敌人胡乱放一阵枪后没见有动静，就放心大胆地把车开进屯子里，头车靠近田景春大院套墙跟前，进了十二团的伏击圈。日伪军正忙着下车之际，冯参谋长一声令下，“打！”十二团指战员从西院各个住户屋里突然冲出来，包围了敌车，前边有教导队机枪射手大黑李端着机枪吐出火舌般的子弹，逼着敌人交枪。敌人跑在汽车两旁举手投降，战斗中击毙了伪警长文叶达和一名死不交枪的伪自卫团丁，击伤伪警长荣广利，活捉警务科长刘日生。但日本县长木黑俊一带几个人趁混乱中，拔腿往谷草垛南跑，钻进了旧菜窖坑子里进行顽抗。王钧带领军部杨青山副官长手拿匣子枪从谷草垛两头伸出胳膊侧射敌人，敌人在旧窖坑子里挺不住，撒腿往南地里跑，被几个腿脚快的战士追上去，像擒小鸡似的抓住袄领子，抓回来了。

在德都征战中，由于冯治纲参谋长观察过德都县的五大连池周围的山形和朝阳山区域可以建立临时后方基地，又因田家船口的胜仗和谷家窑的重大突围战，两次战斗的胜利，已唤起了德都境内广大群众抗日的热情，所以，这一带可以发展地方组织，领导群众抗日救国。所以，冯治纲参谋长把他带领的教导队交给王钧和十二团一起活动。他只带教导队长曹玉奎和他的警卫员裴海峰三人，按部队原先从东往西来的老路走回，向军部李兆麟和省委汇报。此后的一个时期内，王钧率十二团和教导队，以北安东部密营为基地，开始了向龙北广大地区创建游击新区的征程。

三、抗日英雄于天放[1]牢门脱险

抗日战争胜利后，于天放重新回到革命工作岗位，先后任中长铁路护路总监，黑龙江省军区副司令员，黑龙江省参议会议长，黑龙江省法院院长，黑龙江省军事部长，军区副政委，副司令员等职。

1954年8月，龙江、松江两省合并后，任黑龙江省政协副主席兼哈尔滨师范学院院长。

1958年8月至1964年5月，于天放任中共牡丹江地委第二书记兼行署专员。

1964年9月，于天放当选黑龙江省政协副主席，兼任黑龙江大学校长。“文化大革命”中惨遭迫害，1967年5月3日含冤逝世，终年59岁。

1982年9月，中共黑龙江省委作出决定，为于天放彻底平反昭雪。

1983年8月5日，于天放追悼会在哈尔滨工人文化宫举行，全国委政协，中共黑龙江省委，省人大常委会，省政府，省政协，省军区等单位敬献花圈，于天放的骨灰安放在哈尔滨向阳山革命公墓安息堂。

于天放在抗战胜利后率老区慰问团，慰问刘二嫂等英雄群体，并以《牢门脱险记》写在回忆录中。

牢门脱险记

1945年7月11日，天朗气清，太阳渐渐偏西了，吃过了晚饭，一心一意盼着到九点放风。鬼子石丸在下午七点钟离开特务分室，到九点钟放风时还没回来。桌子上的座钟滴答滴答地走

①选自《烽火南北河》。

着，九点……十点……十一点。眼看到了十二点他还没回来，我看着急。心里想，今天若不越狱，恐怕有暴露的危险。半夜一点钟了，石丸才回来，把三层铁门一个一个开了，丧魂落魄地进分室，伸着脖子向我监房问："于先生！你的睡了吗？不大便吧？"我急忙说："我要去！"门开了，我到便所去一趟，回头把我要在牢房外边画地图的理由对他说了一遍，他说："好的"！很痛快地就答应了。这时，赵忠良同志敲门了，石丸也给赵忠良同志开了门，石丸坐在桌旁的椅子上，脸向着赵同志，表现出监视的神气，对我没有防备，好机会！我就用全身的力量，把炉门铁轴朝着他的脑袋狠狠地打去，扑哧一声，可惜没有打到要命的地方，鬼子跳了起来，赵同志像箭似的冲上来，三人扭打在一起，不可开交，翻上翻下，拼命殴打，足有二十来分钟，最后才把他压倒在看守的床上，洁白的床单眼看着变成了鲜红，鬼子的脑袋变成了一个血葫芦。

石丸知道自己不行了，为了求救，鬼声鬼气地哼叫起来。隔壁就是看守，若被惊醒，一切都完了。我实在急坏啦，急忙就把手指插在石丸的嘴里，不叫他叫唤出声来，又用一只手使劲掐住他的脖子，石丸的挣扎劲头不大了，我和赵同志最后又打了几下，鬼子哼了一声，咽了气，尸首倒在洋灰地上。

我急忙从石丸的兜里掏出钥匙，很凑巧，还得到一个"夜行磷光指南针"。在几十天的阴雨的"夜行军"，全靠它指明了逃奔的方向，和引路地图一样，它也是我很好的伴侣。头二道门很快地开了，第三道走廊门弄不开，往西走了几步，忽见走廊的窗子敞开了，赵同志从这个窗子逃走了，我也跳出窗户，奔向北边高七八尺的板墙，脚登着横木，跳了出去。

遵照游击队的老规矩，我在监狱里就和赵忠良同志商量，倘若跑散了的话，规定两处集合地点：一是北安附近铁桥西的工人宿舍，夜间用敲木声音为号，找顾某某，一处是在克山县警务科，找李某某。我从板墙跳下来，赵同志早已跑远了。这里满天星斗，微明的北斗星高高地挂在天空，好像在给我指着方向。街上鸦雀无声，鸡不叫，狗不咬，一个人影也看不见，我就大步流星地向西急跑。因为坐监狱日久，腿不太受使，跑了一里多路，栽了四五个跟头。好歹通过了北黑线铁路，直往西走。谁知道走进了飞机场，往四外一看，都是高大的房子（飞机库）。这一次又坏事了，机场很大，又有日本鬼子"守卫"万一被发现，很难跑出去。

这时，天有点亮了，街里人喊，狗叫，听着枪声，这一定是敌人知道了我们越狱，要不就是赵同志跑的方向不对，碰上了敌人。我急忙离开了飞机场，从西边草沟子走过去，天已在放亮，四周却是村子，距北安四五里路。我急忙走进一片柳树林里隐蔽。在那里又找到了一个小水坑，走到水沟边上想要喝水，觉得手疼，仔细一看，两只手都被咬伤了，左手食指被咬掉了半截。同时身上脸上都是血。嘴渴得要命，扒下喝了一顿水，把脸洗一下。柳树林子目标太大，容易引起敌人注意，又往北走半里多路，找到一块八九个垄的小麦地。小麦长得不高，坐起来就露出脑袋，躺下去刚能盖住身子。于是用疼痛受伤的手，拔了一缕麦秸，铺在地垄沟里，地很湿麦秸都是露水，身上又湿又冷，有两架敌机低空盘旋，侦察了一点多钟，才往南飞去。

小松林遇险

7月12日，整整在小麦地里躺了一天，下边潮，上边晒，渴得难受，好在敌人还没有发现。

太阳落了，农人都扛着锄头回家了，等到天黑透了，爬起来去找赵忠良同志。顺着铁路往西走，第一要先找大桥，再找工人宿舍，可是走了一夜，什么也没看着。天刚亮，找一行南北柳树趟子住下，树趟子离北铁路有一里地左右，火车来回过了好几次，铁路旁有一座瓦房，有人出入，大概是一个信号场。太阳像火炭一样烤人，坐也坐不住，躺也躺不下，又是渴又是饿，没有一点力气。好容易熬到黑天，往北穿过二三里地草沟子，看见一块苗圃，旁边有一眼井，真是“久旱逢甘露”。打上一柳罐水，足足喝了三次，肚子灌的很大，还觉得没解渴似的，喝了水也有劲了，往北安方向走了一夜，也没看见大桥在哪儿。天已经大亮了，走进一块小松树林（苗圃）。离北安车站仅二三里路。

7月14日，越狱后整三天没吃饭了，饿得真够呛。松林边上有一块土豆地，吃了几个没落花的生土豆，觉得恶心，又呕吐出来，越狱好几天了，我想北安附近可能搜查完了，估计工人宿舍离这不会很远，晚上去接头。上半天平安过去了，大概到午后七点钟左右，大祸临身了，我正在树旁躺着，忽听从林子北头，有唰唰唰摩擦树林的声音，越来越清楚，靠近我东边一行树走过去一个穿黄衣服的人，这时，我刚想要爬到他后边去，一动身，从我这行树又走出一个人，我和敌人相距顶多有几步远，敌人刚一掏枪，我撒腿就跑，鞋也跑丢了。到松林北头向外一看，周围没有人，林子这里横看一条东西道，为了迷惑敌人，我没有一直向北跑，顺着向西跑了二十多步，怕敌人看见，又往前跑了十几步，然后躺在道北草棵里。草短又拔了几把草往身上一盖，若是离三五步远，就能看见。当我跑出松林时，敌人并未跟踪追赶，他们急忙吹起警笛来，附近的搜查队，都集中到小松林来了。愚蠢的敌人喊叫连天，拼命搜查。我离小松林不过三十步远，敌人的汽车队从我身旁来回两趟，我想，如果不能逃出，就和敌人死斗一场；万一能够活命，只有等到天黑。黑夜是游击队进行活动的好时候，我一个人就更容易行动了。但是无情的懒洋洋的太阳就像镶在天空一样，动也不动。顿时感觉时间过得太慢了，一分钟感到一刻钟，就像过几年、几十年似的。

敌人也不知集合了多少，满山遍野地喊叫着。我躺在短短的草棵里，连大气也不敢出，身子也不敢翻。太阳慢慢地归山了。俗话说："冬走十里不亮，夏走十里不黑"。太阳虽然离开了地平线，但是大地仍然和白天似的。敌人像作战一样搜查得越发紧了，一直搜到天黑大以后，对面不见人时才收兵。听一会没动静，我才慢慢地坐起来，松了一口气，心中想，正义就是胜利，今天又胜利了，休息一会，站起来一定方向，扔开大道小路，不管横垄地顺垄地，也不管河沟子和草原，一直往西北走，天快亮的时候，又得住下，藏在一块麦田里，准备天黑再行动。

大葱——危难中的食粮

——纪念越狱十八周年

于天放

作者按：一个多月的越狱后的艰苦生活，刘二嫂一碗饭，一碗爆米花，吃了十八天，发了霉，每天只吃一口，主要吃大葱，还不能多吃（得不到），白天不吃，日落后，吃点大葱，几粒盐，倒没用。喝了一肚子水，走了一整夜。白天不敢走，所以，大葱是我在困难中的食粮（救命粮）。

大葱，它不是调味的食物，
对我来说，是危险中的食粮；
在三十六天艰苦的日子里，[①]
它填起了百分之几的饥肠？

①一九四五年七月十二日至八月十六日。

大葱：它不是调味的食物，
对我来说，是医治跋涉，疲惫的药方；
六七百里坎坷，荆棘的荒野，[①]
它充当了奔驰征途的良骧。

大葱，它不是调味的食物。
对我来说，是发生了微小热量的“衣裳”；
几粒盐，几口水，几棵大葱并肩下腹，
抵御了风雨和沆瀣的凄凉。

大葱！它不是调味的食物，
对我来说，是支援抗日斗争的刀枪；
昼夜伴随我的身边，
吓退了凶猛野兽和日寇豺狼！

一九六三年七月二十日于省委党校

①从北安到讷河路程。

第四章　黑龙江省在北安建党、建政、建军①

一、挺进东北接管北安

1945年8月15日，日本天皇裕仁以广播“终战诏书”的形式正式宣布无条件投降。这一重大的历史事件，结束了中国人民全民族艰苦奋斗的14年抗战，急剧地改变了国内外的政治形势，使中国东北成为既是国内也是国际上革命与反革命争夺的一个焦点。

中国东北，幅员辽阔，物产丰富，工业发达，交通便捷，在19世纪40年代是相当发达的工业地区，战略地位极其重要，对国内革命的发展前途关系极大。据1943年统计，东北地区煤产量占全国总产量的49.5 %，生铁产量占87.5 %，钢材产量占93%，水泥产量占66%，发电能力占72%，铁路占全国一半以上，森林总面积占全国75 %以上，大豆产量占当时世界总产量的60%以上。

毛泽东在抗战胜利前夕召开的中共七大政治报告中指出：“在沦陷区中，东北四省沦陷最久，又是日本侵略者的产业中心

①此文系根据范式人传整理，范式人时任中共黑龙江省委副书记省政府主席（省长）。

和屯兵要地，我们应当加紧那里的地下工作。对于流亡到关内的东北人民，应当加紧团结他们，准备收复失地。”他形象地以桃子比喻为抗战胜利果实，揭露蒋介石消极抗战、积极反共，蹲在四川峨眉山上一担水也不挑，现在却把手伸得老长老长地要摘桃子。毛泽东严正指出抗战胜利的果实应该属于人民，因而采取“针锋相对，寸土必争”的方针。毛泽东在中共七大闭幕的前一天，即6月10日就强调指出：东北是很重要的，从我们党，从中国革命的最近将来的前途看，东北是特别重要的。如果我们把现有的一切根据地都丢了，只要我们有了东北，那么中国革命就有了巩固的基础。同年8月13日，毛泽东在延安干部会议上深刻地分析了抗日战争胜利后的中国政治的基本形势，并提出了无产阶级的革命策略。但这个策略思想当时还没有具体地付诸实施。

范式人早在8月17日就根据中共中央的部署，率领干部队伍从延安出发，东渡黄河，准备返回华东国民党统治地区从事党的地下工作。正当他们在太行山的山西省麻田地方休息时，突然接到中共中央的紧急电报，要求立即把干部带到东北地区去。于是，范式人二话不说，就地向大家传达了中央的电报精神，马上进行动员，然后队伍即改变行军方向，转而北上，涉过汾河，越过平津封锁线，昼夜兼程，直奔沈阳。当时，范式人作为带队的高级干部，配有一匹坐骑，但他总是让给病员，或为炊事班运载炊具物品。自己同大家一样拄着“鞭杆”（类似拐杖），日夜行军。途经山海关时，还协同驻军与由秦皇岛登陆的国民党军打了一仗。到达沈阳屈指一算，一路走了80多天。

9月14日，中共中央决定成立东北局，彭真为书记。19日，中央接受了刘少奇提出的战略设想，正式确定了“向北发展、向南防御”的方针，先后抽调了4名中共中央政治局委员、6名中央委员和10名候补中央委员，率领2万名干部和10余万大军挺进东北，决心在东北地区迅速发展党和人民军队的力量，为建立东北根据地而斗争。

范式人于11月10日到达沈阳后，把从延安带出来的干部队交给刚组建的中央东北局。12日，听了彭真关于形势和任务的报告。接着，东北局组织部部长林枫便对范式人说："目前北满最需要干部，但条件也最艰苦，你们去那里好吗？"范式人立即表示同意，于是就指定赵德尊、杨英杰于13日先带领一个分队，紧急奔赴哈尔滨。随后，范式人带着东北局的介绍信，也马不停蹄地从沈阳赶到哈尔滨，同赵德尊等人会合，一起赶往北满伪政府的一个省会——北安。

11月15日，中共中央东北局决定成立中共黑龙江省工作委员会，由范式人、赵德尊、王堃骋、陈大凡、杨英杰、叶长庚等组成，范式人任省工委副书记、代理书记，赵德尊任组织部长，王堃骋任宣传部长；同时决定成立东北人民自治军北安（龙江）军区，叶长庚任司令员，范式人任军区党委书记兼副政委、代理政委，王钧任副司令员，于天放任副政治委员，林一心任军区政治部主任。自治军于1946年1月改称为东北民主联军、1948年1月改称中国人民解放军。

当时，范式人、赵德尊率领从延安来的195名干部（男167人、女28人），于11月15日天蒙蒙亮时抵达黑龙江省工委所在地的北安，在社会状况极其复杂的情况下夜以继日地展开工作。

在这之前，苏联红军已于8月15日日本宣布无条件投降的当天就抵达北安街，对伪满北安省政府实行军事管制，并有两批工作人员先期到达：第一批是东北抗日联军干部王钧、张光迪、陈雷等22人于9月23日以苏军司令部联络员的身份，从苏联坐飞机抵达北安、海伦、绥化等地，积极扩兵和着手群众工作；第二批于10月23日由中共中央东北局派晋察冀老根据地干部王堃骋、陈大凡等19人到达海伦，开展地方工作，接收旧政权，并着手筹建黑龙江民主政权，于11月13日在北安召开了黑龙江省各界代表会，宣布成立省政府（正式接收伪北安省政府），陈大凡任省政府主席。1946年1月31日至2月4日，在北安召开了黑龙江省各界代表会，宣布成立省政府，陈大凡任省政府主席。1946年1月31日至2月4日，在北安召开了黑龙江省第一届各界人民代表会议，选举于天放为黑龙江省临时参议会议长，范式人为副议长。此时，黑龙江省下辖北安、德都、漠河、依安、克东、克山、拜泉、通北、海伦、通肯、绥棱、庆安、铁骊、青冈、望奎、明水、兰西、绥化、孙吴、呼玛、逊克、乌云、欧浦、绥东、瑷珲等25个县市。

范式人一到北安，立即同前两批到北安负责接收工作的同志交换了意见，并按照当时担任中共中央东北局委员、北满分局书记兼北满军区政治委员陈云提出的“肃清汉奸力量，放手发动群众，扩大部队，改造政权”的要求，草拟施政纲领，决定工作方针。在范式人组织领导下采取边决策、边组织队伍的办法，迅速派干部接管各县，逐步建立起人民政权。

11月23日，以范式人为代理书记的中共黑龙江省工委，在调查研究的基础上，发出了《对目前阶段工作方针的指示》，提出的主要任务是：

第一，对伪政权采取全部接收并彻底改造的方针，最大限度地发挥人民政权的作用；

第二，努力扩大人民武装，建立基干力量；

第三，群众工作的中心是发动群众开展反奸运动。

作为为黑龙江省民主政府施政工作提出的指导方针。

指导方针明确后，要付诸实施还须费很大的劲。这是因为当时黑龙江地区的整个局势是异常混乱而严峻的：

蒋介石政府为了抢占东北，早于1945年8月14日即与苏联政府签订了执行雅尔塔协定的《中苏友好同盟条约》及关于大连、旅顺口、中长铁路等几个协定，取得了接收东北主权的“合法”地位。而苏联红军出兵中国东北后的政策基本上包括两个方面：一方面，把沈阳、长春、哈尔滨三大城市及中长铁路干线交给国民党；另一方面，援助共产党在满洲力量的发展。苏联除了要人民军队退出大城市外，更要中共“交还已接收的政权”。

当时，又由于东北地区在日寇铁蹄下已被奴役达14年之久，群众分不清共产党和国民党的优劣，甚至视国民党为“正统”，因而造成了共产党在东北地区处于极其不利的形势。

同时，“满洲国”的伪军、警察、特务以及土匪四处作乱，只要怀疑是共产党的就杀，从城市到乡村到处趁火打劫，加上国民党派遣大批特务进入黑龙江与伪军、伪警和土匪相勾结，形成了一股直接威胁共产党存在的势力。当时，省工委所在地的北安也处在国民党别动队和匪特的包围之中，省工委办公地点——北岗几乎夜夜听到枪声……

在这十分危险的环境里，身处全省“主心骨”地位的范式人以十分镇静和自信的精神处理着紧急的不测事件。他不顾个人安危，沉着应战，注意把握全局，团结工委全体人员，齐心协力地解决干部队伍中的两个突出问题：

一是注意克服干部中存在着来东北“坐天下”的和平麻痹思想。这是因为当时刚到达黑龙江地区的外地干部还不十分了解国民党别动队勾结伪军和土匪向共产党争夺黑龙江的严峻形势，一部分干部还没有弄清到东北到底是来打天下还是来“坐天下”，有的干部甚至是准备到东北“连升三级”的。因此，范式人于同年12月14日在全体干部会议上作了形势报告。他分析了当时国内外形势后，明确地指出：来坐天下的思想是不对的，“应抱有打天下的思想”，“应有长期斗争的根据地的思想”，还“应有个迎接最艰苦局面到来的思想，但也不能悲观失望，不能‘惊慌失措”。他分析说：苏联在反法西斯战争中打得太苦了，现在是尽量求得和平。苏军的指挥官是很灵活地执行“中苏条约”的。我们干，他不出来干涉，这对我们的工作是有利条件，但苏军撤退将是很快的，要靠我们的努力，把工作搞好。他引用陈云关于“大干部要做小事”的意见，鼓励大家多花费一番力量，培养积极分子，牢固树立艰苦奋斗、深入发动基本群众、坚持长期作战、创建人民根据地的思想。当时由于干部总共只有241人（包括警卫员、机要员和6名延安中学学生），大县只能派五六个干部，出任县长、县委书记、县大队大队长、公安局长等，小县只能派三个干部。好在这批干部都曾经受过共产党的系统教育，并有中共七大路线的正确指引，一说就通，分配工作不扯皮，听到命令就走，而且有的还连夜冒着危险，顶着飞雪，奔赴艰险困苦的工作岗位。

二是在力量的使用和配备上，范式人和省工委其他委员共同制定了并坚定地执行先南后北、有重点地配置的方针。由于当时在黑龙江地区的共产党力量有限，军事干部有营级33人、排级18人，因此只能采取先南后北的方针，即先全部掌握老黑龙江南部的北安地区。那时，与苏联接壤的黑河地区领导人到省里要干部，从全局观点出发，他们也同意省工委这一工作方针。作为局部，黑河也有重点，即掌握与苏联交界的瑷珲。此地是1858年5月沙皇俄国强迫清政府签订《瑷珲条约》，割走中国领土达60多万平方公里的地方。在南部，省工委重点掌握北安、海伦、绥化，依序是克山、拜泉，然后是泰安（今依安县）。以后，将北安、海伦、绥化组建为中心县。这些带有地区战略性的部署，对老黑龙江根据地的形成具有决定性的意义。可是，到1946年6月以后，当国民党军大举进占长春时，有的领导干部竟然想撤出北安、退守黑河一带打游击，当即遭到范式人和省工委其他委员的一致反对，才使黑龙江省的工作未招致损失。

在接管北安的初期，范式人主持省工委的工作，凡事按照中共七大的路线办，时刻保持清醒的政治头脑，迅速稳步地打开了黑龙江的局面。省工委书记王鹤寿到任后，范式人积极协助，忠实地做好本职工作，与常委们团结协作，出色地完成了党中央和东北局交给的各项任务，使共产党在黑龙江地区站稳了脚跟，并逐渐成为东北根据地的后方基地。

泰安战役①

1945年11月下旬，中共中央东北局派遣王鹤寿担任中共黑龙江省工委书记兼军区政委。

王鹤寿与范式人是同龄人，他的老家在河北省唐县南关，1925年加入中国共产主义青年团，同年就转为中国共产党党员，曾经担任东汉铁路石家庄工会秘书、中华全国铁路总工会干事，1926年赴莫斯科学习，三年后回国继续从事工人运动，在东北地区担任过中共南满特委书记，后来担任共青团中央组织部秘书、中共河北省委组织部部长、中共中央组织干部科科长等。中央派王鹤寿到黑龙江省任职，显然意在加强此地的领导工作。范式人一见王鹤寿到来，无比兴奋，立即一起研究工作。不久，便于12月26日至30日发动了著名的泰安战役，一举端掉了匪首、上将军长尚其悦的老巢，取得了开创东北大后方根据地的决定性胜利，真可谓马到成功 。然而，这成功却来之不易。

1945年“八一五”光复后，蒋介石集团在美国的直接支持下，组织军队抢占东北地区，致使长春、哈尔滨一带形势发生急剧变化，黑龙江形势也日益严重。当时，由于国民党派遣大批特

①泰安：即今黑龙江依安。

务，伴随着“接收大员”进入东北地区，潜入老黑龙江各地，网罗伪警宪特匪，封官加爵，委任匪首尚其悦为“国民党第一战区挺进第一军”上将军长。从此，尚其悦和其他5个旅以及黄雨迁为首的伪满警察一个大队，号称15 000人，一齐在黑龙江各地活动。他们策动了通北县500多人叛变，枪杀了县人民政府秘书赵光；残酷杀害了刚去接收旧政权的逊河县县长顾延岭，并活埋了跟随县长一起前往的17名战士；袭击了孙吴县，把城外徒手的40多名新战士全部活埋；还组织龙门讷漠尔叛敌进攻德都县，与土匪青龙部相勾结，把共产党派去的县大队副大队长赵青山当场打死。同时，他们组织绥棱叛乱，打死县公安局局长栗本堂，随后又袭击了中共黑河中心县委领导参加省委会同志一行，致使中心县工委地委书记、军分区司令兼政委王肃和军分区政治部主任刘光烈等人英勇殉难，然后又大举进攻拜泉县。

敌情严重！在省工委所在地北安，国民党特务以所谓“中国国民党大公反共工作团”的名义，散发反动传单，5天时间在北安放了5场大火，声称要烧掉北安的所有大楼，致使人心非常动荡。

当时，范式人分管军区和保卫工作。他忠实地执行省工委的建军方针和坚决肃清匪特的决定，不顾苏联红军驻军的阻挠和省工委内少数人的反对，果断地于12月25日在北安主持召集紧急公安会议。一夜之间便把伪满省长等大汉奸、特务全都逮捕起来，并在海伦、绥化等地开展了肃清反动派的斗争。同时召开大会，镇压了一批汉奸、特务，广大群众很满意，情绪很快就稳定了下来。

为了建立一支坚强可靠的人民武装，范式人和省工委其他委员一起，首先坚决制止了省政府少数领导人主张利用旧关系发放“委任状”的方式征召扩军，而完全使用自己的干部亲自招募，每个县都建立一支拥有500至千人左右的县大队武装，并在北安、海伦、绥化建立了3个旅，又于11月底将北满分局派来的新四军一个营的骨干架子56人加以集中，充实第三旅，形成了一只铁拳。同时也要求第一、二旅着力建设，各旅重点掌握一个营。范式人还及时地发出审查、清洗部队和掌握部队的指示，要求县委书记和县长都要亲自掌握一个基干连队，并亲自做新战士的思想政治工作。因此，新部队绝大多数都比较巩固，并很快就能拉出去打仗。

建立了相应的人民武装，黑龙江省多数县的剿匪斗争便迅速地展开了。范式人同省工委其他人员一起，全面地分析了全省匪情、人民自治军实力以及全省建政工作的形势，作出了“巩固克山，保卫拜泉，集中力量打下国民党挺进第一军尚其悦据守的泰安，随后再回解德都之围，以求打开黑龙江局面”的重大决策。

当时，整个剿匪斗争的关键，就看能不能打下泰安。因为泰安既是黑龙江省国民党反动势力的老巢，又是黑龙江和嫩江两省交界的铁路枢纽。至于其他各县，如通北、德都以至孙吴、黑河等也很重要，但与泰安相比，都居于次要地位。王鹤寿、范式人等抓住了矛盾的主要方面，下了最大的决心：即使人民自治军的武装力量损失一半，也要坚决拿下泰安，绝不撤退。拿下泰安，击退敌军主力，打掉敌方气焰，人民军队就会气势大盛，就能一切转入主动，继续剿匪就将势如破竹，其他问题都将迎刃而解。王鹤寿、范式人和省工委其他委员作出决定后，立即进行贯彻落实。范式人直接部署整个战斗计划和作战方案，亲自作战斗动员，向广大干部和参战人员说明打下泰安对稳定全省形势所具有的极端重要性。

这时，盘踞在泰安的匪首尚其悦发现了人民自治军攻打泰安的意图，便带领2 000名匪军攻打拜泉县城，以分散人民自治军的目标和力量。在这危急关头，拜泉县党政领导干部和广大军民，在兵力相当薄弱的情况下，面对敌人的大举进攻，坚持打了三天三夜的保卫战。省军区和附近各县部队立即出动，紧密配合，解了拜泉之围，然后乘胜追击，迅速向泰安集结，猛攻了4天，还攻不下来。原来，泰安县城处于丘陵地带，在两个山岗的低洼处，长宽约1.8公里，县城呈方形。当时正是严冬，哈气成霜，白雪茫茫。匪徒们强迫两万多民众在城墙四周挖了一圈围沟，泼水结冰，形成坚固的滑坡，视野开阔，难于接近，匪徒们又在城墙、炮台拉上一道铁丝网，又用麻袋装着酒糟将城门一一冻实堵死，四门不得出入，致使冲锋的战士们伤亡很大。这时，前方指挥部来请示省工委的意见。范式人等分析了敌我态势，根据省工委常委会的决策，一方面坚定地回答："要下最大决心拿下泰安，决不能退，这是关键时刻！"另一方面要求前方指挥员注意寻找敌方弱点，攻进城去。

当时省工委所在地北安的警卫部队最后只剩下不到一个连，机关干部每天夜晚全部轮班带枪站岗，眼睛熬红了，也都坚持了下来。

果然，又经过一天的苦战，到了12月30日晚，抓住城门两边垛子是用砖头砌成不很结实的弱点，集中迫击炮火力攻破南门，泰安城终于拿了下来。当时，匪军伤亡四五百人，被俘四五百人，匪首尚其悦见大势已去，化装成匪兵模样带着百余名匪徒狼狈不堪地向北逃窜，其余大部散掉了。匪军临逃走时，点燃民房、粮库，将值钱的细软抢劫一空。

泰安一仗，人民自治军威风打起来了，干部战士及人民群众的信心大大提高了。原先省政府有的负责干部不满地批评省工委"领导个屁"，这时也称赞说："不错，还算有办法！"

1946年元旦，省工委召开机关干部大会，王鹤寿、范式人分别在会上讲了话，指出：攻克泰安，是全省军事胜利的转折点。从此，中国共产党领导的人民军队在老黑龙江地区站稳了脚跟，取得了开创东北大后方根据地的重大胜利。

接着，省工委发出号召，并组织全省干部在春节前后迅速下乡，发动农民，继续清剿零星土匪，为打开黑龙江工作的新局面作贡献。

到农村去

1945年8月31日，蒋介石在重庆成立了东北行营政治委员会，明令划东三省为九省；11月12日，以国民党政府东北行营主任熊式辉为首的40余人飞抵长春，进行“行政接收”；这一手破产后，随即采取“武力接收”。到12月下旬，在美国的极力扶持下，国民党在东北的总兵力，已由进入东北初期的2个军增加到7个军（到1946年6月增至15个军、51万人）。

中共中央于1945年11月2日就及时地提出了“让开大路，占领两厢”的方针，指示东北局要把工作重心放在距离国民党占领区中心较远的城市和广大农村，发动群众，迅速建立巩固的基础。12月28日，毛泽东为中共中央起草了《建立巩固的东北根据地》。据此，以王鹤寿、范式人为首的中共黑龙江省工委，首先取消了省政府少数领导人决定召开的全省士绅座谈会，发动干部走出城市，丢掉汽车，脱下皮鞋，换上农民服装，不分文武，不分男女，不分资格，一切可能下乡的干部统统到农村中去。从1946年元旦开始，根据陈云指出的关于“县委就是民委、民委就是农委”发动农民群众的思路，由中共克山县委带头，组织工作团下乡，开展反奸清算、减租减息的斗争。随后，各县都派人下乡开展这项工作，直到中共中央5月4日发出《关于土地问题的指示》（即《五四指示》）下达后，各地才由反奸清算转为进一步开展土改斗争。

1946年8月16日，中共黑龙江省工委改为中共黑龙江省委，王鹤寿任书记，范式人、洪学智任副书记。这一时期，范式人虽然不分管群众工作，但他仍然深切地关心地方民情，深入到克山等县，召开座谈会，了解发动农民、依靠农民的问题。比如当时黑龙江省许多农民不懂得什么叫“剥削”，以为分地是“上面的命令”“官家的配给”等，下乡工作团便针对这种情况面对面地进行“是谁养活了谁”的启发式教育。范式人肯定了这种教育方式，予以表扬，并及时指出要防止工作团包办代替的倾向，提出要“防止清官断”，不搞包办代替，发动广大贫苦农民“自己起来，自己救自己”。

当时，发动农民是建立东北根据地的关键。因为东北地区在日本帝国主义长期统治下，财富集中于城市，土地集中于地主，农村赤贫化非常突出。在伪满时期，冬天冻死人是常见的事，有的一家几口只有一条裤子，出去抱柴火时穿上，回来就蹲在屋里不出去，把裤子让给别人。全省没房子、没土地、没牲口的贫苦农民约占60%。封建式加上殖民地式的统治，使贫苦农民成了“农奴加亡国奴”。他们一方面革命性极高，另方面又缺乏阶级斗争经验。日本人一退，他们很高兴，到处欢迎中国人，八路军来了欢迎，中央军来了更欢迎，幻想国民党来解决问题，所谓“正统观念，幻想中央”。这时，范式人他们十分明确：共产党的重心工作是群众工作。“我党必须给东北人民以看得见的物质利益，群众才会拥护我们，反对国民党的进攻。”当时给人民以看得见的物质利益，开头是分粮食，接着是土地改革。广大贫苦农民这样说：“粮到口，地到手，死了也不冤！”在土地改革运动中，范式人十分注意防止出现“左”的倾向和干部脱离群众的问题。1947年7月29日，他在同王鹤寿联名给各县委及工作团的一封信中严肃地指出：有些地区未加区别地、普遍地斗争了富农，并牵连到中农，这种做法是错误的，因而要求“各县委必须在工作队及一切干部中，再次的研究如何划分阶级、教育干部严格地从阶级分析出发，反对‘均产’思想，任何侵犯中农经济利益的行动都是错误的。这一问题特别提出注意”。同时批评了有些乡屯（村）斗争过去之后，一些干部积极分子依然是高高在上，不关心群众，做了“官”不生产，自己的地摊派给老百姓代耕，出门三里就骑高头大马，对生产漠不关心，对地主缺乏阶级仇恨，没有警惕，因此，“希望各县同志检查一下”。

范式人这种深入实际、深入群众的工作作风，都给当年参加黑龙江省农村“土改”工作的人们留下了深刻的印象。

“大管家”

1947年，东北战争形势发生了急剧的变化。这一年的1月5日至4月3日，东北民主联军南满、北满部队先后进行了著名的“三下江南、四保临江”的战斗，取得了歼敌35 000余人的重大胜利，扭转了东北的战局。5月5日，中共中央东北局发布了《关于东北目前形势和任务的决议》，指出目前全党的任务就是“前后方一齐努力，积极组织力量，全力准备大反攻，大量歼灭敌人，大量收复失地，巩固和扩大解放区”。接着，东北解放区军民展开了猛烈的战略反攻，取得了辽沈战役的伟大胜利，于1948年11月初解放了东北全境。

这期间，范式人于1947年9月担任了黑龙江省政府主席，又于1948年10月担任了中共黑龙江省委书记兼军区政委和省政府主席，全面主持了全省党政军的领导工作。当时，全省人口近300万，有兵源；北安又是重要的产粮区，可以征收粮食。因此，在时间紧迫的情况下，范式人就像“大管家”一样，肩负着组织生产、安排生活、筹粮筹款、输送兵员等方面的繁重任务，日夜操劳，呕心沥血，流下了不少辛勤的汗水，为支援东北地区及全国解放战争的胜利起了重要的组织与领导作用。

那时，农民由于在政治上、经济上翻了身，革命积极性空前高涨，踊跃参军，出现了许多动人的场面，如克东县文昌乡刘英春全家参军，泰安县永福屯姜老太太将两个儿子、一个女婿送去参军。但范式人心里非常明白，从某种意义上说，有多少钱才能出多少兵，他打心眼里想在黑龙江省多出点兵，好为全东北乃至全国解放战争多出一把力。但一遇这事，他便主动地同省财政厅的工作人员商量，让大家出主意、想办法，然后从实际出发下达任务。

范式人在施政过程中，十分注意从鼓励勤劳致富、努力发展生产入手，帮助广大农民尽快走上富裕道路。早在1947年9月9日，他在同王鹤寿联名致各县委的一封信中就这样指出："现在秋收将到，目前的农会应用全力在群众中、农会小组中、生产小组中、妇女会中讨论翻身户如何使用自己今年打下的粮食打家底，宣传发家致富。群众虽然在挖财宝中得到了部分家底，可是作为兴家立业来说都还不够得很。"因为那时的东北地区，没有牲口就不能种地，趟地一般要3匹马，扣地要6匹马，开荒要8匹马以上。

他们在信中，如叙家常，列举许多事例，启发人们节衣缩食、为过好日子打下基础："除人吃马喂、留下种子、交公粮之外，能余下多少粮食，多余的粮食卖掉多少？无马的买马，坏马的换好马，有马无车的计划几家合买一挂车，有牛的是否换上好马，分到一口罐如何再买几个坛坛罐罐，没犁杖的买犁杖，可喂猪的买进几口猪（喂三口肥猪明年又可换一匹马），再买几只鸡生蛋以解决针线零用，种子不好的换些或买些好种子，买木料盖马棚、盖茅厕（又卫生又积肥，且可减少妇女病），甚至盖房子……总之在群众中展开讨论。为了发家要打家底子，这是农民的百年大计。要打破群众怕富的思想，反对二流子思想，不要把麦子拉面吃掉，宁肯少买衣料、多置增加生产的东西。在群众相互帮助、相互计划、相互监督之下，使每个翻身户都不浪费今年的秋收，打下每个翻身户发家的基础，这就是目前的中心工作。”同时强调：“只要我们领导群众打下了其百年大计，才算是使他得到真正的翻身，打下了他以后更多收入的基础，群众也就会更坚决地跟着我们的党走。”

到了1948年，东北解放区的工作重心就逐步转移到经济建设方面上来，尤其是作为后方根据地的黑龙江地区。为了进一步动员农民多打粮食，改善生活，支援前线，以夺取全东北和全国解放战争的胜利，范式人于同年4月1日以黑龙江省政府主席的名义，发布了一项在当时具有很强的针对性、现实性又有远见卓识的《生产动员令》。

这道《生产动员令》，内容有六项：

一是保证劳动生产所得，保护土地、牛马、财产等私有权（二流子未转变者，土地牛马所有权暂归农会代管）。各地封建经济已彻底摧毁，一律停止清算斗争，一体安心生产，勤劳致富，决不再斗。错划之中农，须实际改正。并予必要补偿。今年一切劳动生产所得。不叫封建剥削。绝对不许侵犯。此次平分土地后，即不再分，多上粪，多铲多趟，精耕细作，多打粮食属自己所有。如有坏蛋造谣破坏，即行究办。鳏寡孤独，缺乏劳力者，允许雇工与出租。今后地主富农自己劳动所得及地下财产投资于生产。亦同样受政府法律保护。

二是奖励生产，奖励劳动，奖励勤俭致富。今年一般确定增产12%，超过常年产量20%之乡、屯，生产组与农户，一律给生产模范奖励。目前养马、上粪之模范以及今后耕作模范，可按季节检查，即时奖励。大力提倡勤俭劳动，唯有勤劳生产、俭省成家、发财致富，是我全省农民翻身后唯一光荣正确道路。今后检查农民农会工作好坏，以勤俭劳动为主要标准。

三是改造懒汉与二流子。凡不务正业，大吃二喝，好吃懒做，单纯依靠政府救济、依靠农会帮助乃可耻之思想行为。对于领头聚赌、破坏农具、糟蹋牲畜者，各级政府应即严予检举，按照情况给予教育改造，必要时可将其土地牛马农具收归农会代管。对蓄意破坏者，则处以苦工劳役。

四是提倡劳动互助、发展生产。基本原则是自愿联组，但须照顾全乡，适当配搭，坚持两利原则，做到合理公道。严禁二流子、懒汉借口互助团结、耍奸偷懒、捣乱合作之行为。

五是今年公粮负担，仍照各乡土地数目分配，撩荒或偷懒以致达不到常年产量者，公粮负担一律不予减少，增产者亦不多征。奖励开荒，地权归新开荒户所有，并免征公粮。

六是各乡实际困难主要依靠内部自行调剂解决。现在各乡农会如有未分果实，可由政府协同农会负责帮助清理保管，用以解决生产困难，不得随便浪费，否则以违法论。

多么精细的《动员令》！难怪与范式人共事过的原中共黑龙江省委书记王鹤寿、省委副书记兼组织部长赵德尊、省委秘书长陈雷在40多年后仍念念不忘这位“大管家”所作出的贡献。

施政最重要的是令行禁止，言行一致，说到做到。《生产动员令》发布不到一年，范式人就抓检查兑现。1949年2月7日至16日，黑龙江省第一届劳动模范代表大会在省委党校大礼堂举行，参加大会的共有汉族、鄂伦春族、朝鲜族等434位劳模代表。范式人在大会开幕式上讲了话并题词“将生产向前提高一步”。

这时的黑龙江省农村，到处呈现一片繁荣兴盛、喜气洋洋的景象。土地改革的胜利，彻底消灭了农村的封建制度，广大农村发生了翻天覆地的变化。地主的威风已经扫地，贫雇农们个个扬眉吐气。在土地改革运动中，涌现出区乡干部和积极分子26 000多人，其中有2 800多人加入了中国共产党。广大农民非常关心前线的解放战争。他们把保卫胜利果实、支援前线看成是自己的光荣任务，凡是拥军、参军、出大车、出担架、交公粮、献铜铁等都争先恐后地去完成。由于打倒了地主恶霸，消灭了土匪，农村的社会秩序空前安定。1948年春，城乡人民掀起了生产和支前的热潮，黑龙江省真正成为东北根据地的可靠的战略后方。在1947年初到1948年末的两年时间内，不到300万人口的黑龙江省就向主力部队输送新兵95 000多人，出民工16 000多人，粮食80多万吨，谷草47 000多吨，担架3 200多副，马5 600多匹，大车1 200多辆及其他大批物资。黑龙江全省人民以极大的人力、物力和财力有力地支援了解放战争，为东北和全国的解放作出了巨大的贡献。这是党中央正确领导的结果，也包含着黑龙江省委领导集体特别是范式人这位“大管家”所付出的大量心血。

二、北满根据地（老黑龙江省）创建过程①

奔赴东北

1945年8月15日，日本帝国主义宣布无条件投降，历经14年磨难的东北人民和全国人民一道，迎来了抗日战争的胜利。这时，党中央高瞻远瞩地指出：“从我们党、从我们中国革命的最近将来的前途看，东北是特别重要的。”“现在我们这样一点根据地，被敌人割得相当分散，各个山头、各个根据地都是不巩固的；没有工业，有灭亡的危险。所以我们要争城市，要争那么个整块的地方。如果我们有一大块整个的根据地，包括东北在内，就全国范围来说，中国革命的胜利就有了基础，坚固的基础。”当然，为此我们将开始一个紧急重大而又严酷的斗争过程。

①根据赵德尊回忆录整理。

随着抗战胜利后形势的变化，1945年9月19日，中共中央向各中央局发出《关于目前任务和向南防御、向北发展的战略方针和部署的指示》。为了贯彻这一战略方针，党中央决定首先控制东北。此前，中共中央决定成立以彭真、陈云、程子华、林枫、伍修权为委员，彭真为书记的中共中央东北局，立即奔赴东北。同时决定派大批干部到东北开展工作。

延安党校一、二、三、四、六部干部和地方党政机关干部，无不踊跃报名。作为东北青年的我，更是责无旁贷，当即参加了由张秀山组织的延安干部团，奔赴东北。可是，在出发时，我发了高烧，几天好不了，竞华[①]又怀孕，只好在同志们的帮助下，用在党校业余纺织积攒的钱买了一头小毛驴，后赶大队，由小警卫员王洪波照顾。竞华带到延安的孩子豫平送到延安托儿所，一检查身体状况是“丁等”，由于照顾我们去前方，勉强收下了，没有跟我们一起走。就这样一路上还出了不少笑话。竞华骑毛驴不大在行，上坡，她从驴屁股滚下来，下坡，小驴一跪，她又从驴头滚了下来，到了北安时，孩子已胎死腹中，到医院后才取出，这是后话。

我们一路步行，跟大部队经过由冀察晋根据地聂帅大军收复的第一个中等城市张家口时，同行的部队是黄永胜旅。为了统一党、团、干部的领导，由张秀山任领导小组组长，我为组织委员，杨英杰为宣传委员，另外军事干部有李寿轩、蓝桥。这样2万干部，10万余官兵，20多名中央委员都在奔赴东北的过程中。9月16日彭真、陈云、叶季壮、伍修权从延安乘飞机到山海关改乘火车经锦州到达目的地——沈阳。9月18日，东北局立即开始工作，大部队也到沈阳集中，而离东北最近的冀热辽军区李运昌部做了先锋，早在9月4日解放锦州，9月6日，冀热辽军区第16军

①赵德尊夫人。

分区曾克林部约4 000人，进驻沈阳，并成立了以曾克林为司令员、唐凯为政委的沈阳卫戍司令部。

当时的苏联，斯大林在政治上同情我们，但却不相信我们的力量。因此，他们于1945年日本投降后与国民党政府签订了友好条约，同意将东北中长线及沿线大中城市交给国民党。这样蒋介石独裁政府从四川峨眉山上下来“摘桃子”来了。

争夺东北的斗争形势，我党我军和国民党中央军互有长短，大致可概括为三长三短：

第一是我们坚持八年的敌后抗日根据地，特别是冀东、晋察冀，距离东北咫尺之遥；国民党蒋介石的中央军则远处四川、大西南。这是我长敌短。第二是从军事力量、政治地位和交通条件上看，则是敌优我劣。国民党八年避战，中央军在300万以上，又以中央政府名义接收大中城市，同时，日寇投降时也密令缴械给国民党，不缴械给共产党、八路军；又有铁路便利条件可以迅速集中挺进。我军这时虽然逐步壮大达百万，但分散处于各个根据地，装备上也还是小米加步枪，正规部队也只有机关枪、迫击炮和掷弹筒，且只能分散步行奔赴东北。第三是外交上，也是敌优我劣。我们的国际朋友是苏联。苏联同情我们，红军先入东北，这是我们的长处。但苏联在反法西斯战争中损失惨重，急于休养生息；但苏联又不相信我们的力量，与国民党签订了友好条约；同时，国民党政府在外交上又得到美帝国主义的全力支持，并为其专门装备了30万美械化的新一军和新六军。这样，就使蒋介石很快撕毁了“双十协定”，并发动了反人民的内战。

总的形势是敌强我弱。因此，党中央、毛主席决策，先南后北，首先要夺取辽宁，以后又很快作出“让开大路，占领两厢”的决策，包括中小城市和广大农村，建立巩固的东北根据地的决定，是完全正确的。

东北局到达沈阳后不久，在东北抗战14年的东北抗日联军的周保中等也到了这里。他们向东北局汇报了东北的情况。东北局领导听了汇报，作出了“争取最好，准备最坏”的决定。之后，李兆麟也给到黑龙江省的抗联同志写了信，根据东北局的指示精神，确定了“单独接收和在不利的情况下打游击”的方针，并根据形势的发展和实际工作的需要，积极建立并扩大自己的武装，使之成为接收政权、剿匪镇反的重要基础。

建立北满根据地，不失时机团结斗争具体情况是：老黑龙江省（以北安为省会，包括黑河地区）我党前后有三批干部到达。

第一批是王钧、张光迪、陈雷等23位抗联老战士首先于1945年9月初随苏军到达北安、海伦和绥化。王钧以苏军北安驻军司令部联络员与军事代表身份，率12名同志到北安。陆续将穆景祥、尹少岚、马振国派去拜泉；高玉林、陈明、陈殿友去通北，鈕景芳、朱学成、于万真去克山；李国军、金国祥去德都；陈查礼、于德冰、侯金斗等5名同志去依安，此后陈查礼又去克东；张光迪、马云峰、张子荣、李凤山等到海伦，张光迪任苏军代表；陈雷、李敏、马贵兴到绥化，陈雷任苏军代表。各地都积极扩兵，并做好接收政权的准备工作。总之，抗联同志做了我们党在老黑龙江的先锋军，是我们党在东北的火种。

第二批是冀察晋根据地的干部。有王堃骋、陈大凡等19名。东北局任命王堃骋为省工委书记，陈大凡任省主席，许烈任秘书长。自此，全省第一次有了党的统一领导。工委办公地点设在北安，并派徐明到海伦县当书记，汪涛到克山任县委书记。他们是十月下旬到达的。

第三批到东北的是延安干部团。我随干部团于1945年11月10日到达沈阳，当即将全团干部交与东北局组织部长林枫。以后听了彭真的报告，我既与杨英杰同志受命带一个大队干部赶赴黑龙江北安（当时东北局组织部干部科李之连告诉我，以前派王堃骋等同志的介绍信误写了嫩江省工委，现更正）。到达哈尔滨时，会见了范式人，根据东北局指示，范式人任黑龙江省工委书记。这时我哈尔滨市驻军司令员聂鹤亭向我们要干部，于是我当即把一个小队军事干部分给他。这样，我们原有241人就只剩下195人。我带这195人于11月15日到达北安。12月底王鹤寿到北安，组织任命他为省工委书记，范式人改任副书记，主管军事工作，叶长庚为省军区司令员，我为组织部长，王堃骋为宣传部长，陈大凡仍为省主席，杨英杰为副主席。由于这次人多，得以在过去两批干部工作的基础上全面接管全省。但实际上连此前两批抗联及冀察晋同志加警卫员都算上，总共也只有二百三十几人。

当时的黑龙江省是由黑河和北安两个地区组成（伪满时为两个省），共有26个县，280万至290万人。我们不仅要组建省政府，又要组建省军区司令部、政治部，又要接收全省各县。总的看来，干部太少。同时，我带来的195名同志实际上是全国各老根据地及延安干部，我都不熟悉，来时我只好在火车上叫大家填写简历，连夜阅看了解。当时确定北安、海伦、绥化为第一重点，克山、拜泉为第二重点；泰安（即依安）处于与嫩江省北齐铁路交界县，后为国民党伪匪尚其悦占据（尚其悦被国民党封为东北挺进军第一军军长），为另一重点。大的县分派七八名干部，小县只有四名干部，即县委书记、县长、大队长和公安局长。北满分局书记陈云交代："延安来的同志大多数是地级和县、团级干部，根据地创建经验比较丰富，但对抗联的同志要团结爱护，他们虽然没有根据地全面建设经验，但他们都是本地干部，有一定的群众基础，又都经历过东北抗战时残酷的战争考验，和他们不能比级别"。我在火车上向同志们传达了陈云的指示，新省委和延安来的同志都没有二话，并在实际工作中坚决执行。譬如，任命王钧为省军区副司令，张光迪为海伦第二支队长，冀南老地委宣传部长朱维仁为绥化中心县委副书记，协助陈雷工作，以陈雷为中心县委书记兼一支队政委，老团政委，姚国民任第一支队（绥化支队）副政委；冀南地委副书记陈化争为中心县委副书记兼任望奎县委书记并到望奎任实职。这样安排，对团结全党推动黑龙江工作开展起到了非常好的作用。

从工作上说，根据我省实际情况，总的是先南后北方针，首先掌握北安地区，以后再顾黑河，这就是当时组织工作的部署。

在政治上，坚持党的正确方针，及时纠正错误倾向。当时全省形势是异常严峻。满洲国的伪军、警察、特务以及土匪蜂起作乱。首先是在城市，他们到处趁火打劫，再加上国民党派遣大批特务，他们与伪军，伪警和土匪勾结在一起形成一股直接威胁我们的敌对势力。当时，就连省委所在地北安，也处在国民党“先遣军”、“别动队”和土匪的包围之中，省委办公地点北岗，几乎夜夜听到枪声。在危难的形势下，省委首先提醒大家要摒弃“双十协定是和平民主新阶段”的说法，要防止麻痹大意和在大城市享乐的观念。第二天（16日），召开两天干部座谈会，分析形势，提出任务。决定以陈云“发动群众，扩大武装，改造政权，肃清反动”的指示为总的指导方针。遵照八项施政纲领，省委指出，现在是与国民党反动派争夺东北斗争的前夜，要求全体干部集中全力开展工作，迎接即将到来的严酷斗争。我们夜以继日，连续五整夜不睡，了解情况，分派干部，组织军队、政府，接管各地、县积极扩军建政。同时与苏联驻军搞好关系。

随着整个形势的变化，“御敌于国门之外”已不可能。但从山海关，特别是秀水河子阻击敌军的疯狂进攻，以后又在四平阻击、迟滞敌人进犯北满，则是完全必要的。我军主力部队从沈阳、四平、长春、哈尔滨、齐齐哈尔撤出，东北形势吃紧，国民党特务开始组织暴动叛乱。我们派到逊克县的县长顾延岭以及他带去的17名战士被国民党匪徒活埋了。顾延岭是抗大的同志，死得英勇壮烈。敌人把他捆起来打了两枪，他大骂敌人："我就是老八路，抗战八年没有牺牲，今天却死在你们这些汉奸特务手里！"在南边，驻守依安的尚其悦纠集国民党特务伪警1 000多人进攻拜泉。通北500多人叛变，枪杀了我们派去的延安干部、县政府秘书赵光。在德都，被前省政府委任的龙门大队叛变，把我们派去的副大队长赵青山打死。敌人的如意算盘是以泰安为基地，连同嫩江省（当时省会在齐齐哈尔）的富裕、林甸作为黑嫩两省间的立足点，实行南北夹击，拿下拜泉后，再进攻海伦、绥化，使北安陷于孤立，黑龙江省就可以完全掌握。敌人的胃口是不小的。

时局异常紧迫，必须争分夺秒，一点时间也耽误不得。我们干部又少，武装不足，群众基础尚未巩固，所担负老黑龙江这块根据地的创建担子很重。在这种情况下，政治上的正确决策就显得尤为重要，简直是一步也错不得。

首先是省领导错不得。有毛泽东《抗日战争胜利后的时局和我们的方针》的教导，我们绝大多数人都懂得中央首先抢占和创建东北巩固的根据地的重要意义。但也受中苏条约的制约，又要与苏军搞好关系。好在我们的干部和主力部队总算先到一步（当时只能从各地先后抽调，远近不同，又都是步行），同时，北安和黑河不在南满线上，不在移交给国民党的范围内，特别是北满分局陈云的正确指示，做出总的指导方针，并据此草拟了八项施政纲领，绝大多数干部一说就通。

各路干部连夜奔赴艰苦危险的岗位，分配工作时没有讲价钱的，这种情景，令人难以忘怀，这种精神值得永远发扬。出问题的倒是在省里，极个别的有实权的省主席。这时前省工委书记

（时已正式任为宣传部长）王堃骋正卧病在省医院。我将省委同志们了解的情况和意见都及时到医院向他通报并征求他的意见。这位前省政府主席主要问题有三：一是乱发招兵委任状。即谁招多少兵就给什么官。省委得知后，对其早已发出的委任状令其立即收回，但德都龙门大队长已被他任命了，这正中了国民党特务“先八路后中央”的奸计，也就是这支队伍首先叛变，枪杀我们派去的副大队长赵青山，并夜袭德都县城。二是正式就职后，首先发出通知召开“全省士绅座谈会”。即使在抗战时期老革命根据地，也是在工作有了一定基础了解情况后，才请当地真正抗日而又拥护共产党的开明民主人士参加。我们此时刚到东北，各地政权才在接收，群众对我们基本上还不了解。所谓士绅又是些什么人呢？除了已逃跑的大汉奸以外都是一些把持各县大权地主富农、土豪、劣绅。这件事是我在分配完全省干部后到海伦、绥化、望奎部署除奸反特时在海伦县委县府知道的。中心县委书记徐明也对此提出意见。我当夜与北安省委王鹤寿、范式人书记打了电话，他们都说不知道这种事！随即省委发出紧急通知，停止了这个会议。三是在我主力部队撤出南满线各大城市后，形势更紧急了，这时他又提出“上山打游击”的主张。那还怎样贯彻陈云传达的“让开大路，占领两厢”，创建巩固的东北根据地的方针呢？因此，也被省委否决。随后得到北满分局陈云的支持，并体谅省委困难，当即将其调出，去做适合他的业务工作。省主席由副书记范式人同志兼任，主要精力是抓军区。杨英杰仍为副主席抓常务。从此以后，省委领导团结一心，结合本地实际，坚决贯彻北满分局正确的政治方针。这就是在我们党的正确政治原则和组织原则基础上的团结。并以此带动各地市县的党委。

在建军、战斗、肃清反动方面的工作全省公安局长会议，研究并审查名单，一夜之间就把伪省长、大汉奸、特务全部逮捕。

镇压北安罪大恶极的伪县长，并任陈明智为北安第一任女县长。她是延安来的干部，是当时派到拜泉县当县长、原延安老根据地葭县（今佳县）县长倪伟的爱人。省保卫处王化成日夜指挥调查和审讯汉奸敌特案子，熬得眼睛红红的。我首先到海伦、绥化、望奎，布置肃清反动的工作。海伦破获了一个国民党派来的暗杀团，绥化破获了一个从哈尔滨派出的“地下军”组织。各地也都镇压了一批汉奸特务头子。这是在广大人民群众面前的政治亮相，以区别共产党的政权和汉奸国民党的政权，擦亮那时东北人民群众的眼睛。

我到绥化时，那里还公开挂着国民党党部的牌子，当时我即命令县政府予以取消。当我到达望奎时，驻泰安的国民党东北第一挺进军尚其悦部已派兵进攻拜泉。炮声已经震响。因此，我更加深刻感到建军剿匪决定的深远意义！

关于建军，就是陈云讲的第一条指示“扩大武装”，省委在这方面的原则是：建立我们自己的军队，人民的军队，也就是我们能全面掌握的军队！在这方面，当时曾多次做过决定。除停止原省政府乱发委任状的错误外，还做了以下工作：

一是在抗联、冀察晋一、二批同志的工作基础上，在北安公安大队的基础上，建立以延安老干部廖仲符为支队长的第三支队（海伦以张光迪为支队长的第二支队已经组建）；在绥化组建以陈雷为支队长、姚国民为政委的第一支队。同时，指示县的老干部都协同扩兵，并亲自审查履历和成分。那时，外地到东北大小兴安岭的劳工很多，贫苦无生活来源的贫民更多，兵源不成问题，很快一、二、三支队都壮大到2 000人左右，各县大队都发展到六七百人到1 000人。仅用了十几天时间整个队伍就壮大起来。一开始，东北的老百姓还有一种盲目的正统思想，管国民党中央军叫“正牌子”，八路军、新四军是“杂牌”部队。后来有了切身体验，明白了，编了顺口溜："想中央，盼中央，中央来了更遭殃！"另外东北人的好处是敢打！这就看谁掌握政权，谁领导军队了！二是，通过审查成分和来历，清洗了至少三分之一甚至二分之一的部队。通过看手掌是否有老茧来判断其是否是劳动人民；还采取将成帮成伙加入队伍的打乱重分等办法。三是，干部掌握连队，在县里，县委书记、县长、大队长都亲自下到连队，和新兵住在一个炕，做思想政治工作。四是重点建设骨干队伍，把好钢用在刀刃上。总的看来，黑河地区，黑河部队是骨干，北安地区，北安、海伦、绥化三个支队是骨干。同时，又命令各地市县支队都要重点建立骨干连队。三个支队又以三支队为骨干。这时，正好上级军区派来由新四军邢魁为首的一个营架子，就叫三支队重点使用，建立一个基干团，结果，部队爱惜，配备了两个基干团，以后在战斗中确实起了重大关键作用。五是在军事部署上，省委置四周小县的叛乱于不顾，决心打下泰安这一关键性、决定性的一仗。如北安龙门大队叛乱袭击了德都、孙吴；南面通北叛乱杀了赵光。这些我们都忍痛未动。决定：巩固克山，保卫拜泉，集中力量打下国民党东北挺进第一军尚其悦据守的匪伪老巢泰安，随后再回头扫清西北德都的叛匪，以求打开黑龙江的整个局面。泰安是黑龙江省和当时嫩江省两省交界处及北齐铁路的枢纽。因此能否拿下匪伪老巢是决定敌我生死的关键一仗，省委当时的决心是：我们的武装力量即使损失一半也要拿下泰安。拿下泰安打垮敌人主力，也就打掉了敌人的气焰，我军就会气势大振，一切转为主动，继续肃清叛匪就会势如破竹，一切其他问题也都会迎刃而解。省工委决定后，军区立即贯彻执行，部署整个作战计划和作战方案，进行战斗动员，向广大干部和指挥员宣传打下泰安对稳定扭转全省形势的极端重要性。

这里要把解决部队后勤给养，武器装备的情况说一下。那时期，我们的军政干部是从流血牺牲、艰苦困难的战争环境中走过来的。在老根据地实行供给制，每月还发两元零用钱。我们初到东北时，每月连零用钱都没有。战士们都是日本帝国主义殖民统治和地主富豪欺压下活下来的贫苦大众，要求很简单，只要有饭吃就行了。我在海伦县政府要了30万块钱，然后交给军区。5元钱就可以买一件日军遗留下的棉军大衣，交给一个农民就是一个兵。枪支弹药，各县大队通过没收地主看家护院的枪械来自行解决。省军区后勤部长张觉带人到原日军北大营冰雪覆盖的地里去挖掘枪械子弹。一天夜里，我和王鹤寿接到海伦县委书记徐明打来的紧急电话说，从沈阳运来一列装满沈阳兵工厂枪支弹药的火车，要从北黑铁路运往苏联。当时，驻海伦的苏军老司令是经过苏联内战过来的，对我们的关系不错。因此，他得到这个消息后，就告诉了我们。当时火车即将到达北安。我们当即通知叶长庚，命令三支队全体出动，准备截车。车一进站，战士们马上卸车。就这样三支队全部武装起来。因齐市书记朱光要求我们援助，就将这批枪支弹药的一部分由徐维城带两连战士押运送到了齐市。（那时泰安还未被尚其悦占领）。这样又帮助嫩江省解决了难处（这中间的曲折，后面再讲）。另据王钧讲，他也曾用此类似的办法解决了一些枪械装备问题。

发动群众

如果说建军、剿匪是打开局面建立根据地的支柱和前提，那么深入发动群众则是为根据地打好基础和积蓄一切力量的源泉。

东北人民对我们党、八路军、新四军的认识与老区根据地的人民相比，那是“模糊一些”，对抗联的认识多些，主要是抗联在本地活动较多，时间较长，配合苏军先期返回东北的抗联同志联系着有关系的先进村屯做发动群众工作。但是因在日本帝国主义的铁蹄践踏和残酷统治下，经过了14年的亡国奴的生活，抗联后期的活动又不多，因此，一方面正统观念较普遍，另一方面日本帝国主义投降后国民党又搞了一段“接收”，因此老百姓仍抬不起头来。所以总的说，在基本群众中我们的根基还不普遍。

省委一直很注意农村调查。克山县委在泰安决战胜利之后的1946年1月1日就下了乡；我随即也跟县委副书记张同舟、农村工作部长韩玉集中到北兴蹲点。海伦县委2月下去，其他各县也逐步深入农村。王鹤寿照顾家里，处理全省日常工作，同时就近到北安四区调查；省政府副主席杨英杰到拜泉三道镇和中区做调查。

当时陈云明确指出：“县委就是民委，民委就是农委。”“县委应当把工作重点放在农村。”我们根据中央东北局和陈云的指示，1946年1月12日作出《关于群众工作的补充通知》，正式提出“下乡发动农民基本群众”的口号。省委组织部只留下一个干部，那就是陶竞华。全体干部，包括上级后来陆续分配来的干部，由于大多数同志在延安受过党中央的教育，革命干劲和热情比较高，又经过反复动员和学习有关文件，在道理搞通后，大家都踊跃报名，表示愿意到农村去。

就我们的调查，当时黑龙江阶级分布有三个特点：第一，农村赤贫化。没房子、没土地、没牲口的雇农占40%，地少租种地主地的佃农占30%左右，中农占15 %左右。有的人家没有衣服穿，有的人家一家只有一条裤子，出门抱柴火时穿上，回来又蹲在家里不出去。冬天冻死人的事也是常有的。第二，土地集中。地主、富农占总户数的百分之十几，但占地却在65%以上，贫雇农占总户数70%左右，占地却只有百分之十一二。这里的阶级状况不像关里中农占多数，而是一头大一头小，像一个倒三角锥形的金字塔，土地占有的倒三角锥，人口比重是正三角锥。从这里看出，虽然经过伪满14年的统治，地主阶级不但没有削弱而是更强了，而且多数有枪，养胡子（土匪），成为敌伪统治的主要社会基础。第三，政治经济压榨残酷。日伪时期的东北是封建加殖民地的统治，严刑峻法，残酷镇压。日伪统治机构非常庞大，一个村的办公人员就有一百三四十人，又是警察，又是自卫团，要吃、要喝，随便打人杀人，农民就是农奴加亡国奴，没有丝毫道理可讲！再加上日本帝国主义要劳工，伪满政府派“出荷粮”，说你有反满抗日嫌疑就叫政治犯，在家里查出一粒大米就叫经济犯。所以东北人民那样热烈欢迎日伪垮台和东北解放。虽然开始分不清国民党和共产党，分不清“中央军”和八路军、新四军，有正统观念，只要中国人来就好。但我们到后，老百姓说：“若不是你们来了，日伪垮台，1949年‘出荷粮’没有出，大家才有口饭吃，否则不饿死一半（指贫民）也得饿死三分之一。”一个中农说，他一年“出荷”后，还得吃2个多月的土豆子。真是政治上、经济上的残酷压迫和剥削，使广大人民群众几乎到了活不下去的程度。这就是殖民地加封建主义统治的恶果。

日本投降后，大汉奸受到镇压或跑了，但广大贫民仍在地主富农剥削压迫之下。因此，生活条件都很差，怎么能伸腰吐气呢？因此省委感到，要把发动基本群众和解决他们的实际生活条件结合起来，而我们过去的减租减息政策已不能满足这个要求。陈云总结宾县发动群众经验时说，宾县一共29万人口，开始就有20多个干部在城里做工作，到处找工人，连剃头的也算上，也不过1 000多人，发动了半个月，还是那么多。因此他说：“一个是29万，一个是1 000多，我们究竟应当找哪一个呢？毫无疑问应当抓29万。”中国共产党代表广大劳苦群众的利益。在东北，在打败日本帝国主义之后，即着手解决农民的土地问题。我们发动农民革命，大体经历了这样几个阶段。

开始，我们感到单纯靠减租减息已经解决不了问题，于是不久后便主要开展以反奸为中心的“清算斗争”。“反奸”这是打到了敌伪垮台以后统治阶级的一个痛处和弱点。工委决定我到海伦、绥化布置镇压汉奸的工作。经过一段工作，在海伦破获了国民党特务暗杀团，绥化破获一个哈尔滨市派来的地下军组织。各地也都镇压了一批汉奸特务头子。通过总结经验，我们感到单纯的反奸活动如果不同时与解决人民群众的经济要求结合起来，斗争就不能深入，也不能扩大和持久。因此，我们要求下乡后把反奸和清算结合起来，实实在在地解决群众迫切要求，解决一些经济问题。于是我们首先是没收敌伪的“开拓地”“满拓地”给无地少地的农民。其次，才是实行减租减息和进行安抚救济工作。春耕前各地的“开拓地”基本上分完了，但是数量不够，不少贫雇农没有分到地。于是我们又提出了“没收大汉奸大土匪头子的土地分给无地少地农民”。以后，又进行了“雇工增资带地”的斗争，从经营地主和富农手中分出一部分土地给雇工。但结果是，有的只是政府下令分给农民土地，群众只是感恩，而自己不起来争取，仍达不到发动群众的目的。于是我们提出反对“清官断”的做法，重点放在发动群众自觉起来斗争。开始我们到农村，群众顾虑很大，犹豫观望，不敢接近我们。等到我们和贫民睡在一铺炕上，吃一样的饭，唠家常，真心真意地解决群众的一些切身利益问题之后，他们不仅开始接近我们，不少人还成为我们的亲密朋友，积极分子也成批地涌现出来。我们在群众中就这样逐渐扎下了根。这为以后贯彻中央《五四指示》，《停止减租减息，准许分地，实现“耕者有其田”》从思想上、组织上做好了准备。这算是“发动群众”工作的准备阶段吧。接着就是土地改革。

土地改革运动

黑龙江的土地改革大体上又经历了三个阶段。1946年5月到10月为贯彻中央《五四指示》阶段，即从减租减息转入分配土地阶段；1946年11月到1947年10月为解决“夹生饭”阶段；1947年11月到1948年2月，为贯彻平山土地会议精神，完成全省土地改革阶段。

1946年4月20日，驻哈尔滨苏军开始撤离回国，4月28日，东北民主联军、三五九旅等部队进驻哈尔滨。哈尔滨重新回到中国人民手中。中共北满分局于5月下旬回到哈尔滨，随即召开了省委书记联席会议，传达贯彻中央《五四指示》。6月初，我们在北安召开县委书记联席会议传达贯彻“五四指示”和北满分局会议精神。省委在总结过去发动群众经验的基础上，根据黑龙江的具体情况，做出四项决定：一是采取“剥笋政策”，先搞大的封建地主堡垒，在政治上、经济上搞垮封建统治，满足农民土地要求，实现“耕者有其田”。二是把清算和土地问题结合起来，用清算的方法达到“土地还家”的目的。三是反对“清官断”，克服包办和恩赐的观点，真心走群众路线。四是采取“蝗蝻”政策，以老干部带领土改积极分子滚雪球式地组织工作团，集中力量，创造典型，取得经验，以点带面，波浪式地发展，以推动全局。

6月4日开完县委书记会议，6月11日就开始行动。全省先后动员1 000名干部、组织35个工作队下乡，贯彻《五四指示》，开展清算分地斗争。7月中旬，群众初步发动，8月下旬形成高潮。

根据当时群众的觉悟程度，我们采取的主要办法是“大清算，破产还债。”这是总结海伦群众斗争的经验提出来的。海伦有户贫雇农骨干分子陈矮子，领导全村贫雇农清算大地主赵四阎王，群众情绪高昂，一边诉苦，一边算账，群众越算越气愤，对地主仇恨越深，向赵四阎王讨还血债的呼声震天动地，把赵四阎王吓得胆战心惊，连连叩头请罪：“只要乡亲们饶我一命，我自愿破产还债。”“大清算”是群众要求的，“破产还债”是地主自己承认的。“破产还债”的结果就是“土地还家”。这个口号很适合当时群众的觉悟水平。农民认识到搞“大清算”是因为地主多年欠了穷人的债；因此分地主土地感到理直气壮，合理合法，地主则感到处处理亏，“破产还债”不杀头就便宜了。大清算的内容，在经济方面，算出荷账，算出劳工账最为有力。一算出荷账，地主没有不被算光的，再加上劳工账，贪污勒索，地主个个都得破产才能还上。政治方面，算汉奸账，人命账最有力，一算地主汉奸害死多少人命，地主汉奸没有不低头的。通过大清算，灭了地主汉奸的威风，大长贫苦农民的志气，很自然地就把广大人民群众发动起来了。在斗争方法上，提倡“斗地分”，不搞“献地分”。有些地方地主主动献地，搞和平分地，我们及时纠正过来。在大清算中，我们强调发动群众诉苦，挖苦根子，通过斗争启发群众的阶级觉悟，不经过斗争，地主的罪恶不全部揭露出来，他们的社会地位和伪君子的假面具就不易打破，农民的阶级仇恨感也启发不起来。即使分了土地，农民的觉悟也不可能极大的提高。因此，在大清算中，各地都把注意力放在发现和培养积极分子上，不失时机地吸收他们参加党的组织，初步建立起农村支部和农民自卫队。

经过4个月的工作，到1946年10月，清算分地斗争取得了很大胜利。仅从北安地区范围统计，就有50万垧土地从汉奸地主手里转到无地少地农民手里。加上春天分给农民的10万垧开拓地，已有90万人（占人口总数75%）分到了土地。这样在全省就形成了群众翻身运动。我党的影响增大，基层政权也得到了发展和巩固，并形成一支在农村很有威信的积极分子队伍。克山县太平屯有个叫刘凤林的，原是一个对我党并无认识的贫苦农民，经过大清算分地斗争，他逐步认识到阶级压迫和剥削是贫穷的根源，觉悟提高很快，由过去回避观望转变为能带领群众同地主汉奸做斗争。老百姓很拥护他，他也学会了一套发动群众的办法，成为当地有名的“穷人头”。

由于“五四指示”的贯彻执行，群众已经初步发动起来。1946年冬，老黑龙江省的参军运动，真像老根据地那样父送子，妻送郎，十分踊跃，非常热烈。1946年5月间，我军从长春、四平撤出，队伍受到很大损失，一个师只剩下三四千人。但由于东北群众积极参军，主力部队很快又壮大起来，每个师达到1万人以上，多的1.2万人。广大青年为保卫翻身胜利果实而参军，所以斗志高昂。这年底，部队“三下江南”（松花江），配合南满四保临江，南北呼应，形成犄角之势，击败了国民党中央军机械化部队新一军、新六军为主力60多万人以大城市和铁路线为依托的进攻。我党我军在东北广大农村终于站稳了脚跟——从这里，我们看到，军事形势和群众斗争形势是紧密相连的，军事斗争的胜利为群众斗争的胜利开展创造了条件，群众斗争的胜利对军事斗争的胜利又是有力的支持和保证。

1946年末，省委对于贯彻《五四指示》情况进行检查总结，认为斗争虽然取得了一定的胜利，但总的说，群众发动得还不够平衡和不够深透。一方面是在具体政策的执行上打击面过宽，注意策略不够；另一方面又对大地主、汉奸恶霸的斗争还不彻底，有些基本群众同地主还没完全“撕破脸皮”。因此，不少地方出现了地主反攻倒算和腐蚀干部的问题。庆安有个大地主叫龚少清，竟买通干部，将农会主席扣起来要枪毙，正赶上区委书记到那里，才未得逞。经过普查，斗争不彻底的主要表现在以下四种情况：一是斗争果实很多没有切实分到贫雇农手中。二是农民中不少人对斗争地主的决心不够坚定。三是恶霸地主进行反攻倒算的不少。四是骨干力量不够，积极分子的作用不明显。我们把这方面的问题称之为“夹生饭”。十月末，省委给各地发了一封信，指出，今后一个时期，群众运动的指导方针是继续深入，反复地为争取土地、保卫土地并保证土地真正分到群众手里而斗争，注意解决假分地、明分暗不分的问题；领导群众开展“查田斗争”，扫除群众怕“变天”的思想，认真解决“夹生饭”问题，把土改运动搞深搞透。1946年末，根据东北局解决“半生不熟”问题的指示，结合我们掌握的情况，省委做出关于深入进行群众工作的决定（题目叫“夹生与决心”），在全省展开了轰轰烈烈的深入查田运动，主要是查黑地，查分地是否彻底恰当。通过查田斗争，彻底打垮了地主恶霸反攻倒算的阴谋，使土改胜利果实真正分到群众手里。以后，省委又提出“斗倒大树彻底分地”的口号（“夹生饭”和“斗大树”都是当时望奎县委农村工作部最先提出来的），并进一步发展为“砍大树，挖坏根”的“砍挖”运动，实现“粮到口，地到手”。并进一步追枪、挖地窖，及时挖清特务根子，以达到真正启发基本群众，摧毁封建势力，改造基层干部队伍，建立农村中基本群众优势的目的。“砍挖”运动和煮“夹生饭”的斗争，使土地改革进一步深入，贫雇农和广大群众得到更多的实际利益。

1947年7月，中共中央前委在平山召开全国土地会议。当时，东北正处在第一次大反攻战役的前夜，各省主要领导同志因工作离不开不能参加会议。东北局决定由我担任东北代表团团长去参加，同行的有合江省委组织部长王伯谨，辽南省委陈一凡，辽东省委卫之，辽西省委岳胜。会议在平山西柏坡召开，由中央前委书记刘少奇主持。会议开了56天。我们回来向东北局做了汇报，这个汇报讲话就在本书的附录中。东北局于11月召开省委书记会议，传达贯彻。根据全国土地会议精神和《中国土地法大纲》，省委认为我省的土地改革仍不够彻底。原因在于对中央“彻底消灭封建地主阶级”的精神领会不深，对中小地主做了不适当的照顾，对富农照顾过多，束缚了贫雇农的行动，没有真正树立贫雇农的优势。会议确定要彻底平分土地，消灭封建势力，充分发动贫雇农群众，认真执行《中国土地法大纲》，以解决土地改革不彻底的问题。

因为有“清算分地”和“砍挖”运动的基础，贫雇农的阶级觉悟和斗争精神明显提高，广大农民热烈拥护《中国土地法大纲》。因此，在全省很快掀起了平分土地的热潮。经过两个月的斗争，在全省重新划分了阶级成分，彻底平分了土地和浮财，基本上完成了土地改革任务。除黑河外，全省平分土地170万垧，所有贫雇农、中农都分得了足以生产发家的土地。此外，分牛马203 418头，80%以上的贫雇农户有了一匹或一匹以上的牲口；全省贫雇中农均有了自己的房屋。还平分了250万件衣服，10.6万多条被褥，13.6万多尺布匹和40.4万担粮食以及黄金、白银等。

在这场斗争中，我们根据本省情况具体划分了阶级成分，但因界限不够明确，具体检查指导跟不上去，也发生一些“左”的错误。主要是较多地侵犯了富裕中农和城市工商业者的利益，打人现象比较严重。这些都在以后做了坚决的退赔和纠正。

1948年春节，冬季攻势和土地改革双告捷。黑龙江农村呈现一片欣欣向荣、喜气洋洋的景象。土地改革的胜利彻底消灭了农村封建制度，农村发生了翻天覆地的变化，地主阶级统治威风扫地，广大贫雇农扬眉吐气。在平分土地运动中，涌现出本地区乡干部和积极分子2.6万多人，其中2 800多人入了党。广大农民非常关心前线的斗争。他们把保卫胜利果实支援前线看成是自己的光荣任务。凡是拥军、参军、出大车、担架、交公粮、献铁等都争先恐后地去完成。由于打倒了地主恶霸，消灭了土匪，农村的社会秩序空前安定。1948年春，城乡人民掀起了生产和支前的热潮，黑龙江省真正成为东北根据地的可靠的战略后方。

三、赶赴东北建立黑龙江北满根据地[①]

别延安急令赴东北，缚黑龙北安扎大营。1945年8月15日，侵华日军正式宣布无条件投降。中国人民在中国共产党领导下，经过十四年抗战，终于迎来了欢呼胜利的一天。

8月20日，中共中央在延安组织了南下干部支队，由邵式平等同志带队，开赴闽、浙、赣。南下干部支队有四个大队，每个大队两百人左右，我是一大队大队长兼党支部书记。

离开延安后，我们东进至山西，到达太行山，准备渡黄河。这时，突然接到中共中央打来的电报，电令南下的干部支队立即停止南下，回师北上，迅速开赴东北。

我们接到中共中央北上的电令后，心急如焚，第二天即回师北上。在黄河边，走出太行山区，过邯郸，穿过冀中平原，由冀东直插山海关。沿路无便利的交通工具代步，全凭两条腿，还要东绕绕、西转转，避开国民党和日军占据的据点，这就需要多走许多冤枉路。走了两个月，才到达山海关附近三十里的地方，我们正准备过关，忽然接到情报说，国民党军队在美国几十架飞机支援下，已经空运了两个旅的兵力，先我一天抵达山海关，封锁了出关的道路，不让八路军出关。

山海关过不去，我们只好强忍怒火，绕道西行，走了几百里路，从九门口过了长城，来到关外。我们不顾疲劳，一路急行，直插锦州方向，几天之内过了锦州赶到沈阳。

到沈阳后，我们歇了两天。改乘苏联飞机，经长春，两天后达到哈尔滨，准备继续北上去黑龙江省。在哈尔滨李兆麟接见了我，并把黑龙江省情况向我做了介绍。当天我赶到哈尔滨车站，与已经达到的延安赴黑龙江省的干部团汇合。

---

①选自叶长庚回忆录。

当天晚上，我们乘上去北安的专用列车，在凛冽的寒风中，风驰电掣，飞驶了一整夜，第二天凌晨到达北安。我们到达北安的时间是1945年11月15日。

到达北安的当天，我们即组织召开了会议，宣布取消原嫩江地区工委，成立了中共黑龙江省工作委员会，由范式人同志任工委副书记并代理书记，赵德尊任组织部长，王堃骋任宣传部长，杨英杰任省政府副主席。同时成立黑龙江省军区，由我任司令员，范式人任副政委代政委，王钧任副司令员。

黑龙江省军区成立以后，分析了面临的形势，认为敌情严重，形势很紧，国特与敌伪残余匪帮结合，已开始向我们进行武装争夺，正处在与国民党反动派展开一场争夺黑龙江省区的重大斗争的前夜。因此，省军区的中心工作是"发展武装力量"，否则，我们就会在黑龙江地区站不住脚。

明确了形势和任务后，我们便开始在北安扩兵。北安有许多劳工队，都是林业和采矿工人。他们大多都是为生活所迫，从山东来"闯关东"的。在日伪反动政权的统治和土匪的欺压下，他们受尽了苦难，饥寒交迫。听说来了共产党，要扩兵打土匪，开始他们还有点不大相信，经过我们反复宣传党的政策，他们才打消了疑虑，一传十，十传百，纷纷要求参军。不到一周时间，省军区在北安、绥化扩兵组建了三个支队，配齐了支队干部，每个支队约有一团人的兵力。为了加强机动部队建设，省军区从干部、人员到装备重点配备了三支队，将上级调来的新四军二师一个营的班以上干部，也全部给了三支队，充实了骨干力量。

与此同时，各县也都根据"既要放手扩大，又要能掌握"的方针，进行扩兵，各自建立了有一至两个连兵力的县大队。北安有日军的军械仓库，省军区所属支队及各县武装建立后，即发给了枪支弹药。

黑龙江省工委、省军区为了武装控制北面中苏边界的黑河、孙吴两个战略要点，委派王肃等5人到黑河开辟根据地，成立自治军黑河司令部，由王肃同志任司令员，以组建武装为中心环节，全力开展工作。

至此，党中央从延安派来黑龙江的干部，和东北抗联的干部一起，像一颗颗红色的种子，撒在黑龙江的大地上，在黑龙江省工委、省军区的领导下，“发动群众，扩大武装，改造政权，肃清反动派”，展开了如火如荼的激烈斗争……

施兵威解拜泉之危，清队伍掌握枪杆子。中共黑龙江省工委1945年11月23日发出的《对目前阶段工作方针》指出：目前，省政府和一大半县政权我们已经接收了，各地武装也有了初步的发展，人民热情很高，这是我们的有利条件；困难的方面，是部分地区国民党反动派，利用汉奸伪军土匪也组织了一部分反动武装，并利用伪组织与地方大商业资本家继续操纵政权，压制人民，有的甚至拒绝交出伪政权，局部地区已开始向我们争夺，有的地方已经向我们开刀。

11月下旬的一天夜晚，一股土匪约有八百人袭击了拜泉。我拜泉县大队只有不到两个连的兵力，又是新组建的，战斗力薄弱，在土匪的突然袭击下，抵挡不住，被追至南门里县政府大院。在县委书记胡林、县长倪伟的带领下，扼守大院，并连夜向军区告急求援。

其实，当时军区在北安可以机动的兵力只有3个连，各支队已下去剿匪，远离北安，一时难以抽回，远水难解近渴。即使把北安全部三个机动连都抽调去增援拜泉，恐怕也难以击溃八百余众的土匪队伍。情况十分危急，但无论如何，也不能眼睁睁让土匪占领拜泉。怎么办？我焦急地思虑着，一时难以决断。

猛然间，我想到土匪最怕苏联红军，我们能不能以苏联红军的名义，趁夜色冲进县城把土匪吓跑呢？我觉得这也是一个应急的办法，不妨试试。

主意已定，我立即调动了四辆大卡车，又找了一名会讲俄国话的翻译人员，带领一个连，分乘四辆卡车，急往拜泉驶去。

这是个漆黑的夜晚，天阴沉沉的，看不见星光月色。半路上，飘飘洒洒地飞起雪花来。一路上，我心绪焦急，坐在前面一辆车的驾驶室里，连连催促司机加大油门，汽车晃着两条洁白耀眼的光柱，像两把挥舞的利剑，划破漆黑的夜空，急驶如飞。

车到拜泉，沿大路从西门冲进城去。突然，西门口路旁窜出了十几个土匪，一个个荷枪实弹，歪戴着狗皮帽子，挡住了去路。

一个土匪尖声怪调地问："喂，你们是干什么的？停车，快停车！"

我们的翻译在车上亮开嗓门，大模大样地用俄国话叽里咕噜地回答："我们是苏联红军，要进城去，你们是干什么的？"

那些个土匪不懂俄国话，一个个瞪着，惶恐不安的双眼，往车上打量，想看清车上究竟是些什么人。

我抓紧时机低声命令司机："开亮灯，加大油门，冲过去，不要理睬他们！"

"嘀嘀——"司机狠狠地按了几声高音喇叭，脚用力踏着油门，汽车像一头发疯的猛兽，直冲过去。拦路的土匪见势不妙，纷纷闪到路边。他们知道苏联红军惹不起，眼睁睁看着汽车一辆接一辆地从他们面前驶过，没敢开枪。

我们的汽车再也没碰到土匪阻拦，一直开进南门里县政府大院。

下车后，胡林、倪伟同志惊喜地问道："哎呀，土匪围困了县城，你们是怎么进来的？"

我把情况一说，他俩高兴极了，忙说："你们来的可正是时候。估计天一亮，土匪又会发起进攻，你们再不来，县政府大院恐怕我们就守不住了。"

我告诉他们，我只带来了一个连，军区实在抽不出兵力，已命令在外剿匪的三支队九团赶往拜泉救援，明天下午就能赶到。我强调说："无论如何，我们要守住大院，等待援兵，内外夹攻，把土匪击溃。"他俩坚定地说："司令员，你放心，只要有我们在，这个大院就落不到土匪手里。"

第二天一清早，我们做好了战斗准备，等待敌人来进攻，一直等到太阳一竿子高了，还没有一点动静。于是，我派出一个连分兵两路，分别到城西门和北门察看动静。不一会儿，他们回来报告说："土匪在夜间已经全部撤走了，城里空荡荡的没有一点动静。"

原来，我们夜间乘车进城后，土匪不辨真情，以为我们是苏联红军，连夜集合起队伍，悄悄往明水方向撤走了。

下午两点多钟，省军区副司令员王钧和三支队副政委亚明同志带领九团来到拜泉。他们说上午在赶往拜泉的路上，遇到一股土匪队伍，估计是从拜泉撤走的。九团一打，消灭了几十个土匪，剩下的逃到山林中去了。

当天，我以省军区司令员的名义，在拜泉发布剿匪布告。其要点是：各县党、政、军、群各组织，要提高革命警惕性，时刻准备应付土匪的突然袭击。要放手发动群众，建立和掌握武装，巩固内部团结，清除坏人，大胆揭露土匪的阴谋破坏活动；同时，警告土匪成员，只有放弃行凶作恶，弃暗投明，才是唯一的出路。如果继续为非作歹，搞阴谋破坏活动，执迷不悟，只有死路一条！

布告张贴出去后震动很大。县委、县政府、县大队又派出人员，广泛宣传，大造声势。群众被发动起来了，许多青年踊跃报名参加县大队，拿起枪杆子保卫新政权。

由于北安兵力空虚，我不敢在拜泉久留，带领部队连夜赶回了北安。

北安确实很不安——我一到北安，军区二科科长兼省公安大队长冯兴盛同志，急霍霍地向我报告："叶司令，我看要出大乱子了！"冯兴盛同志是1930年参加革命的老红军，办事一向沉稳老练，是什么情况使他如此着急呢？我问："有什么大乱子出？"他说；"省警政厅刚查获了国民党特务组织准备武装进攻的第二号通知，内容是号召国民党员到拜泉、克山、泰安去参军；潜伏在北安的国民党特务组织——中国国民党大公反共工作团，近日在北安大量散发反动传单，大造谣言，声称要烧掉北安所有建筑，使城内人心动荡。再就是，我们开始扩兵时掌握不严，连队里混入一部分坏人，有阴谋暴乱的迹象；我们省公安大队的巡查队，是我们从苏联人手里接收过来的，有九十多人，成分极其复杂，大部分是日、伪时期的警、宪、特，对我们持敌视态度，也是个隐患。如果我们不采取措施，还不会出大乱子吗？"我一听，感到情况复杂，事关重大，不容迟缓，当即向省工委作了汇报。

在范式人同志主持下，省工委连夜召开了会议，布置了"肃反检举工作"，研究了国民党特务名单，决定把伪省长王秉铎等大汉奸、大特务秘密逮捕，解除省公安大队巡查队的武装，并派赵德尊到海伦、绥化布置镇压国民党特务的反革命活动。会议还决定在北安成立一个干部学校，分期轮流审查训练伪职官员。

散会以后，范式人又把冯兴盛同志找来，我们三个人专门研究了如何解除巡查队的武装，一直商谈到深夜……

第二天上午，省公安大队门前的场地上戒备森严，四周安排了岗哨警卫。省公安大队的所有人员，一律携带武器，集合开大会。

八点多钟，各分队的人员都集合入场，只有巡查队还没来。我站在台阶上，巡视了一下队伍，低声问冯兴盛同志："巡查队怎么还没入场，是不是……"冯摇摇头说："已经通知了八点入场。巡查队，哼，组织纪律涣散，吊儿郎当惯了，哪里像个兵的样子！"又等了一会儿，巡查队进场了。他们队伍稀稀拉拉，一个个无精打采，懒洋洋地走进会场。我一看他们那副什么都不在乎的神气样子，就有点沉不住气了，真想狠狠地训斥几句，但又一想，现在还不是发火的时候。话到嘴边，我又咽了下去。

巡查队进场完毕，我马上宣布大会开始。

"注意了——立正！"我大声喊着口令："大家把武器弹药摘下来，放置各自的身体右边地上。"

队伍骚动了一阵，顿时又安静下来。大家都有点愕然，又不得不执行命令。一阵叽里咔嚓的响声之后，把枪支弹药统统放在指定的地方。

我用目光扫了一下巡查队，这会儿他们都有点"精神"了，一个个神情紧张，惊恐的目光注视着我，茫然不知所措。

"向后——转！齐步——走！"队伍在我的口令下，离开了放置武器的场地，往前走了几十步，转过身来。

我走到队伍前面，板着面孔说道："今天，省公安大队集合，我代表省工委、省军区来讲几句话。公安大队，担负的任务是维护社会治安，镇压国民党特务反动气焰，巩固人民的新政权。目前，北安特务活动猖獗，散发反动传单，制造谣言，搞得人心惶惶。在这时局动乱的时候，我们每一个公安队员，都必须立场坚定，旗帜鲜明，狠狠打击和揭露反动派、汉奸、特务的种种阴谋活动，坚决镇压他们的嚣张气焰！"

队伍鸦雀无声，气氛显得严肃，我话锋一转，接着说："然而，在打击阶级敌人的破坏活动中，我们公安大队还不够有力。原因何在，首先是因为我们的队伍不够纯洁，混入了一些不坚定的人，有的甚至是坏人！经调查，公安大队的巡查队，人员成分严重不纯，有许多是日、伪时期的警察、宪兵、特务。为了查清他们的历史，纯洁公安队伍，省工委、省军区决定解散巡查队！"

队伍又一阵骚动。巡查队里有一人高声说："我们过去虽然给日本人和伪满干过事，也是为生活所迫，可不能冤枉我们哪！"

我缓和一下口气，对他们说："为日本人和伪满干过事的人，并不一定都是坏人，真正的坏人只是极少数。即使过去做过一些坏事的，只要不继续与人民为敌，如实向我们交代清楚，我们也会给以生路，让他们重新做人。我们的政策是，决不冤枉一个好人，也决不放过一个坏人！"

散会以后，巡查队的武器全部收缴，队员送到军区刚刚开办的干部学校，逐个进行审查。

解散了巡查队，我们松了一口气。谁知"按下葫芦起来瓢"。傍晚时分，军区警卫营教导员叶志强同志向我们报告，据三连连长得到的可靠消息，在伪省长王秉铎等大汉奸策动下，混入军区警卫营的几个坏人，阴谋搞反革命暴乱，准备夜晚十二点行动。

本来，根据省工委、省军区的决定，我们正打算这天晚上秘密逮捕王秉铎一批汉奸、特务，他们竟迫不及待地跳出来了。我和范式人等同志研究了一下，决定先下手为强，组织部队，晚上八点钟行动，将王秉铎等阴谋策动暴乱的坏人全部逮捕。

夜幕降临了，北安城街上冷冷清清，昏暗的路灯在浓黑的夜色中，闪动着微弱的光。由于特务在城里活动猖狂，天黑以后，城里的居民就早早关起门来，不敢到街上走动，只有那些心怀叵测的坏家伙，趁着黑夜，潜到街上搞破坏活动，散发反动传单，涂写反动标语，有时还偷偷摸摸地打枪、放火，制造紧张局势，破坏社会治安。

晚八点以后，按照事先部署，我们分头行动，冯兴盛和军区一科科长王韦同志，带领公安大队的一部分人，去逮捕王秉铎等人。叶志强带领警卫营的一部分部队，逮捕混入连队阴谋暴动的坏人，同时做好连队的工作，稳住部队。我和范式人等同志坐镇省工委、省军区，进行组织指挥，并做好了应付突然情况的准备。

时间在焦急、难耐的等待中一分一秒地过去，没有听到枪声，也没有听到人的吵嚷声，小小的北安城，像往常的夜晚一样平静，丝毫也觉察不出反常的迹象。然而，我们心里都清楚，在这平静的夜色中，北国的这座小小的县城中，阴谋与反阴谋，暴乱与反暴乱，邪恶与正义，正在秘密地进行着一场你死我活的较量！

我们的行动会顺利进行吗？会不会遇到意外的事情？这个，谁也难以预断。可不能低估了这些汉奸和国民党特务的能量，他们都是本地人，人熟地熟，稍有不慎，都可能会出现各种预想不到的事情，我们丝毫麻痹大意不得。

过了一个多小时，我们这里还是冷冷清清，毫无消息。我一支一支地抽着烟，心绪焦躁地在屋里走动着。一向惯于控制感情，沉稳老练的范式人同志，此时也有点沉不住气了。他小声对我说："都一个多小时了，怎么还没有消息，该不会出什么问题吧？"

我们的心情越来越着急。这使我们感受到了跟暗里搞阴谋活动的敌人作斗争，要比跟明火执仗的敌人作斗争更复杂……

突然，院子里响起一阵杂乱的脚步声，冯兴盛同志风风火火地走进来，压低了嗓门说："咳，全捉到了，一个也没跑掉！人证物证都在。"他拿出从王秉铎家里搜出的一捆反动传单和从王秉铎、伪省教育厅厅长身上缴到的手枪及子弹，并说："我们要不是行动快；看样子今天晚上他们真要动手了！"

我问："这几个坏蛋现在哪里？"

冯答："就在门口。"

我冲门外喊了一声："带进来！"

王秉铎、伪省教育厅长等一共八人被几个战士押解进来。王秉铎肥头大耳，满脸横肉，可他平时偏要装出一副文质彬彬、道貌岸然的样子。此人心狠手辣，惯于两面三刀见人说人话，见鬼说鬼话。日本人、伪满、国民党都给他委以要职，他死心塌地充当傀儡和帮凶，挖空心思地压榨和盘剥黑龙江人民。

他双手捆绑着被带进来，内心空虚，表面上却故作镇静，把头一扭，装作一副泰然的样子，慢吞吞地问："贵军夜晚突入民宅，非法将我等逮捕，带到此地，不知有何见渝？"

范式人同志一拍桌子，喝道："王秉铎，收起你这一套吧！过去，你充当日本人、伪满的忠实走狗，对人民犯下了罪恶。现在，你不思悔过，继续搞阴谋破坏活动，散发反动传单，制造反革命谣言，秘密策划暴乱，与我们为敌到底。我们将你逮捕归案，顺理成章，合理合法！"

王秉铎这家伙轻蔑地说："哼，你们可以把我们逮捕，可是你们共产党的政权不会巩固，你们在东北是站不住脚的！"

"呸！"我怒不可遏地冲他吐了口唾沫，开口骂道："你们这些死顽固，还在白日做梦，我们共产党在东北的铁打江山是坐定了。我们打败了日本侵略者，也一定有办法惩治你们这些反动派！”

王秉铎冷笑一声，幸灾乐祸地说：“只怕过不了多久，整个北安城就会大乱，你们想跑都来不及喽！”

我回以冷笑，说道：“很遗憾，你高兴得太早了，你们的阴谋活动已经彻底破产了！”

这时，门外一声喊，叶志强同志走进来，向我们报告：“连队里的五个阴谋暴乱分子，全部带到！”

我说：“把他们带进来，让这几位‘先生’认识认识！”五名暴乱分子被带进来，有两名年青的暴乱分子指着王秉铎说：“就是他让我们干的……”王秉铎等人一个个像泄了气的皮球，耷拉下脑袋。

我们连夜对逮捕的13个汉奸和国民党特务进行审查，查阅了敌伪时期的档案，发现除了三个年轻人以外，全部都是伪满时期的伪职员、伪警官、伪军官之类的反动家伙。三个年轻人在我们宽大政策的感召下，主动交代了罪恶，表示痛改前非，当夜由冯兴盛同志带往军区干部学校审查训练，后来都转变过来。那十个反动家伙顽抗到底，拒不认罪，继续坚持反动立场，妄图复辟。

审讯到天快亮的时候，我问范式人同志：“这帮家伙，我们怎样处置？”

范式人同志说：“留着都是些隐患。可要除掉他们，要不要征求一下苏联同志的意见？有几个伪职员都是苏联同志接收北安以后继续留用的。”

我说：“管他呢，我们秘密处决，清除隐患！”范式人同志点点头，同意了我的意见。

天亮前，我们把这十个反动家伙押解着，往北安城郊外的北岗走去。这些家伙大概也料到了自己的下场，慢腾腾地走着，还不断回头观望，似乎不甘心他们阴谋的失败。有几个胆小怕死内心恐慌的，身子在寒风中战战兢兢地发抖……到达北岗的一个荒坡下，我对押解的部队发出命令："执行吧！""砰砰……"北安的荒郊野外，响起一阵清脆的枪声。枪声中，一批死心塌地与共产党和人民为敌的败类，结束了他们罪恶的一生。枪声，划破寂静，驱散黎明前的黑暗，迎来了一个霞光满天的早晨……

卧冰雪泰安平匪乱，追逃敌铁骑立战功。隆冬腊月的东北大地，冰封雪飘，寒气逼人，狂风卷着雪雾像一头看不见踪影的怒兽，翻卷着，号叫着，在山岗、平原、密林的上空狂舞。霎时间，积雪填满了沟壑，埋没了道路，覆盖了原野……正是在这样一个风卷雪扬的天气里，黑龙江省军区的几支主力部队，在我和军区副司令员王钧、二旅旅长张光迪、三旅旅长廖仲符的带领下，冒着零下几十度的严寒，急往泰安进发。

泰安，位于北安至齐齐哈尔、北安至嫩江的铁路线上，地理位置十分重要。当时全县有三十多万人口，是黑龙江省较大的县份之一。

土匪头子曾德春，原是伪警官，日本投降后，他搜罗一批社会渣滓，组成了一支有一千七百多人的土匪队伍，被国民党挺进第一军军长尚其悦收编为四个旅，曾德春本人被国民党封为挺进第八军军长。

在一天晚上，曾德春带领土匪队伍，袭击并占领了泰安城，将其匪部指挥机关设在泰安。为了阻止我军攻城，土匪在城墙上泼水，结成难攀的滑冰，曾匪吹嘘泰安"固若金汤"，"誓死与共军决战"。

在曾匪占领泰安的同时，各县土匪、特务遥相呼应，不到十天，接连策动了几个县兵变与暴乱。

11月19日，通北县政府秘书赵光去北安报告工作，在车站被特务分子枪杀。同时，该县大队副大队长和第一中队队长在匪特策动下，将大队长高玉林捆绑起来，策动了通北兵变，并进攻县大队部及公安局，把县大队政委李仰南打伤。叛军大肆抢劫，我丢失步枪五百余支，轻机枪六挺。

25日，国民党特务组织策动绥棱自治军大队二连叛变，向县政府单身宿舍及一连发起进攻，大队长被叛军打死，县委书记的老婆被叛军杀害。

26日，德都县公安局长李国钧和营长金国祥，受国民党特务孙孝昌、张显庭引诱，和土匪相勾结发动叛乱，县大队长赵青山等5名同志牺牲，县委书记吴飘萍同志光着脚丫跑到北安。

各县土匪、特务策动的多起叛乱，给我们建立黑龙江根据地的事业带来很大损失，教训很深。究其主要原因，是我们初到东北，对敌伪残余和土匪势力认识不够；对国民党特务采取的“先当八路，后当中央”的挖底政策认识不足；用收编的办法扩大武装，政治审查不严格，致使许多国民党特务、警察及土匪混入我们的部队，造成内部严重不纯。从而给他们内外勾结策动叛乱以可乘之机。

面对阶级敌人的猖狂暴乱，黑龙江省工委接连发出通报，要求各县工委要“抓住武装的中心，深入开展反奸工作”，号召“全党全军警觉起来，确实掌握武装，放手发动群众，彻底打垮汉奸特务的进攻，巩固黑龙江革命根据地”。与此同时，省军区组成剿匪前线指挥部，以副司令员王钧为前线总指挥，旅长张光迪为副总指挥，旅长廖仲符为副总指挥兼参谋长，集中军区主力部队，攻克泰安，首先拔掉这个“钉子”。

11月27日，军区主力部队两千余人，围困了泰安城。指挥部设在城北门外的元号村。战斗开始前，我们详细研究了作战方案，决定由张光迪同志带二旅攻打北门和东门，廖仲符同志带三旅九团、十团攻打南门和西门。

部队在零下几十度的严寒条件下作战困难很大，战士们都露营在野外的冰天雪地里，挖了一个个雪窝作掩体，接连两天吃不到一顿热饭，喝不到热开水，肚子里冷冰冰地咕噜咕噜直叫唤。身上虽然都穿着大皮袄，脚上穿着皮棉鞋，头上戴着皮帽子，可仍然抵御不了刺骨的风寒，过不了多久，就得搓搓手，跺跺脚，活动活动身子。

战斗打响后，各部队按照预定的作战方案，向土匪发起了猛烈进攻。

三旅十团首先向土匪在城外的据点二号村发起攻击。

二号村靠近城边，是一个稀稀拉拉的小村庄，只有十多户人家，却星星点点地沿着一条土岗子拉了足有半里路长。村东头是一家地主，有一个用石头垒起来的围墙院子，约有三十多名土匪守在院子里，负隅顽抗。刚一打响，城里的土匪约有两百人，顺着土岗子过来增援。十团一阵迎头猛打，把增援的土匪打得抱头鼠窜，逃回城里去了。

紧接着对三号村、四号村的土匪据点也发起了攻击。

进攻城南门的九团，在南门外受到亚麻厂、火磨面粉厂两个土匪据点的阻击。因为南门在火车站旁边，是进城的交通要道，又在乌裕尔河岸边，因此，土匪在亚麻厂、火磨厂设置了两个据点，以交叉火力，封锁进城的来往通道。

九团是战斗力很强的一支部队，进攻开始的时候，先以一部分兵力牵制火磨厂的土匪，主力向亚麻厂之土匪突击进攻，经过两个多小时激战，攻占了亚麻厂，残匪逃往火磨厂，与火磨厂土匪合为一股，凭借碉堡工事，继续顽抗。我九团攻占亚麻厂后，集中兵力，分两路进攻火磨厂。但由于土匪据坚死守，加之火磨厂周围地形开阔，难以突进，组织了三次大的进攻，未能攻下火磨厂，部队有一定的伤亡。战斗进行至深夜，枪声才渐渐停息下来。二号、三号、四号村的土匪，在遭到沉重打击后，连夜弃村而逃，缩到城里去了。只有火磨厂的土匪负隅顽抗，而且城里又派出一股土匪加强了火磨厂的兵力。

在指挥部里，我和部队的几位主要领导同志分析了战斗的进展情况，决定集中九团、十团两个团的兵力强攻南门外的火磨厂，扫清城外之敌，然后由城东门发起攻城。

黎明时分，我和王钧、廖仲符等来到南门外我军前沿阵地上，观察阵地，选择进攻的突破点。

十几米高的城墙，成了一道光滑坚硬的冰墙，横挡在我们面前，要想攀墙破城十分困难。看来，为打开突破口，我们必须付出一定的代价和牺牲。

他俩也不知是谁忽然冒出了一句："咳，我们要是有几门炮就好了，用炮先轰开一个缺口……"

我听了，没吭声。心想：哪来的炮？纸上谈兵！

想不到事情真有凑巧，空想的事竟忽然变成了现实。

苏联红军有一个炮兵团，乘坐一列火车往齐齐哈尔方向撤，来到泰安火车站外因铁路中断而滞留了。

我带一名翻译，找到苏军炮兵团长，要求他派炮兵支援我们一下。这位炮兵团长拒绝道："苏军执行中苏协定，不干涉中国内政。苏军从日军手中接收的东北政权，将陆续交给国民党，希望你们不要在有苏军驻守的地区同国民党作战。"翻译说："我们是毛泽东从延安派来的，是共产党。我们崇拜马克思，也崇拜列宁、斯大林，苏联红军是我们学习的榜样，我们是为了解放被压迫的中国人民而战斗的。我们现在要消灭的这股敌人，不是国民党的部队，而是一股土匪，因此，请求你们炮兵火力支援一下！"

苏军炮兵团长还是不太相信，仍然有点犹豫，翻译便拿出留苏的学习证给他看，并说："我在苏联留过学，还光荣地见到过列宁同志。那时，恐怕你还是个小学生呢！"

想不到翻译这几句话真起了作用，苏军炮兵团长一下子热情了，连声答应支援我们，还竖起大拇指说："见过列宁，很了不起！"

在炮兵团长的指挥下，苏军战士把六门加农炮从车上卸下来，架设在铁路边上，炮口对准了火磨厂，先炮轰火磨厂的土匪。

"轰——！轰——！"苏军的大炮怒吼了，炮弹在空中尖利地呼啸着，准确地落在火磨厂内爆炸了。顿时，火磨厂腾起一团团红色的火焰，一阵阵黑烟盘旋着，四下蔓延，不一会儿把整个火磨厂笼罩起来。在炮火的掩护下，九团迅即发起冲锋。这时的火磨厂四周，炮弹出膛声和爆炸声混在一起，步枪、机枪的射击声与战士们冲锋的喊杀声搅成一团，整个阵地成了翻腾咆哮的大海。土匪的地堡被炸塌，机枪被炸哑，土匪们失去了抵抗的能力，不到半个小时，火磨厂的土匪据点土崩瓦解。攻占了火磨厂后，苏军炮兵又调转炮口，对准城东南角方向的城墙，进行火力轰击，一发发炮弹击中城墙，哗啦啦地炸开一个大口子，我军趁机发起突击进攻……

大约一个小时后，部队冲进了泰安城，同城里的土匪展开了激烈的巷战。天色已是夜晚，城内火光闪闪，杀声不断。曾德春见大势已去，慌忙集合起残兵败将，从城东北角逃跑。守卫在城东北角的我军一个连队，用机枪一阵猛扫，土匪又丢下近百具尸体，余者在夜色的掩护下，骑上马逃跑了。

泰安被我军收复，城内一片欢腾。群众纷纷杀猪宰羊，慰劳解放军。房东把炕头烧得热乎乎的，拉着战士们去住。许多群众还协助部队清查坏人，维持秩序，巡逻放哨。第二天，泰安城召开大会，根据省工委决定，选派许英年同志担任县长，曾照明同志担任县委书记。

泰安一仗，打死匪特七八百人，活捉三百余人，缴获步枪八百余支，轻、重机枪四挺。另外，战后在城内清查出一大批暗匪和坏人。东北局在给中央的一份报告中指出："这一仗在黑龙江是带决定性的一仗，稳定了黑龙江的局面。"土匪头子曾德春溃逃后，带领三百余众来到望奎境内的大草甸里，搭起了一顶顶帐篷，苟延残喘。我带领三支骑兵和一个步兵分队，追赶到大草甸边上。

大草甸方圆几十里，一马平川，无遮无拦。这里，夏秋季节，到处是一洼一洼的水坑，生长着茂密的水草，一不小心踏上去，就会慢慢地陷下去，不能自拔。到了冬季，这里冰封大地，荒草凄立，绝少行人，是狐狸、野羊、狼虫等栖息的地方。

土匪在草甸中间地带，来往活动，用望远镜可以看得清清楚楚，但我们接连组织了几次进攻，却难以奏效。草甸里面到处是结冻的冰凌，骑兵施展不开，稍不小心，就会跌断马腿摔伤人。步兵进攻，土匪火力很强，以守待攻，势必造成很大伤亡。

这时，我又想起苏军炮兵，要是再请他们支援一下，该有多好哇！炮兵在远处轰，我们的骑兵、步兵在近处堵，土匪就是插翅也难逃。估计泰安的铁路几天之内还修不好，苏军炮兵一时走不了。于是，我骑马返回泰安，又同翻译去见苏军炮兵团长。

炮兵团长这次很痛快地答应了，调动了一个炮兵连，用汽车拖着炮，随我来到大草甸边上。

苏联红军炮兵训练有素，在炮兵连长的指挥口令下，各炮迅速定位、装填、瞄准，很快就做好了一切射击准备，动作敏捷，忙而不乱。我们的许多战士还是第一次观看打炮，都以十分羡慕的眼光瞧"光景"，嘁嘁喳喳地说："这玩意儿可真威风，啥时咱们也使上大炮就棒了！”“嘿，就凭你那满脑袋高粱花子，还有本事使大炮？”

“高粱花子又咋啦？不信你弄门大炮，咱使唤你瞧瞧！”

正说着，“轰隆”一声巨响，炮火射击开始了。刹那间，炮弹像一条条火龙从炮筒冲出，带着一道道灼热的流光，呼啸而去，命中匪营。

沉静了亿万年的大草甸，第一次发出惊天动地的怒吼。

硝烟弥漫，弹火纷飞，土匪帐篷被弹片撕裂成无数块碎片，像纸屑一样卷上半天空，匪营乱哄哄地人喊马叫……

突然，几十名土匪从滚滚的硝烟中钻出来，拉着马匹，仓皇地往草甸外逃去。不行，决不能让残匪跑掉，我命令骑兵立即包抄过去。

骑兵战士们早等得不耐烦了，听到包抄的命令，飞身跨上战马，高举明晃晃的战刀，沿草甸边沿冲杀过去。

炮火停息下来了，硝烟慢慢散去。我举起望远镜一看，土匪的宿营地被炸得七零八落，帐篷已荡然无存，被炸死的土匪、马匹的尸体，横七竖八地倒在荒草甸上。尚存的那股残匪，窜到草甸边上，骑马各自逃命。这些个家伙，在我骑兵部队包抄、追杀下，除一名侥幸跑掉外，其余全部毙命或被俘，遭到覆灭的下场。

遗憾的是，只身跑掉的土匪恰恰就是匪首曾德春。曾匪阴险狡猾，骑马跑了一段路后，扔掉马钻进山林，躲过了我骑兵部队的追杀。后来，他走投无路，像一条丧家犬，跑到长春，向他的主子国民党报丧去了。

设酒宴“白脸狼”中计，踏林海“刘山东”伏法。这是一次秘密而又有点冒险的行动。接到庆安县土匪头子要率部投降的消息，我当机立断，决定将计就计，让他率领群匪进驻庆安城，我们设宴接待，并授予土匪头子军区警卫营营长的官衔。

庆安的土匪头子姓李，很少人知道他的名字，只因他阴险狡诈，凶狠残忍，背地都叫他“白脸狼”。他手下号称有一个团，实际只有五个连，七八百名土匪。据说，“白脸狼”惯使两支驳壳枪，可以同时左右开弓，枪法很准，日本人和伪满都奈何他不得。

说土匪狡猾也算狡猾，说他愚蠢也够愚蠢。他们为破坏革命事业，煞费苦心，或派奸特混入革命队伍内部，或行刺暗杀，或搞偷袭，或闹暴乱，或乔装打扮，甚至还用金钱、美女拉拢腐蚀我们队伍中的意志薄弱者。在土匪如此猖狂活动，斗争如此尖锐复杂的时刻，“白脸狼”竟忽然向我们投降，这实在令人百思不得其解，难道他真的会“放下屠刀，立地成佛”？难道他真的对共产党的政策有好感，要争取宽大处理，寻求一条光明的出路？

在此之前，我们的电台曾截收到国民党郑洞国自长春发给“白脸狼”的电报，委任他为“警卫旅”旅长。“白脸狼”派人找我们谈判投降的前两天，还同长春进行过几次电台联络，用的都是暗语。

事情很清楚，“白脸狼”想搞假投降，将队伍拉进庆安城，趁机暴乱。

土匪有千条妙计，我们有一定之规，管叫他束手就擒，有来无归。

这天晚上，庆安县政府的宴会大厅里，灯光通明，熙熙攘攘，十几张大圆桌上杯盘交错，摆着丰盛的名酒佳肴。这是为招待“白脸狼”的队伍专设的接风酒宴。大厅里面的小房子，单独摆了一桌，由我和庆安县县大队长陈光才同志作陪，专门接待“白脸狼”。

八点多钟，土匪队伍在“白脸狼”的带领下，像一群无头苍蝇，乱哄哄地走进了宴会厅。他们一见桌上的酒菜，一个个馋涎欲滴，没等“白脸狼”吩咐，就你挨我挤的围桌坐下了。

宴会开始前，陈光才同志喊了声：“大家安静一下！现在请黑龙江省军区叶司令员讲话——”

土匪们一听我是省军区司令员，顿时鸦雀无声，一个个睁大了眼睛看着我，连“白脸狼”也流露出惊恐的目光。

我镇静地往前走了几步，说道：“弟兄们，你们弃暗投明，从今走上一条光明正大的路，我们表示欢迎！”

土匪们你看看我，我看看你，装模作样地跟着“白脸狼”拍了几下巴掌。

我又接着讲下去：“过去，你们误入迷途，有人做了不少伤天害理的事，但只要你们从今以后迷途知返，痛改前非，重新做人，我们可以既往不咎。当然，如果有谁顽固不化，坚持反动立场，继续为非作歹，搞破坏捣乱，我们也决不客气，一定给以应得的惩罚……”

我讲完了话，“白脸狼”强作镇静，也讲了几句。他假惺惺地说：“弟兄们，从今天起，你我都是共产党的人了，吃共产党的饭，就得听共产党管，咱们不能做对不住共产党的事……”

宴会开始了，土匪们大吃大喝，狼吞虎咽，我们的“招待”人员连连向土匪“敬酒”，同时用一双双警觉的目光观察着动静。不一会，土匪们一个个吃得醉醺醺的，有几张桌上的人大喊大叫，敲山震虎地划起拳来。“白脸狼”唯恐酒多误事，沉不住气了，从小屋子里走出来，恶狠狠地骂道：“他娘的，你们一个个别叫这黄汤给灌迷糊了，哪一个贪酒误了事，看我老子不用枪崩了他！”我把“白脸狼”拉回小屋里，“劝”说他：“这又何必呢！弟兄们今晚高兴，让他们吃去，不会误事的。来，我们喝，喝！”

"白脸狼"哪还有心思喝酒，他一面应酬，一面试探地问："我们的队伍进城，今晚在哪里住下？"

我一语双关地说："住处你尽管放心，我们早就安排好了。你们的人都进城了吧？"

"白脸狼"狡诈地一笑，说："进城的有三个连，还有两个连留在城外，我是怕——"这家伙把下半句话又咽下去了。真是只又狡又诈的"白脸狼"，他怕被我们一网打尽，还留了这么一手。不过，这更加露出了他的狼尾巴！

动手的时候到了，按照约定的暗号，我高叫了一声："快拿好酒来！"话音刚落，门外进来两个当"招待"的彪形大汉，胳膊上搭着毛巾，手里提着酒瓶。我说："你们敬新来的警卫营长两杯！"两名大汉笑容可掬，一左一右来到"白脸狼"身边，每人倒满一杯酒敬上去。"白脸狼"端起酒杯刚要喝，说时迟，那时快，只见两名大汉扔掉酒杯，猛地一人抓住"白脸狼"的一只胳膊，扭在背后，迅速从"白脸狼"腰里掏出了两支驳壳枪。与此同时，大厅周围几个暗房里早已埋伏好的我县大队战士，破门而出，一支支黑洞洞的枪口对准了匪群，宴席上的"招待"也一个个从腰里拔出短枪，对准桌上的土匪，高声喊道："不许动，把枪放下！""举起手来，我们宽待俘虏！""要死要活，自己选择！"

"白脸狼"一面挣扎，一面狂叫："你们说话不算数，欺骗人……"

我冷笑一声怒斥道："收起你这一套鬼把戏吧，国民党郑洞国的警卫旅旅长先生，我问你，既然你们要投降，为什么还同长春的郑洞国进行频繁的电台联系？为什么不把你的队伍全部带进城？又为什么一个个荷枪实弹、图谋不轨？"

我来到大厅正面，对束手被擒的土匪大声说道："弟兄们，你们再不要白白替‘白脸狼’卖命了，跟“白脸狼”走是没有好下场的。你们唯一的出路是向共产党和人民坦白交代，争取宽大处理……”

土匪们沉默了一会儿，接着就有人说：

“我主动坦白，请求宽大处理！”

“都是‘白脸狼’逼我们干的！谁愿意一辈子当土匪呀！”

“我坦白！”

“我坦白……”

“白脸狼”气急败坏，挣扎着嚎叫道：“熊包，你们都疯了？我们与共产党不共戴天，共产党是不会给你们好处的……”这家伙死到临头，还在顽抗。我大喝一声：“拉出去，枪毙！谁要执迷不悟，跟‘白脸狼’同样下场！”

战士们把“白脸狼”拉到厅外，“砰砰”两枪，结束了这个作恶多端的惯匪的狗命。

大厅里的土匪一个个全部缴枪投降。

庆安城外两个连的土匪闻讯后，连夜逃跑了。后来，这股土匪加入了铁力的匪伙，过了不到两个月，就被剿匪部队消灭了。

1946年6月底，中共黑龙江省工委，省政府和省军区，联合发出《关于夏季剿匪的指示》，对匪情、剿匪兵力分布、通讯联络及剿匪中的政治工作等问题作了指示。其时，全省中、南部各县土匪已基本清剿殆尽，剩下的几股残匪逃进中苏边界黑河以南的大森林里，继续搞破坏活动。因此，全省剿匪的方针是：以军区主力部队积极不断地清剿与政治瓦解密切结合为主，同时小兴安岭沿山各县区应组织县大队、区队和各地群众武装，建立清剿据点，划分区域，从而构成军民联防，步调一致，统一指挥，完成剿匪任务。

6月上旬，廖仲符同志带领三旅九团、十团，以及李行同志带领的军区骑兵团，进抵黑河，向国民党挺进第一军混成第六旅刘山东匪部猛烈进攻，毙、伤、俘匪九十余人，缴获炮三门，轻重机枪四挺，各式枪支三十余支，子弹万余发，大车十四辆，粮食万余斤。黑河这一仗，给顽匪刘山东以沉重打击。刘匪在黑河站不住脚，窜到逊河以南的大森林里，同我剿匪部队在森林里周旋。

刘山东，外号“刘大邦子”，年纪已有六十五岁，是佳木斯边上有名的老土匪。

为了尽快歼灭这股残匪，我赶到逊河，指挥剿匪部队作战。

逊河地区是方圆250公里的一片原始大森林，高大的松树、柏树参天而立，枝叶把地面遮盖得风雨不透。冬天，树林里雪下不进，风吹不进，暖暖和和。夏天，里面晒不到太阳，一片阴凉。年长日久，落叶把地面铺了一层又一层，就像盖了一层柔软的絮绒。刘山东带着三百余名残匪，躲在树林子里，不敢露面。

我组织剿匪部队分两路在森林中搜捕，由于林中树木茂密，行走十分不便，部队很难展开，而土匪却躲在树上或密林深处，向我们打冷枪。在一次搜捕中，骑兵团团长李行同志，被躲在树杈上的土匪开枪打中，子弹穿过右胸，由于流血过多，当时就牺牲了。

李行同志的牺牲，使我们从中吸取了深刻的教训。土匪在暗处，我们在明处，进林搜捕对我们是十分不利的。

于是，我们采取围困的办法，把土匪逼出森林再收拾他。

黑河地委积极配合剿匪部队，沿森林边沿的村庄架设了电话，大的村庄我派剿匪部队驻扎。为便于部队机动作战，配置了马车、马匹，发现情况，立即出动。为防止土匪抢掠，凡没有剿匪部队驻扎的小一点的村庄，动员群众不存粮食，铁匠炉不挂马蹄掌，医生集中到住有剿匪部队的村中看病，在森林边缘布置了军民联防网，断绝残匪的生路。

刘山东带着残匪龟缩在大森林里，开始还有一点粮食吃，过不了十几天，粮食慢慢吃光了，他们就杀掉马匹和打一些飞禽走兽充饥。可这样又能维持多久呢？土匪们一个个肚子吃不饱，有病治不了，苦不堪言，怨声不绝。为了抢夺粮食和其他生活物资，刘山东曾派出几股土匪窜到森林边缘的村庄抢掠，可土匪刚一露面，就被我剿匪部队打了回去。这样围困了不到一个月，土匪们在森林里再也难以生活下去了，不打自溃，三三两两地从林子里偷跑出来向我们缴枪投降，几天之内，我们收容了归降者将近一百人。

刘山东见大势已去，狗急跳墙，收拾两百余名顽匪，窜出森林，突围往逊河边境流窜。

土匪走出森林，正是我剿匪部队大有用武之地的好时机，我和廖仲符同志带领部队，骑马的和乘坐胶轮大车的，紧紧追击顽匪。部队追至逊河岸边，将其包围。顽匪企图抵抗，但在我猛烈进攻下，都乖乖地当了俘虏。

面对着这些凶残的顽匪，我怒不可遏，他们欠下人民的血债太多了！

就是这股顽匪，在孙吴县，杀害了我们十三个党的好干部；

就是这股顽匪，埋伏在黑河西岗子，打死了我黑河军分区司令员王肃同志；

就是这股顽匪，勾结逊河维持会，枪杀了我方派去的县长顾延龄同志，活埋了我十一名新战士……

现在，这累累血债已到清算的时候，决不能对他们心慈手软、姑息宽容！

横行祸害黑龙江几十年的老土匪被消灭了。剿匪的部队集合在山坡上，威武雄壮。

“同志们——”我站在山岗上，大声对部队讲话：“经过一年多的剿匪，我们的部队从南到北，英勇作战，取得了重大胜利。现在，大部土匪已经消灭，小股土匪很快也可以肃清。剿匪胜利后，我们的任务仍然十分艰巨。目前，蒋介石已经大举进攻东北解放区，我们必须澄清和、战问题上的混乱思想，准备作长期的艰苦斗争。黑龙江省是后方，我们要巩固后方，支援前线，创造一切条件，粉碎蒋介石的进攻……”

战士们精神饱满，斗志高昂，一阵阵嘹亮的口号声，伴随着战马的嘶鸣声，在辽阔的林海上空，久久回荡着……

靠人民兵源支前，奉手令赴任新职。从1946年4月至1948年11月，黑龙江省共动员和输送十七万兵源到前方。而且，整个东北局机关和主力部队吃的粮食，有百分之三十五是黑龙江省供给的。黑龙江省人民节衣缩食，以最大的革命热情和尽可能的物质力量支援前方，在自卫战争中和为争取全国解放战争的胜利所作出的贡献是十分巨大的，将永远载入中国革命的光辉史册！

1948年9月，敌我军事形势发生了重大变化，人民解放军由战略防御转入战略进攻。我东北野战军在林彪、罗荣桓指挥下，集中了70万人的兵力，在辽宁省西部和沈阳、长春地区发动了辽沈战役。10月13日，我军首先攻克连接东北和华北的战略要地锦州，全歼守敌，俘虏国民党东北“剿总”副总司令范汉杰、第六兵团司令卢溶泉以下十万余人，封闭了国民党军向关内逃窜的交通要道。锦州的解放，迫使长春守敌之一部——国民党第六十军在军长曾泽生率领下起义，另一部由国民党东北“剿总”副总司令郑洞国率部向我军投诚。

国民党第六十军起义后，改编为中国人民解放军第十五兵团第五十军，部队开到离长春四十里外的九台整训。此时，经中央军委批准，东北民主联军改称为东北人民解放军兼东北军区，领导机关驻在沈阳。

11月上旬的一天，忽然我接到东北军区的一封急电，命我到沈阳接受新任务。我立即动身到达沈阳，东北军区第一副政委罗荣桓和第一副司令员高岗接见了我，他们向我传达了毛泽东主席亲笔签发的手令，命我到五十军担任第一副军长。黑龙江省军区司令员，由洪学智同志接任。

我在黑龙江省军区整整工作了三年，对黑龙江省的广大人民群众和一起工作的战友，有着真挚深厚的感情。临走的那天，省委、省军区的领导同志王鹤寿、范式人、陈雷、廖仲符（廖当时已调任省军区参谋长）以及刚到职的军区司令员洪学智同志都到车站为我送行。我怀着依依难舍的心情，告别了黑龙江人民，告别了朝夕相处的战友，告别了为之奋斗了三年的地方，踏上了新的征程。

四、北安解放　王钧重返北安

寻找地方党组织。1945年“八一五”日本侵略者宣布无条件投降。同年8月17日，王钧受东北党委派遣率23名抗联干部组成的政权接收组返回北安。当时他最先想到的是寻找地方党的负责人王永昌同志。王永昌是一位入党很早的老党员，王钧与他是汤原同乡，曾任过绥滨县委书记。1938年随抗联部队西征到达北安，任北安中心县委书记。抗联部队在这一带打游击时，北安中心县委发动群众，曾给抗联部队很大支援。1940年，由于尚连生、于静波叛变投敌，敌人将北安地方组织破坏得很厉害，抓去了县委另一位负责人周云峰（原抗联六军三师政治部主任）。周很快叛变，敌人开始大逮捕，共捕去地方党员和抗日救国会员55名。

王永昌同志被李殿芳屯救国会群众藏了起来，没有被抓去。因王永昌同志年岁较大，多年做地方工作，经验丰富，他的外表和老农没有一点区别。又会干农活和喂猪，还有做饭等手艺，隐藏在群众之中，使人绝对看不出破绽。以后，王永昌很长一段时间始终在北安东部村屯坚持地方抗日斗争。王钧当时知道王永昌在北安一带坚持斗争，但不知道他的准确地点。正在为难之时，王钧忽然想起1940年王永昌曾说过北安街内有一个山东老乡，叫王金贵，开个饺子馆，同情革命，办事很可靠。于是王钧带着姜海波在北安四道街找到了这家小饺子馆，他们进屋一看，只有老俩口。王钧上前问这位老大爷贵姓，答：姓王。叫什么名字？答：王金贵。山东什么地方人？答：临清县的人。这一带有没有从监狱里放出来的政治犯？老王头很开朗地说："在北安南下坎有一位于长青。是女的，是从哈尔滨监狱回来的，她是李殿方屯的人，听说她在监狱里表现很坚决，被日本鬼子判了二十年徒刑。"于长青这个名字王钧很熟悉，他在1941年前带领十二团经常住在她们屯子，也见过她，那时她还是一个十六七岁的姑娘，跑前跑后为部队做饭和缝补军装。就在这时，抗联老战士周文喜也来饺子馆，见到了王钧，他说就在这街里住，并汇报了前两天他把尚连生、于静波两个叛徒给枪毙了。王钧表扬了他，通过他知道了于长青住的地址，王钧当即就让他把于长青找到卫戍司令部来。

第二天，于长青来到卫戍司令部，一进屋就认出了王钧，她激动地说："你不是抗联的王主任吗？"泪水一下子滚落了下来，经历了敌人的监狱、酷刑，今天又相逢了，真是悲喜交加，她连话都说不出来了。王钧对于长青进行了安慰并和她讲了现在是苏联红军帮助咱们解放了全东北，但从当前的形势看，国民党正规军是一时来不到这里，现在这里只是一些维持会和伪军官、警察、特务、地主等一些反动势力。我们决不能让汉奸特务把胜利果实抢去。我们共产党领导人民和抗联部队在这里抗战了十四年，不能白流血牺牲。我们要坚决和国民党、伪满汉奸、特务斗争到底，建立人民自己的政权。要求她还要像当年那样勇敢，回去把过去的老关系都接上，发动群众，把日军和汉奸特务都清查出来，把分散在农村的枪支收集起来，武装部队。到那时侯我们能接收政权尽量接收，接收不了就准备打游击去。他们正谈着，原抗联三路军军部教导队指导员蔡青山同志也到卫戍司令部来找王钧，这使他很高兴。通过蔡青山，王钧知道了王永昌就在北安东边村，于是王钧与蔡青山说："你就回去把王永昌给我找来，免得叫于长青同志跑腿了。关于你和周文喜的工作以后再谈。"

蔡青山同志已是个残疾人了，他稍休息一下，就赶回了姚金五屯（现北安市城郊乡新华村农利屯），第二天他和王永昌同志一块来到了卫戍司令部，王永昌同志一见到王钧，欣喜万分说："你又回到北安啦，太好了！"

王钧也高兴地说："在十二年前我们还在一个火炕上睡觉呢。今天我们又要在一个宿舍里睡觉了！革命的路还长着呢，革命工作促使我们还要并肩作战。"

王永昌听王钧这么一说，还要并肩作战，有点疑惑地问："不是苏联红军帮助我们解放吗？"王钧说："是的，不过苏联政府与中国国民党政府签订的条约，规定苏联红军在三个月撤回国，国民党又要来抢夺胜利果实了。"王永昌是个山东人，外号人称山东王。他听王钧这么说，脸一沉，脸上带些皱纹，山东人的脾气拿出来了，小烟袋往桌上一扔，说："国民党还要来抢，白日做梦……"王钧笑着说："老王，咱先吃晚饭，完了再谈吧，要唠的喀长着呢。"

晚上，躺在床上，他们俩进行了彻夜长谈，从国际上第二次世界大战谈到国内目前形势，谈到毛主席共产党领导八路军和新四军在关内抗战八年，回忆东北抗联在东北抗战十四年，又讲述亲身经历过的战斗经历。现在抗战胜利了，国民党又想摘取果实，表面上是国共合作，实际上他是想消灭共产党，这一点我们什么时候也不能忘记。

王钧向王永昌介绍了东北党委政权接收的安排，他说："虽然抗联领导和干部已分赴各地开展工作，但人数太少，只能控制住大中城市的层面。比起维持会，伪官吏和汉奸、地主、警察、特务、国民党地下军数量上比它少得多。但现在有苏联红军在，我们又都在各个城市卫戍司令部里工作，这是个有利条件，我们要充分利用这个条件，壮大我们自已的力量，争取最后胜利还是有可能的。"

接着，他们又谈了分工问题。王钧说："你这老头尽作地下秘密工作了，现在还不能公开露面。说你不能公开，是指你在城市里不能公开，在农村还是可以的。你要在北安城里找些可靠的人，特别是有点文化的青年，秘密进行训练，一方面帮助了解城里暗藏的国民党特务，另一方面可以宣传共产党和毛主席如何领导人民抗战，国民党如何卖国，经过教育培训的人，将来可当干部使用。"

同时要求王永昌："你还要在城里找几个可靠的人，在城边挖一个地窖，在农村挖两个地窖，这要绝对保密。我们现在带来一部电台，准备将来一旦国民党正规军来时，把电台放在里边工作，到那时我们在面上站不住脚，也可能转入地下，或者安排别人在城里坚持工作。"这些任务王永昌同志都认真做到了。

由于当时北安没有搞民主大同盟，王钧认为把地下党的负责人找到了，不搞民主大同盟是完全可以的。但李兆麟知道王钧没有搞，还是来信批评了王钧，在没办法的情况下，王钧现凑几个人，起个民主大同盟的名字，但没有开展工作，所以北安的群众都不知道有这个组织。

王钧当时主要在社会面上负责工作，抗联负责北安接收政权的几个人利用在苏军卫戍司令部的身份，控制维持会、公安局，以及国民党的公开活动。阻止他们用钱、物、女人来收买苏军卫戍司令部的人，和苏军搞好关系，为顺利接收政权撑腰。这时王钧需要接待不断来联系的抗联人员、地下工作人员以及关内过来的革命干部和部分八路军战士，及时把他们组织起来，分配相应的工作。还要利用公开场合，揭露国民党的卖国罪行，宣传我党我军的政策和主张，扩大共产党在人民群众中的影响。

王永昌按照分工要求，很快就把北安的群众发动起来了。北安郊区的群众都说，这回报仇雪恨的日子到了，他们手里拿着棍棒和锄镐像抓猪似的到处追赶跑到城外的日本人和汉奸特务，把他们打得头破血流，然后往卫戍司令部送。群众的热情很高，每天送来的人很多，由于当时关押的地方很困难，于是王钧就当众宣布："你们这样做很勇敢，是好样的。今后，对于罪大恶极的日伪人员，处理权就交给你们了，不必再送来了。至于日本妇女、孩子和普通军人，可以交给我们。"

日本侵略者垮台的消息，像春风吹遍了北安大地，当了十四年亡国奴的人民一片欢腾。一些地方基本群众开始进城将日伪财产分给了贫苦百姓。这时，维持会下面的警察跳出来进行阻拦，说是"日本人的东西要留给中央军用"，不准群众动。

王钧听到这个消息，立即带上警卫人员赶到街上，当着群众的面，将伪警察狠狠地训斥了一顿，他说："日本侵略者的财产都是掠夺人民的，今天的胜利果实应该归还给人民。共产党、毛主席说，抗战胜利果实属于人民，大家可以分。至于什么中央军、国民党政府，东北抗战他们一枪没放，有什么权力享受胜利果实？让它滚远点吧！”群众听王钧这么一讲，齐声赞同。同时他又让姜海波、葛万才同志在街上到处巡视，防止伪警察吓唬群众。

当时，为组建黑龙江省首批人民武装，抗联老战士周文喜、蔡青山和李殿芳屯妇救会成员于长青做了大量工作。

周文喜是抗联一个失散的战士，“八一五”前，他为了寻找部队，历尽千辛万苦。“八一五”刚解放，他便按照中心县委的安排，将罪大恶极的尚连生、于静波公开处决了。

周文喜家就在北安，他爱人刘淑平也是个很好的同志，经常为来北安接收政权的同志做饭吃，在他家时常开秘密会议。那时经费不多，钱花光了，大家就把苏军发的一份津贴都拿出来，津贴不够，刘淑平同志就从自己家里往外拿，再不够，就到四邻去借。周文喜对北安一带情况极熟，以后建军用的粮食和服装，都是他带着运输队从飞机库拉来的。

蔡青山是个抗联老政治干部，李兆麟同志任命他为后方基地指导员时，基地遭敌机空袭，他被炸成重伤。他虽是个残废（腿没坏，能走路），但工作很积极，而且有一定水平。

于是，王钧就派这两位同志去北安城东面农村，以革命屯为中心，依靠老根据地群众，组织建立武装。他们去了以后，很快就建起了一个有一百多人的连队，蔡任连长，周任副连长。这个连队就在苏家油坊屯、董画匠屯、徐占国屯、粮台、口门子屯、黄家店屯一带活动，一边训练，一边做群众工作。这个连队后编入省军区三旅九团，为七连，打泰安城时立下赫赫战功，被命名为“铁七连”。

同时于长青同志深入到北安南下坎，以工人和贫苦市民为基础，展开了征招工作，组建了一个步兵连，后编入省军区三旅九团，为第四连，也因在泰安城战斗中战功卓著，被命名为“英雄四连”。这两个连队一直是部队的骨干连队，尤其在贯彻省委“巩固克山，保卫拜泉，打下泰安”的方针的过程中，先镇守克山，力挫叛匪。后来进军泰安，直捣敌阵，屡立战功。

王钧在卫戍司令部把几位接收组的同志找到一起，研究工作。首先是把电台放起来。以免姜海波每天在卫戍司令部里看着它。因为政权接收组才到北安，很难找到合适的可靠地点。这时，熟悉的人太少了，王钧忽然想起王金贵家。他提议，电台先放到北安四道街王金贵家比较合适，那老俩口对接收组也很友善，以后形势对我们不利时，这个地方作一个联络点也是很好的，因他家就是老俩口，无儿无女，还开个小饺子铺，还可做掩护工作。姜海波也同意了把电台放在这个地方。因为放电台是很绝密的，只有王钧和姜海波才能知道。这天晚上姜海波背着电台兜子，与王钧一道来到王金贵家。与王大爷商量说：“我们有一个背篼儿放到你家棚上可以吗？”老王大爷痛快地答应说：“可以，放到我这保险丢不了。”老王大爷搬个梯子来，姜海波一个人肩背上背包，手攀着梯子一登一登上去，把背包放在棚上边比较合适的地方。把电台放好后，他们俩又在屋里和王大爷唠了起来，从八国联军进中国，到义和团举义旗，抗击外国侵略者；日本鬼子侵略东北十四年，到中国共产党毛主席和朱总司令联合苏联红军打败日本帝国主义者；现在抗战胜利了，蒋介石还可能来，摘取胜利果实。他还没等王钧话音落下，就把烟袋锅一敲，气愤地说：“蒋介石净卖国啦，可别叫他来。”老王大爷接着对王钧说：“我有一个外甥跟你去当兵吧，你看行吗”？王钧一听，高兴地说：“好吧，明天叫你外甥到卫戍司令部去找我。”这个人叫殷云起，是老王大娘妹妹的孩子，当时只有十六七岁，给王钧当了警卫员。

迎接第一批老干部，建立省政府。正在王钧感到干部太缺，人手太少的时候，陈雷同志和张光迪同志分别从绥化和海伦给王钧打来电话，告诉他中央派陈大凡、王堃骋等19名晋察冀老干部到黑龙江接收来了。听到这个消息王钧非常高兴，当天就亲自带上2个同志到海伦去接这19名老干部。

海伦由于张光迪、高云梯、顾旭东等同志的努力，工作比较扎实，形势很好。陈大凡、王堃骋等同志在海伦住了几天，王钧把全省情况向他们做了通报。

陈大凡同志是东北局派到黑龙江来任省主席，王堃骋同志来担任省工委书记，他们带着东北局的介绍信。王钧把他们从海伦接到北安，为了防止国民党特务的暗杀，就让他们和王钧一起住在卫戍司令部里，其他同志住到卫戍司令部旁边的银行里。

由于当时处在苏联红军的军事管制时期，对黑龙江省政府的接收必须征得苏军的同意。第二天，王钧就领着陈大凡、王堃骋等同志去见苏军驻北安卫戍司令部司令阿里耶夫，向他介绍说："陈大凡同志是我们党中央派到黑龙江省担任省主席，许烈同志是来担任秘书长的。"阿里耶夫一看这些干部身穿粗布大衣，脚穿粗布鞋，就很有些瞧不起。陈大凡等同志走了之后，他就说："像他那个样子，那身打扮，能当省主席？"王钧对他说："阿里耶夫同志，你怎么能这么说呢，你这一代可能不知道，列宁当初领导十月革命的时候，不也是很困难的吗？一个国家的革命，在还没有取得完全胜利的时候，都是很艰苦的。况且我们都是共产党人，要和劳苦大众站在一起，一刻也不能脱离群众，像他们这样，群众是最喜欢不过了。你不要看他们穿戴俭朴，他们的革命经历，战斗经验可丰富了，都是从枪林弹雨中冲杀出来的。"阿里耶夫听王钧这么一讲觉得也对，就说："那就到维持会里当副会长吧。"王钧说："陈大凡同志是我们党中央派来当省主席，你怎么能让他去当副会长呢？"阿里耶夫说："现在我们在这儿，有中苏条约，政权是要交给中国政府来接收的，他是你们共产党派来的人，又不是政府派来的，怎么能当省主席呢？”坚决不同意。

第二天，王钧又去找阿里耶夫交谈，阿里耶夫拿出地图来，问王钧红区有多大，八路军有多少人，他一边看一边摇头，说：“你们的力量太小了，怎么能接管全国呢。”王钧耐心地说：“阿里耶夫同志，你不能单纯地看边区就那么大一个地方，和我们公开讲的军队数量，我们党的地方组织和影响已经遍布全国各地，各种革命队伍多得很，人民是站在我们一边的。在东北，我们党就领导抗战了14年，像我这个人，就在北安、克山等县打游击，地图有标志。在东北，国民党根本没露过面，你们要是把东北交给国民党，那是不合理的！”阿里耶夫听了，还是一个劲儿摇头。

回来以后，王钧就想：阿里耶夫反复强调的是“中国政府”“中苏条约”这几个词，得在这个问题上说服他。

王钧第三次去见阿里耶夫，先和他聊天，做他的思想工作。王钧说：“阿里耶夫同志，你知道双十二事变吗？”他说不知道。王钧问他说：“你听说东北有个将军叫张学良、西北有个杨虎城把蒋介石抓起来吗？”他说：“这我听说了。”王钧接着说：“当时可是轰动全世界的大事。‘九一八’事变后，国民党蒋介石采取不抵抗政策，把张学良的部队调到西北去打坚持主张抗日的共产党。张学良的部队都是东北人，他们不愿打共产党，都想打回老家去。张学良，杨虎城多次向蒋介石请愿要求北上抗日，都遭到了斥责，张学良、杨虎城被逼无奈，把蒋介石抓了起来，迫使蒋介石抗日。但是国民党亲日派却想借机挑起更大规模内战，是我们党中央、毛主席委派周恩来同志飞到西安，劝说张学良、杨虎城与蒋介石进行了谈判，达成了八条协议，从此才又一次实现了国共合作。国民党也承认了边区政府，中国工农红军改编为国民革命军第八路军，总司令是朱德。那时苏联政府和斯大林同志都很支持我们，帮助修建新疆公路，运输抗战物质。从那时起，我们中国就是一个整体，无论共产党还是国民党都是中国人，并且一直是在进行国共合作。”阿里耶夫说：“这些我都知道。”王钧就又接着说：“你既然承认中国是一个整体，现在还是国共合作？那么我们党派来的代表，不也就是政府派来的代表吗？”阿里耶夫听了没有吱声，王钧紧接着说：“我们是共产党，你也是共产党，如果你不把政权交给共产党，而交给别人，那不是对列宁和斯大林的背叛吗？”阿里耶夫抬头看看王钧，还是没有说什么，但听得却很用心。王钧又接着说：“你如果觉得说陈大凡是共产党派来的不好，就不要说是共产党派来的，就说是中国政府派来当省主席的不就行了吗？”阿里耶夫听王钧这样一讲，就点了点头说：“你今天从道理上讲通了，说得对，就叫陈大凡当省主席吧。”停了一下，他又说：“明天就去接收，你们都带上枪，咱们一起去。”

第二天，阿里耶夫还是很警惕，也很认真，他带着全副武装的红军战士，和接收组的同志一起来到了省维持会，把维持会里所有的伪职员都召集到会议厅里开会。在会上，阿里耶夫当众宣布“中国政府派陈大凡来担任黑龙江省主席，许烈担任秘书长，从今天开始正式上任。”阿里耶夫宣布完了。国民党分子苏允就跳了出来，他说：“当省主席得有国民政府的委任状，没有委任状就不能承认。陈大凡是共产党派来的，不能算，得由国民党……”还没等他继续往下说，王钧就忽地站了起来，用匣子枪指点着他说：“你放什么屁！你们国民党净卖国了，净当汉奸了！日本鬼子侵占东北的时候，你们怎么不站出来抗日，现在胜利了，你们又冒出来了。抗日战争的胜利是共产党领导八路军、新四军和东北抗日联军在苏联红军的支援下取得的，谁抗日谁就有资格当省主席！你还瞎叫唤什么！放老实点！”王钧这样一说。把他吓得赶快坐下不出声了。这时，维持会里一个叫杨永生的科长站起来说：“我完全拥护陈大凡来当黑龙江省主席。过去我就在他领导下抗日过，他是萝北地区有名的抗日县长，在打日军的时候胳膊还负过伤。”他介绍了陈大凡同志与日军斗争的许多事迹。经他一讲，许多人都表示拥护，就是有几个不同意的，也不敢吭气了。

王钧一看时机已经成熟，就对阿里耶夫说：“会就开到这儿吧。”阿里耶夫说：“好的，好的。”就宣布散会了。

1945年10月24日，在接收省政府大会之后，陈大凡同志和新任秘书长许烈同志就改组了维持会，把国民党分子都清了出去，维持会里倾向国民党的人，一看没了靠山，有的没等清理，就自讨方便走了。第二天维持会长王炳锋来见王钧，问“小汽车给谁坐”，王钧严肃地说：“给省主席坐，那还用问！”王炳锋就乖乖地把小汽车司机介绍给陈大凡主席，告诉司机：“从今以后，你就给陈主席开车了，别人谁要车你也不能出。”

至此，全东北第一个共产党领导的省级政权正式被接收。同志们当时高兴极了，几十年的艰苦奋斗和无数革命志士的流血牺牲，终于取得了今天的胜利。

11月7日，在庆祝苏联十月革命节的时候，省政府组织召开了群众大会。在会上省主席陈大凡同志讲了话，颂扬了中苏人民的伟大友谊，颂扬了中国人民在中国共产党的领导下同日本帝国主义和国民党反动派进行的艰苦卓绝的斗争，并向在反法西斯斗争中英勇牺牲的烈士致了哀。会后，举行盛大宴会招待苏军官兵。经过这样一宣传，我们共产党政府影响扩大了，在人民心目中开始扎下了根。

迎接第二批老干部，建立省委、省军区。1945年11月15日，以范式人、叶长庚、赵德尊、杨英杰同志为首的干部团195人从延安来到北安。他们还没到时，李兆麟同志从哈尔滨给王钧打来电话，告诉他这批干部来组建黑龙江省委和省军区，范式人同志来代理省委书记，叶长庚同志来担任省军区司令员。王钧一听到这个消息非常高兴，这回中央可派大批干部到黑龙江省来了，这下我们有了核心，有了主心骨，有了依靠，对巩固黑龙江省政权更有把握。

王钧高兴地从卫戍司令部找了辆大卡车到火车站去接这批老干部。干部团下了火车后，王钧迎上前去对他们讲："同志们从延安来，是党中央、毛主席派来的，我们非常欢迎。咱们车少，只有这一辆，给大家拉拉行李，人跟我一起走，卫戍司令部离这里不远。"他们听王钧这样一讲都非常高兴地说："我们走了一道还没个人来接呢，你这是头一个，还用车给我们拉行李，这就太好了，我们都是步行惯了。"王钧领着他们来到了卫戍司令部，因为人多住不下。就分成了几个组，分头到各旅店自己找住处去了。范式人、叶长庚、赵德尊等领导同志就住在了银行。

当晚，王钧把全省的情况向他们做了汇报。并请示："我们接收组在苏联带来一部电台，是否现在交出来。"范书记说："我们才来，等组织健全了再拿出来吧。"王钧说："前一段工作，因省委没有建立，都是自己领着搞的，存在什么问题都由个人负责。现在党中央派来了领导干部，今后工作就由省委决定。关于我个人的工作安排，由组织决定，干什么都可以。"范式人等同志听了王钧的汇报，感到很满意，都说："你汇报的情况很好，前一段你们做了大量工作，为全面接收黑龙江奠定了基础，争取了时间，成绩是很大的，我们刚到。情况还不熟，你该怎么抓还继续抓吧。"

王钧汇报完工作后就回到卫戍司令部办公那个小房子里来，把汇报的情况向周围的同志做了传达，要求同志们严格按照上级的安排，做好工作。从现在开始，我们应该听从组织的安排。谁也不允许搞派性，为建立巩固的省政权和东北根据地继续努力工作。

以后几天，省委就研究了成立省委和省军区的问题。根据中央和东北局的指示，第一届黑龙江省委于1945年11月18日组成。

省委委员有：范式人、赵德尊、叶长庚、陈大凡、杨英杰、王堃骋、王钧、陈雷、张光迪等同志。范式人为副书记，代理书记、省军区代理政委（后来王鹤寿同志担任了省委书记，范式人担任副书记、省主席）。组织部长赵德尊，宣传部长王堃骋，社会部长王化成，行政科长曹生，交通科长杨青海、宗克文；报社社长张向凌；省委秘书黄一然。工会负责人门金如；妇联主任于长青。

黑龙江省军区于11月23日成立，省军区司令员为叶长庚，副司令员兼参谋长为王钧。

军区司令部下设四个科：一科为作战科，科长：褚光；二科为保卫科，科长：冯行盛；三科为通讯科，科长：赵心田；四科为管理科，科长：张某某；司令部作战参谋：柴瑞林。

军区政治部主任：林一心；组织科长：王振华。

军区后勤部长：张觉；军需科长：杨洛文；省医院院长：孙力余、贺亮。

省政府也进行了充实。陈大凡同志仍然担任省主席，杨英杰同志担任副主席，许烈继续担任秘书长。

省政府下设民政、财政、建设、教育、林业各厅。直到1946年和1947年先后从外县调进来几位老县长，才把各厅充实了起来。民政厅长：第一任民政厅长徐逵久是民主人士，后是张海清任民政厅长（从海伦调来）；财政厅长：倪伟（从拜泉县调来）；建设厅长：刘显一；教育厅长：宫喜辰；林业厅长：金署元。

省委、省军区建立后，省委确定了当前的工作方针是：首先抓建军、建政，接收各级县政府，加强公安工作，搞好社会秩序，再就是把生产搞起来。

省军区成立了，需要挂牌子，王钧又找到了阿里耶夫，向他讲明了情况，阿里耶夫同意了，就到省政府的会议厅里召开了会议，他当众宣布了叶长庚同志为黑龙江省军区司令员。

从此，黑龙江省就在中国共产党的领导下，开始了大规模的建军、建政、剿匪、建立巩固的黑龙江的艰苦斗争。

建立正规军，扩大地方武装。黑龙江省委成立以后，确定了当时的头等大事是抓武装建设，发动各级组织和群众支援建军。北安、海伦、绥化地区经过三个多月的艰苦工作，都有了较好的群众基础，省委决定这三个地区和黑河分别组建一个警备旅，军区同时组建一个直属警卫团和一个直属骑兵团。

省委决定下达后，各级组织立刻发动群众，掀起了宣传、动员青年踊跃参军，拿起枪杆保卫胜利果实的热潮。北安、海伦、绥化、黑河等地的青年农民和学生热情很高，纷纷积极报名参军，兵源问题很快解决了。

为了尽快把部队建立起来，省委还抽调出许多关内的老干部来担任部队营以上的各级指挥员，地方党组织在动员青年积极报名参军的同时，又从高衡、崔扬在北安办的军政干校抽调出一批较好学员，向部队推荐了大批连排干部，部队从组织上很快稳固建立了起来。又把北安东大营存放的那列车武器和民间收缴上来的日伪武器拿出来，很快就把这四个旅，以及黑河军分区组建的两个团装备起来。

到12月中上旬，部队基本上组建完成。绥化为警备一旅：旅长蔡明、政委陈雷、副政委姚国民、政治部主任杨明夫。

海伦为警备二旅：旅长张光迪、政委徐明、副旅长康步云、政治部主任赵承丰；北安为警备三旅：旅长廖仲符、政委施治明、副政委亚民、参谋长姚国金、后勤部长张锦伦；黑河军分区司令员兼政委王肃、副司令员李光汉、参谋长张继成；军区警卫团长李行、政委崔国英；骑兵团长李忠林。

警备三旅、警卫团、骑兵团为军区直属。每个旅都编有三个团，每个团大约五百人左右。

王钧先期在北安组建成立的省公安大队，除调出一部分骨干支援各县外，其余部分都编为警备三旅九团，邢奎同志担任了九团团长。

在组建成立正规部队的同时，各县也把县大队成立起来，每个县大队，大约小县有三五百人。大县一至二千人。

这些部队就成了剿匪，巩固黑龙江各级政权的骨干力量，在保卫和发展黑龙江红色根据地过程中，发挥了巨大作用。特别是三旅九团有炮兵装备、武器精良、战斗力强，打遍了黑龙江无敌手。

第五章　难忘的北安建政斗争[①]

一、回忆北安革命根据地的开创

1945年8月15日，日本帝国主义宣布无条件投降后，国民党蒋介石要抢夺胜利果实，党中央作出了建立巩固的东北根据地的战略决策。我们延安干部团于9月2日从延安出发，经过一个多月的急行军到达沈阳。东北局决定，由范式人、杨英杰、赵德尊等同志，带领195名干部去黑龙江，我们于11月15日到达当时的黑龙江省会北安。然后，经过短时间的准备，多数同志被派赴各县工作。

北安中心县工委的组建

1946年11月16日，省委分配王永昌（抗联干部）、张潭、李瑞山、林楠、何立成和我到北安县工作，并由我们6人组成北安中心县工委（1946年8月改为北安县委），我任中心县工委书记兼北安三旅政委，王永昌任县委副书记，李瑞山任县委组织部长，张潭任民运部长，林楠任宣传部副部长，何立成任公安局长。王占元、刘臻等任各部的干事。县委下设九个区委。

刚到新区，当时的北安县维持会，表面上组织群众欢迎我们，暗地里秘密组织反动武装并积极与国民党光复军头子尚其悦

①选自1991年北安党史资料第三辑143页。

取得联系，妄图伺机侵占北安。我们放下行李，

立即通过各种形式接触群众，调查研究，了解掌握当地政治、经济和有影响的头面人物等各方面的情况，并向群众特别是青年，宣传中国共产党及其领导的八路军、新四军以及东北抗日联军是代表人民利益的军队，是这些军队在共产党的领导下打败了日本帝国主义，才取得了抗日战争的胜利，以提高广大群众的政治觉悟。同时，揭穿和澄清国民党反动派对我党我军的反动宣传，使广大人民群众认识到中国共产党是全国人民的大救星，只有中国共产党才能领导人民解放全中国，才能使全国劳苦大众得到翻身。我们到北安之后，国民党反动派就扬言："别看共产党来了这么多干部，但是，他们不能在北安待多久。他们仍是站不住脚的，迟早是要离开北安的。"开始，我们下乡群众是不敢接近我们的，群众害怕一旦我们走了会给他们带来麻烦。

为了进一步打开工作局面，提高县委在群众中的威信，在我们接管北安县的第十天，省委、省政府在北安召开公审宣判大会，判处伪满洲国北安省长王秉铎、汉奸索志恒、李善长、赫耀峰死刑。这件事，在北安震动很大，群众无不拍手称快，奔走相告。相反，由伪官吏、警察、豪绅、地主组成的县维持会成员，却惊恐万状，纷纷逃离北安县。这样一来，使广大群众真正认识到，共产党是为群众撑腰的，是人民的靠山，进一步解除了一些人对共产党的疑虑。

人民武装的建立与剿匪斗争

武装斗争是当时的主要斗争形式，我们能否站住脚，关键是能否掌握一支靠得住的、强有力的人民武装队伍。

1945年9月，王钧在北安组成以失业工人为主的保安队，后改为保安团。11月成立了龙江军区司令部。龙江军区成立后，组成了三个旅。一旅以绥化保安队500余人为基础而组成，旅长蔡

明，政委陈雷；二旅以海伦保安队200余人为基础扩建，旅长张光迪，政委徐梓；三旅以北安保安团600人为基础组成，旅长廖仲符，我任政委。11月中旬，祝平安率领的华中新四军一个营的建制56人到达北安，组成军区的基干团，将这个营作为骨干，编入了北安三旅。此时三旅已发展到1 400余人。北安县原有一支五六十人的保安大队，有枪50余支。接管政权后，即将保安大队改编为北安县武装大队，县委副书记王永昌兼任政委，大队长李家新。当时部队成分比较复杂，加上社会上流传许多谣言，说国民党已经接管了哈尔滨、齐齐哈尔等大城市，造成部队人员情绪不稳定。为此，我们一方面清理了一部分钻入内部的坏分子，另一方面县委的几个主要领导同志分别深入连队找干部和战士们谈话，加强政治思想教育工作。因而，有力地稳定了部队情绪。

人民武装的建立，对清剿土匪，肃清匪患，巩固人民政权起到了重大作用。北安原是伪满洲国北安省的省会所在地。解放前，有大批伪军警宪特分子。解放后，虽多数逃往内地，但也有相当数量残留本地。他们中间的一部分人，一心以人民为敌，网罗地主豪绅、伪官吏等一些反动分子，搜索枪支、弹药，抢夺马匹、粮秣，拉起队伍，结成几十人、几百人的土匪武装，有的土匪武装头目受国民党的加封委任，以迎接国民党中央军，建立伪政权为目的。称“光复军”“挺进军”，等等。1945年至1947年，北安几乎皆有此类土匪，其中较大的有：通北的卢惠杰，北安的迟伦甫。此外，还有“四海”“三合”“江洋好”等多股土匪。他们出没山林，抢劫商旅，四处流窜，残害百姓，严重地威胁着革命根据地的开创与建设。

北安县委在省委、省军区的支持与配合下，领导全县人民武装力量，对土匪进行全面清剿，先后击溃了东北挺进军第二纵队第一支队骑兵第三旅、东北挺进军混成第六旅独立二十团、东北挺进军第一军混成六旅十九团、中央新编第一军、东北治安军十二师第四旅等为番号的土匪。同时，积极发动群众揭发检举，全县共揭发出土匪800多人。剿匪斗争的胜利，稳定了民心，巩固了人民政权。

加强党的建设

当时，东北新解放区的中心任务是动员一切力量，粉碎国民党的进攻。为此，必须把党组织建成一个在思想上、政治上和组织上非常强，有战斗力的领导核心，才能领导全县人民完成这个重大任务。

长期在敌伪统治下的广大群众，对中国共产党了解不多。要使他们相信党、依靠党并能在党的领导下很快的组织起来，就必须进行宣传教育工作。经过一段时间的广泛宣传、深入接触，我们已和广大群众打成一片。一些进步思想、革命道理和党的威望开始在人民中间生根开花。在这大好形势下，县委首先在县城发动积极分子着手组织工会、青年团、妇女联合会等群众团体组织。而后，又发动工人阶级和进步的知识分子清算汉奸、特务，维护正常的工商业活动。另外，为组织和鼓励进步青年参加革命工作，我们举办了积极分子训练班，吸收进步青年分期分批的参加学习。经过一段培训后，部分学员分配到机关工作，大部分组成农村工作队，深入农村，发动贫雇农建立农会，进行减租减息和发展农业生产。这就为发展党员，建立和扩大党的组织奠定了基础。县委遵照“斗争中发现，个别考察，秘密发展”的原则，自上而下，秘密、个别的发展了一批党员。开始在城市机关和农村建立党支部。

1946年上半年，陆续建立起区党委，重点区的党委书记都是省委分配来的。有的是在关内抗日根据地工作过的老同志，这批同志对北安县党的建设起了重要的作用。北安县委经过两年多的艰苦工作，培养出了一大批党员干部和积极分子，由开始成立县委时的几名党员，到1947年发展为300多名党员。对于开创北安县革命根据地和搞好各项工作起到了积极作用。

实行土地改革

北安中心县委一直将农村工作摆在头等重要地位。当时北安县的农村非常荒凉，广大贫雇农，在日本帝国主义和地主阶级的残酷压迫下一贫如洗。他们吃不饱，穿不暖，过着牛马一样的生活。

1946年春，按照省委的部署，北安中心县委组织大批干部深入到农村，开展了轰轰烈烈地以反奸除霸为目标的对敌清算斗争和减租减息、分配敌伪土地的运动。1946年5月，省委在北安召开了县委书记、县长联席会议，研究了贯彻执行中央发出的《关于土地问题的指示》。会后，县委在城东八区（东胜）搞了试点。我们进村后，首先是访贫问苦，并住在贫雇农家里，与他们同吃同住同劳动。这样，我们很快就了解到许多农村的真实情况。在此基础上，以地主恶霸为清算对象开展斗争，组织成立村屯清算委员会，把斗争清算出来的果实分配给贫苦农民。同时，我们进行按户分等，按人口统一分配土地。毁掉地主的地契，发了新的土地执照。得到了群众的拥护。

1947年2月，根据省委指示，我们发动群众，解决土改“夹生饭”问题，进一步打掉地主威风，彻底摧毁地主的封建势力；选准选好积极分子，掌握农会的领导权，使贫雇农在经济上、政治上、社会地位上彻底翻身，查土地是否真正分给了贫苦农民等问题。接着领导农民开展了“砍大树，挖财宝”运动，取得了很大成绩，挖出了地主的很多金、银财宝。但是，有一段时间受到“放手就是政策”的影响，推行了“扫堂子”，形成“刮大风”“贴膏药”，使一部分农民进城，违反了工商业政策和不同程度地侵犯了中农利益。后来又进行了纠偏，在平分果实填平补齐时，给予了适当补偿。

1947年10月，中共中央公布了《中国土地法大纲》，县委组织了广泛的宣传学习活动，使《大纲》家喻户晓，人人皆知。普遍认识到《大纲》是解决土地问题的最彻底的纲领。平分土地运动是一次以贫雇农为主体彻底改变封建土地制度的群众运动。县委率领各区主要领导干部在六区进行试点，为全面展开平分土地运动取得经验。同时，遵照省委的指示，实行“三查三整”，即查阶级、查思想、查历史；整顿组织、整顿思想、整顿作风。通过这次运动，整编了队伍，纯洁了内部，提高了思想觉悟，清除了一些混入革命队伍里的坏分子，解决了由于队伍不纯而影响土改运动不彻底的问题。由于土地改革的胜利，农民分得了土地、牲畜、房屋等，打倒了封建地主阶级，一个封建落后的旧农村改变成了欣欣向荣的新农村。

加强革命政权建设

1946年10月，国民党反动派疯狂地准备向北满进攻。省委、省政府在北安召开县长联席会议。会议确定政权工作的中心任务是：巩固后方治安与支援前线。当时北安县社会上的谣言很多，人心浮动。一些国民党反动分子认为时机已到蠢蠢欲动。为此，县公安部门进行了大量的调查工作，对掌握的各种情况，各类人员的动态进行了综合研究，对公开和暗藏的国民党反动分子的活动重点侦察，采取果断措施。县委还组织了大批宣传队伍，进行宣传教育，安定民心，使广大群众站稳立场，防止上阶级敌人的当。

为了加强政权建设，巩固后方，支援前线，落实省委指示。首先在基层村屯召集农民大会选出村屯长，然后召开农民代表会议选出区乡政府负责人。在此基础上召开全县人民代表大会，选出县政府的主要负责人。各级政府的主要职责是领导全县人民开展大生产运动，发展国民经济。经过三年土地改革，基本上解决了农民的饥寒问题。各级政府负责整顿社会治安，征兵扩军，组织军衣、军鞋和晒干菜等支前供应工作。广大翻身农民，为保卫胜利果实，踊跃参军参战。北安县人民从1946年东北解放战争开始，到1948年11月东北全境解放的三年多时间里共有1 400余人参加了我们的军队，并且还派出大批民工担架队和车马运输队为前线服务。为加强地方治安，保卫新生人民政权，各区都组建了基干民兵和自卫队。

总之，北安县委在省委的领导下，团结全县人民，经过三年多的艰苦奋斗，各方面的工作都取得了可喜的成绩，完成了省委确定的任务，把北安县开创成为巩固的革命根据地。

二、难忘北安工作的岁月①

1945年日本投降时，我正在延安中央党校学习。我随党中央派往东北的干部团1 000多人，于9月2日由延安出发，奔赴东北。我们这支队伍越走越大，路经绥德时，增加了朝鲜义勇军，到晋西北兴县又增加了林枫同志率领的独立营，共计1 500多人，并由2个步兵团护送，组成东北支队。

我们从延安出发到达北安，跨越西北、华北、东北8省，总计行程约8 000里，历时72天，终于抢在国民党之前，胜利到达北安，为建立以北安为中心的黑龙江根据地创造了有利条件。

接管旧政府 建立新政权

我开始是给省政府杨英杰副主席当秘书，协助廖中符旅长由火车站抢运缴获敌伪的枪支弹药。两天后，因北安县县长是原维持会会长，县政府与县委工作脱节，故省委、省政府决定派我去

①选自王维之回忆录《黑龙江老根据地》。

北安县政府任政务秘书、党组秘书，参加北安中心县委。北安中心县委于我们到达的第二天（即11月16日）。

就成立起来，对外名义称政治部。北安中心县委负责领导北安县和指导德都、通北、克东三县工作。中心县委书记史梓铭兼三旅政委（三旅驻北安，旅长廖仲符）；县委副书记王永昌兼县保安大队副政委（他是抗联时期北安地下党员，原绥滨县委书记）；组织部长李瑞山；民运部长张潭；宣传部长林楠；省会公安局撤销，改为北安县公安局，局长余章林同志参加县委；后任北安电业局长的邱纯甫也参加县委，加上我共计八人（一般县委只有四五人）。当时县委的中心任务是建立新政权，建军剿匪、反奸清特。

我进县政府时，正值国民党军突破山海关，我主力部队陆续从沈阳、哈尔滨、齐齐哈尔等大城市撤出之际。北安地区有很多地方上的国民党特务、伪满警察和土匪勾结在一起，制造谣言，散发传单，连续放火，组织叛乱，暗杀等活动，开始向我方反扑。曾和我在延安中央党校同一支部的通北县政务秘书赵光同志在通北火车站遭叛匪杀害；德都叛匪占据县城，县长边敬同志险些遇难。在我们来到北安之前，北安国民党党部书记邓世儒和邱国柱已开始积极发展国民党员，并挂出了“国民党北安地区党部”的牌子。我们接收之后，他们转入秘密活动，搜集我党、政、军情报，组织土匪武装，阴谋搞暗杀活动。县公安局从北安县原维持会警察局副局长高致远（日本特务）家搜出的一份暗杀我干部的名单中有陈大凡、王化成、史梓铭、王维之和余章林。我就是在这种严峻的斗争形势下，只身一人进入北安县政府开辟工作的。

我们接收的北安县政府，是在原维持会基础上建立起来的。头头全是伪官吏，干部全属伪职员，上下无一可靠的人提供情况。所以，当时真有孤身入虎穴之感，时刻提防遭敌人暗算。我被安排在县政府办公室内一个五六平方米的小文具库住下，因这个小屋除库门外，只有一个不大的四方小窗户，万一敌人来了好对付，再说还有值夜班的人做伴。夜里把手枪、匣枪、马枪、刺刀几大件都放在身边，睡觉前设想好敌人如果打进来的时候，如何与之拼搏的各种方案。直到1946年初，政府有了我们自己的警卫排，才与政府的几位工作人员住进县政府后院宿舍。

打碎旧的政权机器，建设新政权是我们面临的首要任务，但又不能操之过急。一则有苏联红军的制约，因苏联红军过去靠维持会维持其供应；二则维持会又一时无人代替，所以，开始县政府只好在县委领导下利用维持会的底子开展我们的工作。1946年5月31日，我和史梓铭参加了省委召开的县委书记、县长联席会，讨论落实中央关于土地问题的指示，即“五四指示”。同年10月参加省政府召开的第一次县长会议，明确了政府的中心任务，是巩固后方治安、支援前线和发展生产。当时虽以土改支前为中心，但也要时刻注意发展农业生产问题。县委书记、县长联席会议，是选在春耕结束，铲完头遍地，确保不荒地的前提下召开；县长联席会也是在秋收大忙之后召开。清剿土匪与镇压汉奸特务工作主要由县大队和公安局负责。各级政府主要负责发动群众、整顿社会治安、募兵扩军、组织赶制军衣军鞋和组成担架队等支前工作。当时物资供应十分困难，除用大豆、谷子从苏联换回一些布匹之外，主要是靠发动群众组织生产自给。县政府成立了生产科，搞加工生产，开展贸易活动。县政府机关和县大队、公安局等主要单位都搞一些自给性的种菜和加工生产，作为单位的伙食补充。县政府拨给县大队一个油坊和一个豆腐坊，解决战士们吃油、吃豆腐的困难。

在县委领导下，我在政府边工作、边考察了解政府人员政治历史面貌和工作表现，及时选干部，清理改造、调整充实政府职能机构。县长张希玉系伪满县公署行政科长，属汉奸内线。日寇投降后，他摇身一变成为维持会长。他善于看风使舵，与苏联红军维持得不错，得到北安苏联红军司令官阿里耶夫少校的赏识，坚持让他当县长。我到县政府工作时，他也像伪满汉奸县长对待日本人副县长一样，表面上一切听我们的意见，但暗里和国民党勾结，阴谋搞叛乱，所以在反奸清算斗争一开始他就被撤职，由民主人士刘铁樵继任县长。刘铁樵系商人出身，在北安制材厂任经理（当县长后委托别人代经营）。解放后在北安招募上千人的队伍，我们来后，他把队伍交给军区。他为人忠厚朴实，没有一般商人油头滑脑习气，政治上拥护并支持共产党、八路军，在当时政局动荡不定的严峻形势下，一心为革命奔波不动摇，支持儿女参加革命，大儿子刘荫长加入共产党，为公安局骨干。他在任北安县县长期间，在北安县收购物资、发展生产、保证供给方面，做了大量工作，有突出的贡献。但他文化水平低，农民意识浓厚。1947年秋、冬土改时，因他在解放前二年在拜泉购得八十多垧地出租，被当地群众拉去揪斗。按政策他不够地主，本人对斗争也无怨言，但再作县长也不合适，于是派他到亚麻厂做厂长。由陈明智（女）继任县长。

县政府先后进行了两次精简机构，对有些不适合在县政府工作的伪职员，该清理的清理，该调出的调出。从政府工作的职员中发现、选拔培养了一些出身贫苦、政治可靠、工作积极的青年干部作骨干。如秘书科的李智明、卢斌，教育科的麻焕文，城区政府的房守仁，第一完小的康殿文等。1946年9月下旬，借学校放暑假之机，县政府办了小学教员假期学习会，进行马列主义、毛泽东思想和政治形势教育，培训了五十多名小学教员。从讲习会课程内容的确定，到开学报告和政治形势报告都是我亲自去作。并抽空参加他们的学习讨论，解答学习中提出的问题。县委林楠等同志也给学习班讲课。参加学习班的学员大部分后来都成了党和政府及学校的骨干力量。通过反奸清算、支援前线的斗争考验，到1946年下半年，北安县政府就牢牢掌握在党和人民的手中了。

深入乡村 发动群众

1945年11月至1946年1月期间，县委工作重点除了扩军、剿匪之外，基本上放在县城之内，发动群众，动员街道贫苦群众参军，清查特务汉奸，建立各种群众组织。首先建立了北安县总工会，由老工人杨小彭任工会主席。北安县妇女联合会也同时成立，妇联主任由解放前为抗联供应服务作出重大贡献，在敌人监狱里表现坚强不屈的于长青同志担任（解放后她在她家居住的南下坎招募了一个完整的步兵连，编入北安第三旅）。在工会、农会、妇联等群众组织的基础上成立了建国联合会。在建国联合会的主持下，当时北安街里发动群众斗争了日伪特务汉奸——北安洋服店经理苍惠民，在充分揭露、控诉其罪大恶极的事实后，经县委批准，将其处死。

1946年1月，黑龙江省委根据毛主席建立巩固东北根据地的指示，发出了下乡发动群众的号召，北安县委的工作重点随即转向农村。县委领导分工下到各村屯，进行发动农民的工作。史梓铭到八区的粮台村（现东胜乡政府所在地），李瑞山到五区，张潭到六区，兼顾相连的七区，我和林楠负责城区（一区）。当时主要任务是发动农民反奸除霸，清算斗争和减租减息，分敌伪汉奸的土地。北安境内属于日本“开拓团”和“满拓团”的土地很多，所以，一面着手把这些土地分给农民，一面进行减租减息，清算摸底，争取在春耕之前先将“开拓团”土地分到农民手中。后来县委决定我也以农村工作为重点，因为我分工政府工作，未固定地区，主要配合县委领导分工进行工作。

因清算、分地斗争要从政府工作角度配合，北安各区包括较远的十区（龙镇）、九区（讷谟尔）我都常去，其中六、八区去得较多。大约在1946年2月前后，省委书记王鹤寿由我陪同前往北安六区奉天屯蹲点。开始省委派一辆苏式马车送他，他怕坐洋马车进屯脱离群众，中途坚持自己带着行李走着去，把马车打发回去了。他进屯并未暴露身份，住在贫农家，同贫雇农吃一样饭，和我们一起参加积极分子会，听工作队的工作汇报，找个别贫雇农谈话，调查研究指导工作。他对群众清算斗争方面的意见，多是由我们通过积极分子与贫雇农酝酿协商进行渗透。着眼于提高贫雇农的阶级觉悟，让群众自觉起来向地主进行清算，处处防止“清官断”，包办代替。在蹲点过程中省委常有人来送文件，请示汇报工作。他就坐在群众炕头上，用小饭桌办公，处理文件。

陈云同志到北安　发动群众掀高潮

1946年7月，东北局通过陈云同志起草的《关于形势和任务的决议》（简称“七七决议”）之后，陈云同志于7月下旬来到北安。据我日记所载，7月24日上午，由省委书记王鹤寿主持，陈云同志向全省县、团级以上干部传达了东北局“七七决议”，经过24日下午和25日上午分组讨论之后，25日下午，陈云同志又就大家讨论中提出的问题做了《关于时局问题讨论的总结报告》。

当时陈云同志在报告和总结中以形象生动的语言，透彻地分析了全国及东北的政治、军事形势和发展趋势，使我们的头脑大为清醒，胜利信心倍增。在听他报告之前，抗战胜利之后“和平民主新阶段”的思想在我们的头脑里占了主导地位，对国民党破坏和谈协定，挑起内战认识不足，对东北斗争的复杂性、长期性、严重性和艰苦的群众工作缺乏思想准备。陈云同志的报告清除了我们头脑中的一切犹豫不定及侥幸取得和平的思想，坚定了贯彻执行发动群众建立根据地方针的决心。他在讲话中号召干部走出城市，脱下皮鞋，换上农民衣服，一切可能下乡的干部，统统到农村去。他报告时衣着朴素、平易近人、神采奕奕、充满胜利信心的形象，至今记忆犹新。

东北局“七七决议”成为我党领导东北人民建立巩固的根据地，争取东北解放的纲领性文件，是一个总动员令。北安县委在听完陈云同志报告之后，县委在原分工的基础上，进一步充实加强了农村工作。新由绥化中心县委调来不久的朱维仁副书记也带病下乡。机关只留林楠同志负责照顾机关和城区工作，其他同志按原分工继续深入农村，发动农民群众，按照党中央“五四指示”和东北局“七七决议”，开展反奸清算、分配土地斗争。

陈云同志讲话精神传达之后，北安全县迅速掀起了斗地主，分土地、分牛马的高潮。当时，正值麦熟季节，为了能把小麦分到群众手，县委决定分配土地抢在麦收之前，土地和小麦、青苗（秋田）一起分。我于7月27日起到七区区委书记刘榛蹲点的“赵大犁屯”帮助工作。首先听取了该区斗争地主任志恒准备情况的汇报，当日中午召集各屯积极分子开了动员大会，晚上又开了工作队、区干部和干警、战士会议，按东北局会议精神，结合本地斗争实际讲了时局形势和任务，进一步鼓起了大家对清算斗争、分配土地的勇气和信心。

在调查研究土地、牛马分配办法时，发现这儿的“跑腿”（单身汉）特别多。仅赵大犁屯三十多户人家中，“跑腿”就占近三十户。

讨论分土地时，他们都不愿要地，因为既无牛马农具种地，家里又无人做饭。加之地主任志恒的土地分散在附近几个屯，屯与屯之间距离又远，几个屯应分地的有一百多户，而可分的牛马只有三十多头（匹），出现土地有余、牛马不足的困难。满足本屯三十多户贫雇农，其他屯就分不到牛马，当时农民穷困的程度可见一斑。后来清算委员会协商，牛马随地分配，用组织起来的办法克服牛马不足的困难，争取从其他斗争果实中再买回一些牛马，组成生产互助组。

胜利完成土改　建设基层组织

北安县土地改革和全省一样，大体经历贯彻中央“五四指示”、“煮夹生饭”和贯彻土地法大纲三个阶段。从贯彻“五四指示”和陈云同志在北安传达东北局“七七决议”到1946年10月前后，为反奸清算斗争阶段。这一阶段主要是发动群众诉苦挖穷根，清算地主把伪满时出荷粮、出劳工转嫁到贫下中农身上的剥削账和地主汉奸欺压群众的血债人命账。当时群众诉苦时声泪俱下，件件有据，地主在铁的事实面前，不得不低头认罪，自愿破产还债。如大地主迟伦甫在开斗争大会前两天的7月27日，亲自到县政府找我，当面承认他是罪人，请求辞去副议长，愿意破产还债。

通过这段清算斗争，把地主的土地基本上分给了贫雇农。但有些村屯的部分群众，在地主的威胁、拉拢下，贫雇农怕“变天”，出现了假分地或给地主窝藏财物等现象。7月20日下午，县委开会分析形势时，在朱维仁和张潭同志的汇报中反映，地主动态大体有以下几种表现：1.地主怕杀头，纷纷向我们要求贡献出自己种不了的土地，来逃避斗争。2.对群众起来向他们斗争时，尽量想尽一切办法私下了结，极力避免事态扩大，声张出去。3.地主利用亲属出来进行“清算”斗争，清算的果实再暗里还给他。4.收买村干部，派亲信、狗腿子打入农会。5.制造谣言，恫吓群众不要起来搞清算斗争。所以，县委认为清算斗争虽然取得了巨大胜利，但地主政治上的威风尚未彻底斗垮，经济上有的分地不彻底，地主浮财还没有挖净，有些基层组织干部队伍不够纯洁。这些问题不仅在北安县如此，在东北其他地区也存在。陈云同志当时把这种现象叫作“半生不熟”问题。

黑龙江省委根据上述问题，于1946年末，作出煮“夹生饭”和“砍大树、挖坏根”的指示。北安县委在全县发动群众“煮夹生饭”，深入开展“砍挖”运动。首先在六区挖出地主伪满时村助理李宪廷、伪村长刘家山二人秘密组织的“战团”反动组织十多人，他们预谋杀害我们的干部，和长春国民党联系，遥相呼应，配合行动。四区挖出了地下“挺进军”第二旅旅长田广起，田勾结李明山、李明轩兄弟二人组织“地下军”。这时群众由彻底分土地转到分粮、分房、挖地主财宝、分浮物。地主搬出大院，住贫雇农的小马架，贫雇农搬进地主大院过春节。我当时在六区看见贫雇农搬进地主宽敞明亮的房屋住下时，那种表现出难以抑制的喜悦心情，感到很有趣。他们笑眯眯地摸摸自己分到地主的光滑锃亮的桦木炕沿，看看屋顶粗壮的红松大梁，想不到贫雇农还能住上这样的好房子。群众把由地主家挖出的大批五颜六色的衣物，分成一户一堆，摆满了一大场院，在金色的阳光下，贫下中农个个兴高采烈地欣赏斗争果实。分配顺序是先分给军烈属、最穷的、斗争积极分子和受尊敬的老人，然后分给其他人。有些下中农虽然分的少一些，也感到特别高兴，因为他们能和贫雇农站在一起。我至今还保存着奉天屯群众当时分配斗争果实的生动场面的照片。

1947年10月，《中国土地法大纲》公布之后，按平分土地办法，对过去已分土地又统一进行了调整，掀起了又一次平分土地的高潮。群众把全村可分土地按质量好坏和距离远近，合理进行分配，并照顾了中农，给他们分到的土地不次于原有的土地。

秋收后庄稼割倒上场院时，即抓紧丈量土地，按户分地段，给每户分得的土地上都插上写明分地户姓名的木界桩。群众对土地执照很重视，所以在平分土地期间，我回县政府赶印了大批地照，分发各区。在发新的土地执照之前，就当众将地主原有的土地执照烧毁。接着在锣、鼓、喇叭声中举行了隆重的发地照仪式。贫下中农怀着激动的心情，满面笑容地接过盖有县政府大红印的土地执照，像珍宝似的藏在自己家里最可靠的地方。各家拿着自己分得土地的界标桩，兴奋地挥起铁锤，打进自己分得土地的地界上。

在土改后期的1947年冬，曾一度出现“左”的倾向，一是侵犯了一部分中农的利益。特别是呼兰县贫雇农打破村、屯界限，互相“扫堂子”的经验曾一度波及黑龙江省。在我参加的12月省委传达全国土地会议上，听到同志在会议上介绍他们在绥化县推广呼兰县贫雇农“扫堂子”经验时兴致勃勃地说：“几千张扫堂子的爬犁来往如梭。”那轰轰烈烈的斗争场面，给我留下深刻印象。实际上这时地主、富农浮财经过“砍挖”，已无多少，主要扫了一些我们要团结的中农。幸而会中传达了东北局纠正这一错误的指示，才未能在黑龙江造成大的影响。二是有的区对有污点或是和地主有牵连的贫雇农伤害过重。尤其是五区比较严重，对此，我批评了区委书记。

在土改过程中，我们时刻注意发现培养积极分子，及时建立基层组织，开始实行一切权力归农会，村自卫队也归农会指挥。同时在积极分子中秘密发展了一些党员，建立了村党支部。1946年六七月间，相继建立了区委，逐步改造充实了区、村政权。多数区委书记是由关里陆续来的老干部担任，如十区（龙镇）区委书记王占元、七区的刘榛、一区的何勉（女）、六区的燕培星、八区的李向阳等。区长基本上是当地斗争中锻炼出来的积极分子，如五区区长邱文汉、六区的薄世忠、七区的吴崇山、一区的李惠等。

随着“土改”的深入发展，广大农民参军保卫土改胜利果实的积极性日益高涨。土改中，北安先后参军的有一千多人。1947年4月20日，县委、县政府召开了北安各界欢送各区新参军战士入伍、庆祝县自卫队成立大会，会后举行了盛大的游行。同年7月又举行了北安各界人士欢送北安地方武装第三连和北安六区参军新战士到主力部队的群众大会。会场上前方“打老蒋，保土地、保家乡”的醒目标语和震天动地的口号声，反映了广大贫下中农参军的坚定决心与豪迈意志。

1947年冬，我军发动“三下江南（松花江）”攻势时，北安县和整个黑龙江省，已成为出粮、出兵、出担架、出车马运输等支援解放全东北的可靠的后方根据地。

三、在北安的日日夜夜①

1945年9月2日，我们从延安出发，奔赴东北。11月15日深夜抵达北安。1947年9月我调离北安。在近两年的时间里，目睹和经历了北安城的动荡、混乱、敌我较量、维护治安等复杂的斗争，这是我一生中最难忘的一段历程。

历尽艰辛　奔赴东北

1945年，我在延安王家坪八路军总参谋部办公厅生产处担任支部副书记。当时，叶剑英同志担任八路军总参谋部的领导工作，黄东欧同志任办公厅主任。

8月20日，黄东欧同志和生产处的王处长找我谈话，让我做好去东北工作的准备，我感到有些突然。在此之前，组织上曾准备分配我去华中工作。我是南方人，当然很高兴。现在，突然改

①根据余章林回忆录整理。

变了，由“南下”变为“北上”，我是没有想到的。但是，作为革命战士，对组织上的调遣，只有服从，是不能讲价钱的。我当即向领导表示：局势发生根本变化，个人服从组织决定，哪里需要就到哪里去。我爱人赵晓军，当时在延安大学学习，也决定中断学业，同我一起北上。

8月下旬的一天，党中央在中央党校礼堂召开了动员大会。由党中央副主席刘少奇同志做了动员报告。少奇同志指出：“我们面临的形势是严峻的，国民党提出单方面受降，并准备抢占东北。党中央根据形势的发展，做出了新的战略决策，派大批干部进驻东北，建立巩固的东北根据地。”他要求我们，要迅速开赴东北。当时，我们在艰苦的八年抗战之后，不像国民党那样有飞机、火车、轮船、汽车，只能用双脚，徒步行军，抢前进入东北。

1945年9月2日，我被编入东北干部团。总带队是林枫和张秀山同志。下设三个大队，我在一大队四中队。中队长姚仲民，党支部书记王化成。一个中队一百来人，同队有高衡、赵晓军等。

9月2日下午，离开延安。为了安全，中央派一个连战士护送干部团。9月6日，我们抵达绥德专署。一路上，我们互相帮助，克服了许多困难。有一次涉水渡河，正遇涨水，河水一米来深，而且湍急，同志们手拉着手，有的拉着马尾巴涉过急流。不久，我们坐船过了黄河，往北到了兴县，在那里休整了一天，继续赶路。这时，日本政府虽然宣布了无条件投降，但还有些日本兵不愿放下武器，有时偷袭，枪声不断。大队传口令：“跑步穿过封锁线，紧紧跟上，不能掉队！”我们越过同浦路封锁线时，已是次日的拂晓了。

从兴县出发，横穿晋西北，经岢岚、五寨、神池、朔县、应县、广灵等地。为了避开敌人据守地点，只好绕道前进。长途跋涉，翻山越岭，十分艰险。为了赶在国民党飞机、轮船、汽车的前面，我们顶风冒雨，日夜兼程，不停地走，脚磨起大水泡，流水淌血，仍然坚持，没人叫苦，没人掉队。经过四十多个日日夜夜，我们到达了已被我军解放的怀来县。从那里乘火车，向东北进发。到了张家口，进城休整了三天，又经两天到了古北口。从古北口再北进，到了锦州。当时，我们的心情异常激动，我们用两只脚，终于战胜了国民党的飞机、轮船和汽车，抢在他们前头，进入了东北。从锦州到沈阳后，我们干部团住在城郊的鄢汾屯。

干部团一部分干部留在沈阳，我们继续北进。车到长春站，苏军到火车上来检查，见高衡同志戴着眼镜，误认为是日本人，就把他带走了。后来我去找苏军，用俄语作了解释，说明我们是八路军的干部，是到东北来接管政权的。他们听了很高兴，还拿出白酒，同我干杯，庆祝抗日战争的胜利。

三天之后，我们乘火车到了哈尔滨，这时已是11月初了。我们下车后，住进了现在哈尔滨市第三中学的地下室。

这时的哈尔滨，苏联红军很多。也看到一些日本人，男的女的都在卖东西。因为市面很乱，人心惶惶不安，我们很少上街。

又三天之后，一部分同志留在松江省工作，我们被分配到黑龙江省工作的一百多位同志，继续乘车北上，直奔北安。

摸清社情　接管政权

1945年11月15日晚10点，火车徐徐地开进这次列车的终点站——北安车站。

半夜12点左右，先于我们到达这里的省主席陈大凡同志派人来接我们。我们的下榻处，原来是伪满警察署。进屋后，我扫视墙上四周，见正面墙上挂着蒋介石的像，旁边写着“欢迎中央军来接管”的大字标语。我用胳膊碰了一下史梓铭，示意叫他看看。史梓铭看了之后，悄悄地对我说："看来，人家不是欢迎我们，是欢迎国民党。要警惕啊！这又是一场殊死的搏斗啊！"

我们大家坐在地板上，背靠着暖气，互相看着。虽然又累又饿，但谁也不想睡。我在想："我们的目的是接管这座城市，现在已经进城了，摆在我们面前的工作就是接管伪政权，开展工作，复杂的斗争即将开始了。"这时，不由得又想起在延安时党中央副主席刘少奇同志叮嘱的话："要学会作孙行者，在铁扇公主肚皮里开展斗争。"这里的情况表明，这个估计是正确的，我们将面临一场非常严峻的考验。北安城的斗争将会十分复杂、激烈而尖锐。

同我们一起到达北安的有赵德尊、杨英杰，后来王鹤寿也来了。11月底，中共黑龙江省委成立，王鹤寿同志任省委书记，范式人同志任副书记，赵德尊同志任组织部长，王堃骋同志任宣传部长，陈大凡同志任省政府主席，杨英杰同志任副主席。

按照省委指示，我们分头去接管伪省政府的各职能部门。宫洗尘同我的任务是接收伪省政府警察厅。这个厅原有50多人，伪厅长姓张，副厅长是日本人。

宫洗尘同我一起，召开了原警察厅中国人职员大会。首先由宫洗尘同志讲了话，他说："日本帝国主义投降了，中国人民胜利了，在日本侵略者统治下生活14年的东北人民解放了。你们都是伪满统治时期的职员，因为生活所迫，不得不为日本人做些事情，你们现在要安守本职，把档案和公物保存好，听候处理。"我接着说："日本人被我们打败了，中国人民站起来了，从此成为国家的主人。希望你们同我们合作，把接管工作做好。现在是新社会，保证人人有工作，人人有饭吃，人人有书读，我们是为穷苦人着想的……"

伪职员们一时还摸不清我们是什么人，说是国民党吧，不像，衣着也不正规；说是共产党吧，也不明显。许多人只是唉声叹气。宫洗尘对我说："在我们没有公开身份之前，就让他们猜去吧。这些人受奴化教育很深，有正统观念，心里向着蒋介石，要让他们靠拢我们，工作很艰难，还要经过斗争才行啊。"

在会上，由宫洗尘代表省政府宣布：宫洗尘任厅长，我任社会科科长。

宫洗尘是黑龙江省甘南县人。旧中国时，在齐齐哈尔市任中学教员，"九一八"事变后，他背井离乡到关内，从事抗日工作，参加了革命。这次他回北安之后，许多从前的熟人、学生都来找他。他就利用这些关系，了解社会各方面的情况，开展工作。

经过一段时间。初步了解到，伪满北安的教育局长苏文友和行政科长张希玉等人，投靠日本人当汉奸，帮助日本人欺压百姓。日军投降后，又出面组织维持会，表面上是维持社会秩序，暗地里组织"国民党北满复兴会"。许多伪警察、汉奸、特务摇身一变，成了正统的国民党人。暗中积极准备迎接国民党中央军来接管北安，为国民党效劳。北安"国民党北满复兴会"确定由北安一个学校的校长邓世儒和邱国柱两人，任北安国民党的书记长。在北安建立了8个小区党部并发展了大批国民党党员。

新任黑龙江省政府公安处处长（社会部长）的王化成，他掌握省会北安和全省各县的特情，并经常向我们通报情况，配合作战。他传达了省委书记王鹤寿的指示："对敌斗争千万不能疏忽大意。"具体指示有三条：第一，把社会情况掌握起来，特别是国民党组织状况及其社会基础。第二，首恶分子要狠狠打击，胁从分子要区别对待。第三，一般的国民党员，要从宽处理。对正统观念较深的人，要进行教育，提高他们的觉悟，尽快地把他们争取过来。

根据省委指示，派何立成担任警察局长，把原来维持会的警察局的原班人马接管过来。何立成调走之后，宫洗尘同志兼任一段时间，到1946年，省委决定把伪满遗留下来的警察局改为省会公安局，由我担任局长。

这时，北安地区已成立了北安政治部（北安县委）。政委史梓铭，城市工作部部长林楠，农村工作部部长张潭，县政府政务秘书王维之，县长刘铁樵，我当时任公安局长。经县委讨论决定，由我负责整顿公安队伍，抓社会治安和对敌斗争。

当时县委的主要任务，就是抓对敌斗争，稳定社会秩序，发动群众，建立政权，发展生产。

宽严相济　清理整顿

对敌斗争十分激烈，内部人员复杂，有些人反对我们，暗中进行破坏活动。我们到北安不久，为了搞好社会治安和稳定社会秩序，做了以下几项工作：1.收容、遣送日本人。2.取缔吸毒和解散妓院。3.整顿公安内部。此外，还建立了南下坎、火车站和西北街三个公安分局。对四个派出所充实了人员，明确了法令，严明了纪律。经过整顿，公安队伍的状况发生了根本的变化，面貌为之一新。

为了保卫省委，我们还配合省军区，召集组建两个连的兵力，经过政审和短期训练，负责警卫工作。因为当时绥棱、通北等县发生了叛乱，我们对这两个连，又重新进行政治审查，把他们集中起来，由王化成、冯行盛和我负责，对他们逐个进行审查，结果发现其中有的人接受了国民党先遣军的委任，有的利用一贯道、家礼教暗中进行活动，企图组织地下军，伺机拉出去。我们对这些人进行了清理，拔掉了安在我们内部的钉子，纯洁了警卫连队伍。内部清理整顿之后，对敌斗争就没有后顾之忧了。我们当时工作的重点，一是摸清国民党骨干分子的情况；二是摸清国民党的组织情况；三是摸清国民党的发展情况。

在我们进驻北安之前，各区的国民党党部已挂出了牌子。如北安原大兴公司旧址挂出了“国民党北安地区党部”的牌子，并提出“加倍努力，发展党员，国民皆党”的口号，利用人们的正统观念，发展国民党组织。我们到北安之后，他们见势不好，又隐蔽起来。这时，我们遵照省公安局的指示，注意了北安国民党党部的书记长邓世儒和邱国柱的活动。据当时省委社会部了解，邓、邱密谋在北安铁路南住宅区召开秘密会议。一天夜里，我同省军区大队长冯行盛，带几个人摸了上去。当我们接近目标时，被他们的暗哨发现了，打了一阵枪，就从窗户跳出去逃跑了。

我们闯进会场时，发现有宣传三民主义的书，满地传单和文件。并查出军统特务张勃生来哈尔滨建立特务外围组织“宣抚组”的材料。张勃生指令在北安建立分组，任务是收集我党、政、军情报，搞暗杀破坏，搜罗土匪武装，搞地下建军活动。指定赵福山、邓世儒、梅仲桥为建军联络员，成立了作战室，确定刘亚洲为北安军事负责人。那时，邓世儒逃到哈尔滨去了。一个星期后，他又从哈尔滨秘密返回北安。尽管他已化了装，身穿一件黑呢子大衣，戴一个大口罩。但他一下车，便被我们早已布置好的侦察员认出来了。他却故作镇静地说：“你们不用抓我，我是代表国民党，来北安找你们谈判的。”

审讯时，他说：“只有国民党中央政府，才有资格受降接管日伪政权……”拒不承认进行反动活动的事实。其实，我们早已掌握了他在北安所组织的“北满国民党常务专员办事处”的组织状况，以及分区党部的设置。我们把已被捕的邱国柱的供词拿出来，摆在他面前，他才像泄了气的皮球，但态度极为顽固。根据首恶分子必除的政策，人民政府把这两个反动头目除掉了，这就更有利于进一步清查国民党等反动组织，也有利于澄清一些残存的盲目正统观念。

1946年4月，开展了反动党团登记工作。在省直属机关和北安县的范围内，有国民党员、三青团员、一贯道等成员一千多人登记了。对一般成员，登记后经过教育，让他们照常安心工作。这些人，多数是正统观念较深，认为只有蒋介石、国民党和中央军才能代表中国。因此，有的登记后，心里仍然不托底，竟跑到长春投靠了国民党；有的退职回家，经商去了。同时，国民党也不断从长春派遣特务，进行策反工作。有一个国民党特务，名叫李耀实，潜入北安，专门刺探我党我军的情报，并对我内部人员进行策反。他一到北安，就被我们发现，其一切活动，都在我们的掌握之中。后来，我们拘捕了他，经过审讯，攻破了这个国民党军统的顽固堡垒。他交代出，他来北安还有一个特殊使命，就是同国民党地下特派员贾振北（后被我们抓捕）取得联系。

敌人还利用家礼教、一贯道等反动会道门，进行反革命活动。伪满时期有一个木材把头，名叫马云鹏，其人四十多岁。日本投降后，维持会让他当了德都县县长。我们接管德都县时，把他留用了。但后来发现，他暗中同一些坏人拉拉扯扯，极为诡秘。又进一步发现他利用家礼教的关系，暗中组织人马，秘密建立"先遣军"，准备拉出去，投靠国民党。因此，我们罢免了他的县长职务。并根据他的罪恶，把他逮捕了，押送到省公安局。黑龙江省军区副司令员王钧同志，亲自从他家里搜出国民党发给他的"东北地下挺进军军长"的委任状和其他建军文件。

还有一个叫刘世生（与宫洗尘是老相识）的人，邀请宫洗尘和我去他家吃饭，摆出一场"鸿门宴"。我们分析，他也是企图借与老朋友吃喝的机会，摸摸我们的底，试探一下我们对他的态度。后来查明，他是东北挺进军第二纵队所属的一个团长，以家礼教为掩护，暗中进行反动活动，对他我们提早有了防备。

稳定秩序　严打顽敌

我们党接管北安之后，随之成立了黑龙江省人民政府和北安县人民政府。当时伪北安省原副省长、大汉奸王秉铎没有逃跑，他认为，共产党长不了，国民党会统一中国。因此，坐在家里等国民党来接收。到那时，他可以摇身一变，仍然骑在人民头上作威作福。我们根据省委的指示，对他采取了措施。

1946年1月的一天，我同冯行盛带四个战士乘他不备，突然来到他家。

王秉铎穿一身短衣服出来见我们。我说："我们来请你到政府去一下，有事同你商量。" 他客气地点点头，说："兄弟有一点嗜好，请稍等一下。"原来此人是个大烟鬼，不抽足大烟，不能出门。等他抽足以后，才穿上长袍，同我们一道坐上马车。我们两个人把他夹在中间。他一见这架势，感到情况不妙，吓得脸色苍白，浑身不由得颤抖起来。

到了省保卫部，我向王化成部长说："人已带来了。"王化成看着他说："王秉铎，你被逮捕了！"

其实，他早已猜到了这个下场，听了王化成的话后，准备动手掏枪，企图先发制人。就在这时，他的手已被我们的战士按住了，长袍里的两支匣枪，迅即被搜出来缴了械。

1946年5月17日，我接到王化成同志的电话，他通知我说："苏军要在当天半夜一点撤离北安"。据我们掌握的情况看，暗藏的敌人，定会利用这个机会出来捣乱。因此，我们决定，采取紧急行动，把几个最危险的人物如伪维持会长、伪警察局长等人，全部抓起来。

苏军刚刚撤出，我就带5个人，来到了苏军驻防地。进院子时，已是半夜两点钟了，屋里电灯明亮。一进屋，在走廊的里端，有几个黑影一晃，霎时电灯全熄灭了，一片黑暗。我意识到情况不妙，马上把身子靠在走廊的墙上。果然，一排子弹从走廊对面扫过来。幸亏有了防备，才没有被击中。我们一边还击，一边摸进去，几个人影从窗户跳出去不见了。

后来，我们推上了电闸，查看了屋子，见苏军扔下的文件被翻腾一地，显然，敌人企图从这些文件中了解我们的情报。

在维持会时期的警察局，有一名副局长叫高致远，是伪满职员，也是日本特务，民愤极大。根据当时斗争形势的需要，把他留用了，仍当公安局副局长。根据他平时的表现，我们对他产生了怀疑。但为了利用他，我们表面上叫他过得去，一直没有动他。苏军一撤走，我们马上把他抓起来，乘其不备，抄了他的家。搜出步枪十几支，手枪七八支，还有很多子弹。此外，还搜出一张国民党的名单和一份准备暗杀我们干部的名单，其中就有陈大凡、王化成、史梓铭、王维之和我。

我同范增连夜对高致远进行突击审讯，他承认苏军撤退时，是他闯入苏军驻地，想捞点钱财，从文件中掌握一些情况。此外，他还交代北安汽油库和军用仓库的火也是他组织人放的。为了进一步开展工作，发动群众，打击民愤极大的首恶分子，经请示省委批准，对高致远给予了从严处理。

北安有名的大地主迟伦甫，伪满时和日本人勾结，欺压百姓，鱼肉乡民，群众对他敢怒不敢言。日本投降后，他摇身一变，当上了北安工商会长。以此为掩护，暗中参与国民党地下活动，组织地下军，准备迎接国民党来接收。根据他的罪恶，对他实行了专政，在东大营召开了公开审判大会。这次大会，达到了稳定社会秩序，维持社会治安的目的。

积极配合　清剿土匪

镇压了坚持反共、反人民的顽固敌人之后，内部秩序大有好转。但是，一些地方土匪活动猖獗，威胁着省会北安的安宁，弄得人心惶惶。

1946年2月，在北安城西二三十里的靠山屯，聚集了七八十地主伪警宪特组成的反动武装，他们配合盘踞在泰安（依安）县的尚其悦土匪军，以及通北、绥棱、克山的叛变武装，出没在北安西北部郊区，干扰破坏人民的生产和生活，还猖狂地扬言要“打进北安城，消灭共产党。”

省委对土匪的活动了如指掌。省委书记王鹤寿同志召集会议，研究确定了剿匪方案。一方面，派驻北安的三旅部队，会同苏联红军围攻泰安，一举消灭了盘踞泰安的尚其悦土匪军；另一方面，省委责成省公安局（由我负责）会同省军区（由冯行盛负责）组织有关人员，加强了对北安周围的巡逻，加强戒备。

1946年2月间，我带20多名公安战士，乘两辆胶轮马车，去清剿土匪，等我们到了靠山屯，土匪早已逃到树丛里隐藏起来。

我们以“收其心”为上策，一面在村里派饭，一面向群众宣传，让他们给土匪送信，争取他们弃暗投明，不要当“草头王”，继续坑害百姓了。并向他们讲明我党我军的一贯政策，只要改过自新，我们就既往不咎，欢迎他们回来。如果愿意继续当兵，可以参加我们的军队，不愿当兵的可以回家，听其自便。

经过这样工作之后，我回到了北安，等待土匪们的反应。大约在二月下旬的一天，真的下来一部分人，都是一些受苦人，有的是被骗，有的被逼，才当了土匪。没想到的是，“草上飞”也来了。此人四十多岁，个头不高，但很结实，是个典型的“车轴汉子”。他有一手好枪法，百发百中。我单独接待了“草上飞”，向他交代了党的政策。他说：“如果你真相信我，我愿为贵政府效劳。”我说：“只要你诚心，说真话，我不但相信你，还可以任用你。”“草上飞”说：“好，君子一言，驷马难追。那么，你能不能把枪借给我一用？”我当时带一把匣子枪，里面还有一把撸子。如果他有异心，我完全有把握对付他。所以，我便毫不犹豫地把匣子枪往桌上一放，说："好，我信任你，这支枪你拿去吧！"他见我真的把枪交给了他。先是一愣神儿，也许他没想到我敢把枪交给他。然后，他哈哈大笑起来，说："我不要你的枪，我在试你的胆量。"说着，把我的枪推还给我，又道："我自已有20支新手枪，还有5支苏式轮盘枪，在龙门镇一个朋友处收藏得好好的。现在我去取来，交给你，也算我为人民政府做点好事。"

"草上飞"走了，大约一个星期，他回来了，果然把20支新手枪和5支苏式轮盘枪用麻袋背来交到我手里，并说："咱说了就算。"可以看出，这个"草上飞"很有点江湖义气。我对他的行动，说了一些鼓励的话，他也表示，今后要改邪归正，重新做人，在人民政府的领导下，当一名好国民。

还有一次，通北派人给我送信，说火车站公安队叛变了，县政府政务秘书赵光同志被叛匪杀害了。叛乱分子随即到通北县公安局找郭德华同志，准备向他下毒手。郭德华同志机警勇敢，当场击毙了两个叛匪，经过一场激战，郭德华摆脱了险境，次日来到北安，向省委副书记范式人、公安处长王化成和我作了汇报。

3月上旬，省委书记王鹤寿、副书记范式人找我谈话，说黑龙江省境内土匪十分猖獗，严重地影响了北安的治安。为了消灭这些土匪，经苏军远东武装力量总司令华西列夫斯基同意，调一个机械化团来黑龙江帮助我们剿匪。省委决定，派我代表省委同苏军一起行动。这个苏军团，是从哈尔滨调来北安的，很有战斗经验。

我们于3月12日，从北安出发。我同团长、团政委同乘一部指挥车，经过克东、克山，都没有同土匪遭遇。三天后到了拜泉县。县长倪伟（原省人大副主任，已离休）接待了我们，并介绍了这一带的匪情。他说："我们攻打泰安时，有一大股土匪，首领尚其悦，率匪窜到明水方向去了。"他还向苏军传达了省委王鹤寿书记的指示："一定要歼灭这股顽匪，不完成任务决不收兵！"

苏军政委很尊重我们的意见。他说："我们是斯大林派来的红军是来帮助中国共产党的。我们是兄弟，一定帮助你们消灭这股土匪，这也是我们的共同责任。"经商定，次日向明水方向挺进。我同警卫员逄长吉，带着十来名公安战士，单独乘一辆汽车，走在前面。后面是25辆大汽车，拉着苏军战士，每辆车上拉一门炮。在前进途中，有一位老乡向我们报告说，前面有一股土匪，人数不少。于是，我们加快车速，追赶敌人。

汽车驶入明水县西部的一片草甸子时，草丛中突然响起了枪声，我们马上从汽车上跳下来。恰好路边有几栋无人居住的土房子，我们迅速地钻进去隐蔽，一边还击，一边观察周围的敌情。这时，我发现，前面草丛中有骑马的、有坐车的、有步行的，黑压压的一片全是敌人，正摆开扇子面型，向我们的隐蔽处围抄上来。同我一起的十几名战士，坚守阵地，不断向敌人还击。敌人火力很集中，一面向我们射击，一面嗷嗷叫着扑上来。子弹从我们头上"飕飕"飞过。我的警卫员逄长吉机警地把我按在地上，问道："怎么样？"我说："没问题，要注意敌人动向，坚持住。"

这时，苏联红军的大队，在团长的指挥下，迅速地赶上来，一场激烈的歼灭战开始了。

开始时，敌人依仗人多，没把我们放在眼里，以为可以一口吃掉我们。其实，一千多匪徒，都是乌合之众，毫无战斗力，一见到流血死人，便慌作一团。况且，他们的对手，是个完全机械化的、训练有素、战斗经验丰富的队伍，人人勇敢杀敌，火力集中，杀伤力很大，匪徒们的伤亡越来越大。他们处的地形也不利，平坦草地，前进不能，后退无路，白昼作战，毫无隐蔽，只好硬着头皮打下去。从午后一时到三时，一千多敌人，全被消灭，匪徒尸横遍野，血流成河。苏军团长高兴地握住我的手，说："我们胜利了，乌拉！"我说："多亏你们的帮助，谢谢！"他说："中苏团结战斗是胜利的保证。"他还在缴械的武器中，挑了两只驳壳枪送给我，作为胜利的纪念品。

在回师路上，又来到了拜泉县城外。这时，我们得到情报，有股匪进入了明水县城。

按省委的意见，午夜出发，凌晨到达明水县，我们停在城外。经侦察，城里不是土匪，是黄克诚同志从关内带来的三个团中二十团进驻了明水县城。

两军在城里会师，互相拥抱、跳舞，晚餐时还喝起酒来，尽情狂欢，庆祝胜利。苏军团政委和团长当即决定，将这次剿匪所获的枪炮、弹药，全部送给了我们。

这次剿匪的重大胜利，对周围小股土匪是个极大震动，使他们胆战心惊，有的向我们投降，有的放下武器，散了伙儿。这次剿匪的胜利，对稳定黑龙江省的社会治安、建立新的社会秩序，起到了很好的作用。从此，全省更加稳定了，工农业生产都得到了迅速恢复和发展。

发动群众　深挖坏根

1947年下半年，北安县农村土地改革运动已经开始了。贫苦农民已分到了土地、牛马、房屋。但是，据我们了解，广大贫下中农仍有一种恐惧心理。主要原因是：第一，农村的封建堡垒还没有彻底推毁，有些地主恶霸还在向农民要威风；第二，有些地富正准备反攻倒算，"翻把"活动各区都有所发生；第三，地主的亲属或狗腿子混入农村政权，口头喊"打倒地主"，实际上在千方百计地包庇他们，有的还给地主富农通风报信，充当内奸；第四，隐藏在农村的汉奸、特务、伪警察、土匪等，有的在暗中组织国民党地下“先遣军”，勾结农村地主恶霸，企图杀害干部，篡夺民主政权。

开始我们的警惕性不高，对地主恶霸的暗中活动，没有引起注意。但是，六区群众揭发出地主李宪廷（伪政权村助理）、刘家山（伪村长）等人，秘密成立反动组织“战团”，成员除李、刘之外，还有齐云龙（伪职员）、董光华（伪职员）、杨玉芳（伪校长、国民党员）、齐生（伪屯长）、卢荣廷（伪屯长）、马思魁（伪屯长）等四十多人。他们预谋暴动，杀害我干部。群众揭发后，我们公安局提前行动，搜出许多文件，长短枪24支，手榴弹二十余枚。此外，还有国民党党员名单一份，预谋刺杀我干部名册一本。经审讯，这些反动人物，已秘密同长春国民党取得了联系，准备遥相呼应，配合行动。

这一件事，擦亮了我们的眼睛，提高了警惕性。并以此为反面教材，各区发动群众，掀起了“挖坏根”运动。群众的眼睛是雪亮的，任何反动活动的蛛丝马迹都难以逃脱。四区挖出了地下“挺进军”第二旅长田广起。我们对他采取顺蔓摸瓜的办法，发现他与大兴屯汉奸地主李明山、李明轩兄弟有勾结，组织了“地下军”。同时，他还同另一个“挺进军”旅长刘亚洲直接联系，李明轩将被他们任命为该旅参谋长。五区挖出了关兴武（伪警察所长）、崔成林（特务）、郭贵余（流氓）等组织的“地下军”，拉拢被斗地主、土匪、伪警察等二十余人。这些人，由于仇恨共产党，经常进行破坏活动。

这次“挖坏根”运动，除挖出国民党的“挺进军”“地下军”“战团”等反动组织外，还挖出暗藏的土匪、特务、伪警等，共273人，缴获长短枪46支，机枪2挺，地雷、手榴弹50多枚。这些活生生的事实，不仅教育了干部，也进一步发动了群众。特别是在广大贫下中农中，起到了稳定人心、坚定信心的作用。

四、通北县建立新生民主政权的斗争①

1945年8月15日，日本宣布无条件投降，随即伪满洲国瓦解。此时，通北县政权出现真空，社会秩序处于混乱状态。

通北县政权接收过程。8月15日当天，通北县伪满第八军管区，步兵第十九团第三营，中校营长刘树范率伪军2个连，包围了伪通北县公署，接收了通北县政权，建立刘树范为维持会委员长，张培瑶、徐香亭为维持会副委员长的通北县地方维持会，同时，成立刘莅斌任党部书记长的"中国国民党通北县党部，"准备迎接国民政府来正式接收通北县政权。

同月20日，苏联红军从北安进驻通北县城（现赵光镇前进村）。受东北党委派遣陈殿文和高玉林一起随苏联红军到通北县开展工作。22日，苏联红军接管了通北县地方维持会，将通北县地方维持会，更名为中苏之友社，对通北县城实行军事管制，摘掉了"中国国民党通北县党部"的牌子。10月底，受苏军驻北安司令部，副司令员王钧派遣孙亚明任通北县县长，率领接收组到达通北县，准备接收通北县政权。经与苏联红军多次协商，11月16日，苏军同意将中苏之友社移交给政权接收组。18日，中共黑龙江省工委，任命从延安派来的干部李仰南为中共通北县工委书记，赵光为通北县政务秘书，孙亚明为县长，郭德华为公安局局长，高玉林为县保安大队大队长，至此，通北县政权班子正式组成，完成政权交接，苏联红军撤回北安。

李仰南和赵光到任后，一是对县政府机关人员进行整顿，

---

①根据北安文史资料，唐敏整理。

清除了原伪通北县公署秘书、村长马文普、石俊岫、李向阳等多人。二是逮捕了国民党党员王久维、原维持会委员石俊岫。三是扩充干部队伍，吸收了青年干部50多人。四是组织唐德路任队长，刘玉山、高若彦、于兴全、曲文刚、宋荣等15人参加的宣传队，经过训练，深入到各村屯宣传中国共产党的主张和民主政府的政策。五是充实各区的干部，任命魏有泗为县城通北区公安分局长、王福臣为通兴区公安分局长、陈殿文为海星区公安分局长。六是扩充武装力量。海星区扩军30余人，通兴区扩军120人，使通北县政府正常运转起来。

国民党潜伏组织预谋暴乱始末。1945年8月以后，通北县出现一批国民党党员，他们通过通北县党部，召集社会青年、学生进行训练，组织“中国国民党地下军。”在9月10日至10月6日，20多天里曾先后3次派遣赵连科，郭长贵、刘斌、张宗堂、卢绍华等人赴哈尔滨，向国民党第一战区东北挺进军第二纵队司令郭世祯，和第一支队队长毋杰卿汇报通北县的情况。经毋杰卿批准，在通北县成立“中国国民党东北挺进军第二纵队一支队第三旅”，并授予军队番号，领发了委任状和官印，委任卢惠杰为第三旅少将旅长，石俊岫为上校参谋长，王廷举为第一团上校团长，张志儒为第二团上校团长，辛荣久为第三团上校团长，郭长贵为军事特派员。

随后，卢惠杰、石俊岫、宫文力、王久维等人，在王久维家多次秘密策划，打入中苏之友社机关，等待时机、里应外合、进行叛乱的计划。9月25日，国民党残余势力又策划，将混进通北县公安局的打字员栾斌玉（女）（原伪职员、国民党党员），嫁给通北县保安大队长高玉林。乘通北县公安局招收干部的机会，国民党通北县党部组织科长吴兴全制定了一份录用名单，经栾彬玉交给高玉林并呈给李仰南，经工委书记李仰南同意后被采用。

使张云武、温明、辛荣久、李向阳等预谋叛乱分子，混入通北县保安大队，并窃据要职。同时，国民党第三旅少将旅长卢惠杰，又密令祝景惠等人，在叛变时，要先杀掉县工委书记李仰南，县政务秘书赵光，公安局长郭德华及县政府工作人员。其叛乱阴谋被县工委察觉，立即清除了部分原伪军警和原伪职员。12月18日晚8点，国民党第三旅少将旅长卢惠杰、王廷举和刘莅彬等10人召开秘密会议，会上卢惠杰和王廷举说："现在情况很紧张，要干现在就干。"于是，决定当夜12点提前发动武装叛乱，规定以鸣枪为号，叛变后在县政府大院沟西集合，同时派苏才连夜去通知海星区的张志儒，做好策应准备。

叛匪攻打通北县民主政府。1945年12月19日，县政务秘书赵光去省委请示汇报工作，在通北车站（今赵光站）候车室，被叛匪栾荣久发现。他们怕叛变的事情走漏风声，辛荣久就带领十来个人，到车站去逮捕赵光同志。赵光同志被包围后，与叛匪进行了英勇搏斗，终因寡不敌众，壮烈牺牲。通信员邢殿墀乘车站大乱，敌人不备跑回县政府，向县工委书记李仰南汇报了情况，李仰南说："取枪！"告诉门卫谁也不能放进来，立即与郭德华、高玉林商量对策。随即决定抽调机关干部40多人，分发了枪支弹药，部署县政府和公安局全体人员。用沙袋将政府大门堵上，只留1人出入的小缝，并亲自同魏有泗把守县政府的正门，其他人员分守在县政府院内的两处炮楼上。同时马上派县保安大队长高玉林带人去保安大队南大营处理叛乱事件。正当县政府部署防御叛匪的时候，辛荣久率叛乱队伍，从车站出发，到达南大营与李向阳汇合，控制了南大营的兵力，随之县保安大队的其他人员也跟随李向阳叛变了。当高玉林返回南大营时，迎面打来一排枪，高玉林站在爬犁上高声说"我是高玉林，不要打枪。"叛匪李向阳说："是大队长回来了？"就在高玉林和李向阳对话的时候，高玉林的警卫员侯炮用枪顶住高玉林的后背，夺下高玉林的手枪，李向阳立即冲过去将高玉林捆邦起来。李向阳说：“我们不当八路了，投靠国民党了。”

上午9点半，县政府院内刚刚布置完防御。辛荣久带着叛匪冲到通北县政府门前，辛荣久高喊：“我们是来保卫县政府的！”他见县政府已有准备，又改口说：“是赔罪的。”郭德华见叛匪众多，便让辛荣久和贾连山先进院谈判。辛荣久、贾连山进院就被郭德华命令警卫员张勤把他们缴械捆了起来。辛荣久高声说：“郭局长我没犯啥错误绑我们干啥？”县政府门卫班长刘勤在屋内听到辛荣久的叫喊声，知道是来接头的，刘勤领着卫兵从门卫室冲出来扑向大门，郭德华看见情况有变，当机立断，开枪把辛荣久、贾连山撂倒在地，门卫班长刘勤向郭德华开枪，李仰南听到枪声，到大门前才发现门卫室已经叛变，看见叛匪正在开枪打郭德华，李仰南立即开枪把火力吸引过来，使郭德华脱险。李仰南与叛队展开了激烈的枪战，左手中弹受伤，李仰南带伤与郭德华说：“后院也叛变了。”由于叛匪势众，郭德华见势不利，同李仰南一行4人，从县政府大院后门翻过北大墙，撤往北安。此时县政府失守，县保安大队直属一、二两个中队和辛荣久所带的三中队里应外合，占领了县政府，看守县政府炮楼的武装人员全部被缴械，叛匪张云武等砸开了看守所狱门，把被关押的石俊岫、王久维等人放出，把县政府的40多名武装人员和其他工作人员押进去。随即，叛匪砸开了武器库和金库，抢走长短枪360余支、机枪9挺、250余枚手榴弹、子弹和伪满纸币60万元，把县政府洗劫一空。这时县保安大队已集结叛匪400多人，他们劫走了县城内居民的所有马车，绑架了县保安大队长高玉林和栾斌玉，午夜叛逃。

12月20日上午，海星区叛匪张志儒接到通知后，率50余人在海星区发起叛乱。他们首先将海星公安分局局长陈殿文缴械关押，打散了海星区中队。待卢惠杰、石俊岫率领叛队到达海星区与张志儒汇合后，卢惠杰将辛荣久带领的通北县保安大队300多人，与溃逃沿途收编的“一顺”、“东斗”、徐凤翔3股土匪500余人一起进行整编。经过卢惠杰等人三四天的计议，宣布建立“国民党东北挺进军骑兵第三旅”，卢惠杰任旅长，石俊岫任参谋长，下设8大处、3个团等机构。

消灭叛匪，保卫新生民主政权。1945年12月25日，经省委与苏军驻北安司令部协商，苏联红军从北安派40名苏军战士，分乘2辆军车，同通北县县长孙亚明，以及王永焕、邢殿墀、吴广顺、魏有泗、张寿春、佟运久、郑炮等人，重新接收通北县城。在县城巡逻，实行宵禁。同时重新组建通北县公安大队，佟运久任大队长，郑炮为副大队长，招新兵120人。12月26日，黑龙江省军区派营长张贵生率领1个连驻守通北县城。因赵光牺牲、李仰南负伤，中共黑龙江省工委决定，寿丹亭任中共通北县工委副书记兼通北县公安大队副政委。张竹亭任通北县政府秘书，郭德华仍任公安局局长。

1946年1月中旬，国民党东北挺进军第三旅参谋长石俊岫、辛荣久率第三旅第三团第二次攻打通北县政府，通北县政府接到情报后，在县长孙亚明的指挥下，修筑工事，在政府大门安装铁丝网，积极备战。几天后，石俊岫率领叛匪400多人，占据县政府周围民房，剪断通往外界的电话线，与县政府展开激烈的战斗，枪炮齐鸣，战斗了一整夜。为防止县政府再次失守，县长孙亚明，派吴广顺去省政府北安求援。趁着天黑，由3名战士拿着匣子枪从通北县城西北侧打开缺口，把吴广顺送了出去。黑龙江省军区接到求援后，立即派1个排的兵力乘火车，赶到通北车站。此时石俊岫已经知道援军到达，还没等双方开战，他就率领叛匪撤出了县城。

2月15日，为彻底消灭叛匪，黑龙江省军区警备三旅政委吴丕章率领400多名指战员分3路开进通北县。2月17日，警备三旅向海星区出发，一路上打垮北庙屯、张立朝屯、郑子修屯、马广太屯、腰营屯、刘大棒子屯集聚的叛匪。当警备三旅到达八道沟子大桥时，叛匪吴保国进行顽强阻击，在战斗中，吴保国腿被打断，其余被歼灭。2月18日凌晨，叛匪从海星南门撤出，向海伦县境内溃退，他们溃逃到海伦县西英风寺被苏军坦克打散，其残部继续向南溃逃中，又在拜泉县许议长屯集结起来，直奔望奎县的十三户和通江埠，然后溃散至呼兰县的安乐镇。在这里，被省警备三旅包围。经过1天的激战，最终将叛匪彻底消灭，刘勤被打死，旅长卢惠杰、参谋长石俊岫、李向阳、张志儒、辛荣久等人逃脱。

通北县保安大队叛变，在被围歼的溃散中，到处抢劫骚扰，抢走逃散百姓马108余匹，车辆50余台，大批粮食物资，给人民的生产生活造成了重大损失。平定叛乱后，新生的民主政权，领导通北县人民，积极投入，发展生产，支援前线的斗争之中，为建立巩固的东北根据地和支援全国解放战争，发挥了战略大后方的重要作用。1951年，在全国镇压反革命运动时，将清查出来的叛匪卢惠杰、石俊岫、李向阳、张志儒判处死刑。1952年，辛荣久在沈阳被逮捕，押回通北县公审，在通北县被执行枪决。至此，赵光烈士英灵得以告慰！

五、革命烈士赵光①

赵光，原名赵光彩。1922年8月，出生在河北省藁无县（现河北省藁城县翠增春乡增村）的一个农民家庭。赵光自幼勤奋

①根据北安文史资料，唐敏整理。

好学，受外祖父的熏陶，幼年时便开始诵读唐诗宋词，少年时代就追求革命真理，写得一手好文章，经常给石家庄、北京报馆投稿。

1937年秋，赵光参加革命队伍。1938年8月，加入中国共产党。1938—1939年，他任区农会、宣传部干事及藁无县财政科科员。1939—1940年5月，任地方报编辑，中国共产党党内任党团书记。1941年7月，任藁无县青救会宣传部长，中国共产党党内任藁无县青委委员。1942年，任藁无县青救会会长，兼任藁无县抗日救国会主任，中国共产党党内任党团书记。

1939年，赵光在藁城县主办《大众生活报》《建国报》时参加过著名的藁城县暴动，在组织农民运动、学生运动被反动派通缉后，他到北京做地下交通员，担任中共北京地下党负责人刘仁的秘书。中国共产党组织为了培养他，于1942年5月，把他从敌后送到延安，先入鲁迅艺术文学院，后又到中国人民抗日军政大学学习，并任中国共产党抗大支部委员会委员、总支书记。这时赵光改赵光彩为赵光。

1945年8月15日，日本投降后，赵光遵照中共中央的指示，离开延安，和其他中共中央的干部们一起到黑龙江省开展革命工作。11月初，赵光到达中共黑龙江省委（当时黑龙江省会在北安），任通北县民主政府秘书，接管中苏之友社，组建中共通北县工作委员会、通北县民主政府。经过20多天的艰苦工作，赵光对通北县（今赵光镇前进村）的中国国民党反动势力情况基本全面掌握，并与李仰南、郭德华、高玉林等研究对策。年轻的赵光具有很高的政治觉悟，卓越的工作能力和大胆泼辣、艰苦朴素、密切联系群众的革命作风，深得人民群众的拥护和爱戴。赵光突出的工作能力，引起了被清洗，或隐藏在内部原日伪和国民党人员的仇恨。一部分混进革命队伍里的原伪警察、伪军官、中国国民党地下潜伏人员把赵光视为眼中钉，肉中刺，多次密谋寻机杀害他。

1945年12月19日8点左右，赵光去北安（中共黑龙江省工作委员会所在地）向中共黑龙江省委汇报通北县民主政府接收后开展群众工作、发展革命队伍、进行对原日伪和中国国民党人员斗争的情况。在邢殿墀（李仰南的警卫员，为保护赵光的安全，暂时配给赵光当警卫）的护送下，冒着凛冽的寒风，坐着马爬犁来到通北车站时，在候车室门口候车时突遇混入革命队伍的中国国民党东北挺进军第二纵队一支队第三旅第三团团长辛永久和宋振武、贾连山、徐洪荣等10多名叛匪，赵光同他们进行殊死搏斗，终因寡不敌众，壮烈牺牲，时年23岁。

1946年3月20日，通北县为赵光烈士建墓。4月5日，清明节，举行赵光烈士遗体安放仪式，并为他修建纪念碑。5月1日，中共通北县工作委员会、通北县民主政府与铁路共同决定：把通北车站改为赵光站。1949年6月20日，中共通北县委员会、通北县人民政府作出决定，号召全县共产党员和人民群众向赵光烈士学习，继承赵光烈士的革命遗志。在赵光车站月台旁重新修建赵光烈士纪念碑，使乘坐火车的旅客和过往行人都能观瞻墓碑，缅怀先烈。

第六章　革命老区再创辉煌

从延安到北安[①]

北安和延安有着重要的红色基因传承。这段历史虽然不为很多人所知，却放射着耀眼的光芒。北安与延安，一个在东北（黑龙江），一个在西北，相距几千里，相隔万千重，是伟大的革命斗争把两地紧密联系起来，并铸就薪火相传的红色血脉。1945年11月15日，受党中央派遣，延安干部团195人来到北安，这一骨干力量领导创建了老黑龙江省根据地，使北安具有了源自革命圣地延安的纯粹红色基因，成为东北“红色之都”，从而书写了红色北安辉煌的历史，也使北安拥有了“塞北延安”的美名。

书写红色历史。北安作为北满根据地五大中心之一，战略地位不言而喻。1939年北安是伪满洲国设立的19个省之一的北安省省会，也是伪满军政中心之一，建有大量办公用房和军事设施。北安还是重要的交通枢纽，滨北、齐北、北黑三条铁路在此交汇，东南通达哈尔滨，西南通达齐齐哈尔，向北直达边境城市黑河，可以联系西满，支援南满。此外，老黑龙江省根据地包括伪满北安省和黑河省的全部，总面积16.7万平方公里，人口近300

①选自《学习时报》，作者：黄士伟，系中央党校县委书记研修班学员、时任黑龙江省北安市委书记。

万，地处粮食主产区，具备建立战略基地的最佳条件。

延安干部团是我党派来的第三批干部，人数最多，实力最强，加强了北安地区的革命工作，成为老黑龙江根据地建设的中坚力量。

从延安来到北安的干部有195人，加上先期到达的东北抗联人员和晋察冀干部也只有241人，但发挥的作用不可估量，是黑龙江省各级政权建设的骨干。中共黑龙江省工作委员会和省政府驻北安期间，制定下发了一系列重要方针政策，召开了黑龙江省第一届人民代表大会等一系列重要会议，领导全省胜利完成了建党、建政、土改、剿匪、支前等工作。经过不断巩固和建设，北安成为重要军政中心和战略后方，为东北乃至全国解放作出了突出贡献。

这里，是新中国土地改革的试验田。黑龙江省工作委员会一系列土地改革方针政策的制定实施走在了全国其他解放区的前面，1947年7月17日至9月13日，时任黑龙江省工作委员会组织部部长赵德尊代表东北局远赴河北省平山县西柏坡参加全国土地工作会议。会议期间赵德尊作了专题发言，全面介绍黑龙江省土改工作经验。其中许多经验被党中央制定土改政策时借鉴和吸纳，并向其他解放区大力推广。

这里，是红色干部的摇篮。为了加强政权建设、培养军政干部、支援解放战争，中共东北局、东北民主联军和黑龙江省工作委员会省政府先后在北安创办了东北军政大学、东北工兵学校、黑龙江省军政干部学校、黑龙江军区卫生学校等10余所军政学校。许多延安干部担任校领导和教员，教材也多是从延安带来的，按延安模式开展教学与培训，总计培养数万名干部和专业人才，为东北及全国解放提供了大量干部和人才，其中高级军政干部达百余人。

这里，是《黑龙江报》创刊地。为传播党的声音和扩大宣传、发动群众，黑龙江省工作委员会决定在北安成立黑龙江报社，侯野锋任社长，章子冈、张向凌任副社长，从社长到编辑全部是延安干部团成员。1945年12月1日，黑龙江报社在北安正式诞生，创刊号《时事新闻》出版，1946年1月更名为《新黑龙江日报》。这是黑龙江省第一张党报，也是中国共产党第一次公开同北满人民见面的报纸，党的声音通过报纸不断在全省人民中传播开来。

这里，是稳固的战略后方基地。解放战争期间，黑龙江省人民全力提供人力、物力、财力支持，有力支援前线，为东北和全国解放事业作出巨大贡献。特别是人民群众踊跃参军，保卫胜利果实，为前线提供了充足的兵源，壮大了前线主力。仅从1947年初到1948年末两年时间内，黑龙江省就向主力部队输送新兵9.5万人，出民工1.6万人次，粮食80多万吨，谷草4.7万吨，担架3 200多副，马匹5 600多匹，大车1 200多辆及其他大批物资。

延安精神在北安落地生根。延安精神，是老一辈革命先行者在陕北延安极其艰苦的环境下，所体现出来的理想信念、精神风貌、思想品德、工作与生活作风的精华和结晶。延安干部团来到北安后，延安精神便植根这片红色的土地并落地生根。

随着东北军政大学（抗日军政大学总校）、东北工兵学校的迁入和各个老根据地干部的相继到来，到达北安的延安干部达到数百人。陈云、李富春、彭真、蔡畅、何长工、黄克诚、伍修权、林枫、洪学智等一大批党的高级干部都曾在这片红色的土地上工作过、战斗过，陈云、李富春、蔡畅还作过重要讲话，教育广大干部如何发动群众、做好“土改”等工作。前来北安工作的干部中大多数人都在中央党校、抗日军政大学、马列学院、延安大学、延安女子大学等学校学习过，是延安培养出来的优秀干部，可谓是骨干中的骨干，精英中的精英。延安的工作学习经历，使得他们拥有崇高的革命理想和信念，火热的革命激情；拥有较高的政策理论水平和丰富的革命斗争经验，善于应对复杂危险的斗争环境、善于做群众工作；使得他们不怕艰苦，不怕牺牲，服从大局，政治立场坚定。他们以延安精神、延安作风、延安经验，在北安示范引领，言传身教，使伟大的延安精神深深扎根北安大地，在广大干部群众心中开花结果。特别是东北军政大学总校迁入北安，抗大精神与延安精神互相融合、交相辉映。从那时起，大批有志之士从四面八方来到北安接受革命教育和熏陶，又从这里走向四面八方，参加东北乃至全国解放战争和人民政权建设。从这一点讲，北安成为真正意义上的“塞北延安”。

如今，那些革命先辈大多数已经去世，但他们培养的干部还在，发展的党员还在，他们所倡导的延安精神在北安大地代代相传，具体化为新时代北安精神，成为北安人民取之不尽的精神财富，成为北安人民永远坚守的精神家园。

传承红色基因。北安是革命老区，在东北抗战和东北解放战争时期发挥了重要作用，延安干部的到来和工作斗争，使红色文化成为北安鲜明的文化符号与历史积淀。为了传承红色基因，在充分挖掘红色历史文化资源的基础上，北安市提出全力打造“塞北延安”红色品牌，不断扩大北安红色历史文化的影响力、辐射力。经过艰辛努力，建立了以黑龙江省工作委员会旧址陈列馆、黑龙江省政府旧址陈列馆、庆华军工遗址博物馆、抗联纪念馆等为主体的红色博物馆群，目的就是传承红色基因，弘扬革命传统，扩大红色文化影响。

“红色基因代代相传，革命精神永远承继。”未来的北安，将进一步挖掘、研究北安的红色历史，尤其是从延安到北安这段红色历史，将其完完全全地还原、呈现出来，使之更有内涵、更有厚度、更有味道、更有魅力。通过对红色历史和人物的挖掘、整理、筛选，从中选择一批经典事件和人物，书写他们的红色故事，使红色历史鲜活起来，更加直观，更加吸引人。定期举办红色故事大赛，广泛传颂延安精神、抗大精神，使红色基因薪火相传、代代相传。

北安，迎来新中国第一缕曙光[①]

北安，寓意“北部平安”，饱含美好的愿景。这里地处松嫩平原向兴安山地过渡的中间地带，制衡南北、策应东西，战略地位十分重要，是黑龙江省北部区域中心城市。抗战胜利后，中国共产党人运筹帷幄，选择这里建立战略根据地。作为中国革命胜利的支撑点，这里绘就了金戈铁马的史诗画卷，跨越了激情澎湃的壮阔征程。北安，老黑龙江省省会驻地，迎来了新中国的第一缕曙光，注入了延安的红色基因，经历了血与火的革命考验，这座有着“塞北延安”之称的城市，由此载入中国革命的光辉史册。

北安——我深爱这片美丽富饶的土地，回望那段波澜壮阔的红色历史，让我感到骄傲自豪的同时，也从中读懂了自己的责任与担当。

（一）

在东北沦陷的暗夜中，这里是广大的游击区，武装抗日风起云涌。为消灭日伪军围歼抗日联军企图，抗日联军多支部队陆续进行了艰苦的西征，一路翻越小兴安岭来到北安地区，在南北河流域组建了指挥中心和后方基地，召开了著名的“南北河会

①选自《学习时报》，作者系时任黑龙江省北安市委书记。

议”，还建立了北安中心县委和抗日救国会、妇女救国会等地方组织。以此为依托灵活机动、机智勇猛地打击消灭敌人。这里活跃着赵尚志、李兆麟、金策、冯仲云、于天放等一大批著名抗联将领，书写了“冰趟子大捷”“于天放牢门脱险”“尚大嫂支援抗联”等脍炙人口的传奇故事。

赵尚志指挥的“冰趟子战斗”以少胜多，是抗联第三路军取得的最大一次胜利，也是东北抗日联军的经典战斗，极大地鼓舞了北满地区广大抗日军民的斗志。

抗战胜利后，中国共产党把高瞻远瞩的目光投向战略要地东北，北安因其重要的战略地位自然也成为焦点之一。受党的派遣，从1945年9月开始，东北抗联干部和晋察冀、延安等老根据地干部先后来到北安，仅延安干部就达数百人之多，他们领导创建了老黑龙江省根据地，这是中国共产党领导下的第一个完整的省级人民民主政权，也是北满地区树起的第一面红旗，北安的历史也翻开了新的一页。新中国的曙光从此照耀北安大地，从而谱写了一首首壮美诗篇。

一封封电报、一个个指令、一份份文件，从北安发出，以这里为中心的老黑龙江省根据地，被打造成一块土地改革的试验田、一片民主政权建设的示范区，一个支援前线的大基地，为支援东北乃至全国解放做出了巨大贡献。这一段鲜为人知的光荣历史对北安来说不仅仅是红色的记忆，更是一笔弥足珍贵的精神财富，今年恰逢东北全境解放70周年，追忆那段历史，具有特殊的历史和现实意义，我们将在历久弥新的红色历史中汲取前进的原动力。

经过艰苦卓绝行军的延安干部团，是领导创建老黑龙江省根据地的骨干力量。他们的及时到来，增强了北安的革命力量，也成为北安地区革命的转折点。他们是红色的种子，植入黑土地生根发芽；他们是燎原的火种，点燃革命斗争的熊熊烈火；他们是航标灯塔，照亮曙光前漫漫黑夜，指示前进的方向；他们是延安精神弘扬者，潜移默化，润物无声。

（二）

70多年前的秋天，这里开启了一个新的时代，改了天，换了地，人们内心盛满从未有过的欢喜，人民第一次当家做了主人。红色的版图，飘扬着胜利的旗帜。

战斗在北安以及从这里参军走出去的将军达30多人，有洪学智上将、陈伯钧上将、叶长庚少将、毛和发少将、唐哲明少将等等，其中还有追随毛泽东参加过井冈山斗争的，他们的军旅生涯有一段属于红色北安。

磨炼考验，砥柱脊梁。当时的北安地区，匪患十分猖獗，黑龙江省工委审时度势，制定了先南后北的剿匪方针，取得了拜泉保卫战、泰安攻坚战等战斗的胜利。至1946年3月，北安南部的土匪基本被消灭，共歼匪12 000人。之后，在洪学智将军的率领下，剿匪部队从北安挥师北进，一鼓作气打到最北部的漠河县，最终取得全省剿匪斗争的胜利，为土地改革和建设后方基地创造了有利条件。

北安土地改革进行的最早，走在了东北解放区的前列。彭真、蔡畅等来到北安调研指导土改工作，毛岸青也在北安地区参加了土改工作。时任黑龙江省委组织部长的赵德尊还代表东北解放区，远赴西柏坡参加全国土地工作会议，介绍黑龙江省土地改革成功经验。在轰轰烈烈的土改运动中，广大翻身农民踊跃参军上前线，保卫土改胜利果实，汇聚成解放战争的滚滚洪流。

干部摇篮，革命熔炉。在北安创办的红色军政学校共有十余所，它们流淌着延安基因，由延安干部担任领导和教员，采用的是延安办学模式。驻北安东大营的东北军政大学总校，其前身是抗日军政大学总校。驻北安南大营的东北工兵学校，是人民军队第一所工兵学校，延安炮兵学校为其基础。这些东北解放区创办的第一批军政学校，为解放战争和民主政权建设培养干部和人才达数万人，学员们来自四面八方，又奔向四面八方，他们托举起新中国的大厦。

老黑龙江省作为稳固的后方，人民节衣缩食，倾其所有，一切为了前线。他们做军鞋、晒干菜、组织支前车队、出担架队、救治护理伤员，样样工作走在前列。“军队向前进，生产长一寸”，新中国第一个国营机械农场——通北农场在解放战争的炮火硝烟中诞生了。从1946年4月到1948年11月，老黑龙江省动员和输送17万兵源到前线，成为四野百万大军中的主力。整个东北局机关和主力部队吃的粮食，有百分之三十五由老黑龙江省供给。在往前线运送弹药物资的专列中，活跃着北安铁路局司机的身影，还有3人遭敌机轰炸壮烈牺牲在辽西前线。

浸润着红色文化的北安，组建了东北军政大学文工团、兆麟文艺工作团、黑龙江军分区政治部宣传队等文艺团体，大力宣传新文化，传播革命道理。延安等老解放区的红色文化与本地传统文化相互融合，激荡起群众心向革命的豪迈热情。秧歌剧《兄妹开荒》、歌剧《白毛女》、六幕歌剧《为谁打天下》等红色经典精彩上演。刘白羽、杨朔、侣倜、苏里、武兆堤、巩志伟、葛炎、李文化、关鹤童等一大批红色文艺大家，都与北安结下不解之缘，创作了小说《北黑线》、报告文学《人民英雄于天放》等一大批优秀文学作品。

北安总结了经验，作出了贡献，也渲染了“红色之都”的魅力。陈云来了，李富春来了，蔡畅来了，彭真来了，伍修权来了，黄克诚来了，一大批党的高级干部陆续来到北安，他们搞调研、作报告、下指示，书写了耳熟能详的红色故事。人们都知道老黑龙江省根据地的中心在北安，更知道“只有共产党才能救中国”。

在老黑龙江省根据地的创建中，王肃、赵光、顾延龄、李银全、赵青山等一大批革命先辈血洒黑土地，他们的鲜血浸染了猎猎红旗，也浇铸了历史的丰碑，化作无穷的力量和坚如磐石的信仰！兴安作证，红旗激扬，千古绝唱。

（三）

回望历史，不忘初心，信仰永在，继往开来。为了传承红色基因，我们建立了以黑龙江省委旧址陈列馆、黑龙江省政府旧址陈列馆为主的红色博物馆群，每当走进这些红色博物馆，都会有刻骨铭心、震撼心灵的感受，这样的思想洗礼一次比一次强烈。峥嵘岁月虽然走过了70余载春秋，但那段历史却依然那么的令人难以忘怀，那些革命前辈的形象依然是那么的高大。对于他们，我一直都在仰视和自省，他们是革命的老前辈，更是我思想的航标和永远的榜样，给予我信仰的力量，催我奋进，警醒我要做个好人、做个清官，造福一方百姓。

伟大的延安精神深深根植北安，转化为绵延不绝的精神动力，推动北安不断发生巨变。北安速度激情上演，催生了新时代的北安精神。

红旗飘飘，壮怀激烈。迈进新时代，奔向新目标，品质北安，我们在行动；幸福北安，我们永远在路上。

老区嬗变[①]

北安市老区人民在革命战争时期，为抗击日本侵略者，推翻蒋介石反动政府的封建统治，为新中国的建立付出了巨大牺

①撰稿：曾繁臣，北安市老促会会长。

牲，做出了重大贡献。新中国建立以后，党和政府始终没有忘记老区，没有忘记老区人民，为老区的发展和振兴做出了极大的努力。自改革开放以来的三十五年间，老区的面貌发生了翻天覆地的变化。特别是党的十九大以来，农业产业实施供给侧改革之后，使老区经济社会发展全面进入了发展快车道。

一、供给侧改革使老区发生了巨大变化

新中国建立以来，全市老区人民在党和政府的领导下，坚持艰苦奋斗、自力更生的指导方针，进行了大规模的开发建设，从根本上改变了昔日“北大荒”的落后景象，为老区经济发展奠定了物质基础。党的十一届三中全会以后，全市老区经济建设进入了一个全新的发展阶段，人民的生产力得到了解放，产业发展得到了拓展，人民的收入大幅提高，加快了老区农业经济的发展步伐。党的十九大以来，党中央提出了农业产业向供给侧改革的新举措，以及党和国家连续出台的一系列支农、强农、惠农政策的推动下，老区农民享受到了减免“四税”，享受“四补”，使老区农业和农村建设进入了新中国成立以来最好的发展时期，经过老区人民的不懈努力，全市老区面貌焕然一新。

1.老区农业增产、增收取得了重大成效。2018年底，全市老区粮食产量实现了五连增，粮食亩产达到了767公斤，比2013年增加了67公斤，亩产增加了9.1%；粮食总产达到3 835万公斤，比2013年增加了300万公斤，总产量增长了9.2%；老区粮食总产量占全市乡镇总产量的二分之一强。

2.老区农业机械化耕种水平有了大幅提高。2018年底，全市五个老区乡镇，23个老区行政村已建立千万元农机合作社11个，500万元农机合作社12个，占老区行政村的100%；配套各类农机具1 300多台（套），老区机耕面积达到了38.7万亩，占老区总耕

地面积的76%，机械化耕种走在了全市前列。

3.老区农业产业供给侧改革取得了重大突破。2018年底，全市老区建成了万只以上蛋鸡养殖合作社3个；超100头肉猪养殖合作社5个；超2 000只肉羊养殖合作社6个；超100头肉牛养殖合作社5个。建成特色种植产业合作社12个，新建瓜果、蔬菜种植大棚630栋（亩）；特色食品加工合作社1个。种、养、加产业已注册商品标识8个。产品不但占领了全市副食品供应市场，每年还可以向俄罗斯外销果蔬产品近1 000吨。

4.老区农民实现连续增收、生活质量不断改善。2018年底，全市老区农民人均收入达到12 700元，比2013年的9 800元增加了2 900元，增长了29.6%。五年间实现了人均增长近1 000元的增幅水平，是老区人均增收效果最好、最快的年份。通过“精准扶贫，危房改造”的政策实施，已从根本上消除了危房。人均居住面积达到了25平方米。住房砖瓦率达到了90%以上，老区人民过上了初步的小康生活。

5.老区基础设施建设速度不断加快。按照省委，省政府统筹城乡基础设施建设，把基础设施建设的重点放在农村，以解决老区农村“饮水难、行路难”重点，加快老区农村“水、路、电、气”建设。全市老区道路建设，由“通乡路”拓展到“通村路、通屯路”建设，已经实现了“屯屯通、村村通”水平。农民饮用水转为安全饮用水标准，自来水入户率达到了98%，老区生产、生活用电实现了全网覆盖。

6.老区农村教育、卫生、文化、事业健康有序发展。2018年底，在全市老区优先实行农村义务教育“两免一补”的政策，彻底解决了老区近三万名中小学生“上学难”的问题。老区实行的合作医疗制度不断完善，覆盖老区人口的95%以上。老区最低生活保障制度的实施，已把全市老区9 600户（人）纳入保障管理体制。在全市的5个老区乡镇建成文化事业站，23个行政村，建成了藏有2万册以上的图书室，电教室，综合活动室，活动广场。配齐了各类活动、电教器材，达到了农民文化活动有史以来从没有过的高水平。

二、老区新农村建设的突出典型

老区城郊乡革命村是黑河市老区建设的“红旗村”。五年来，在村党总支书记王立泉的带领下，发扬“艰苦奋斗，自强不息”的老区精神，组建了1 000万元农机合作社，实现了农业耕种机械化；建立了大鹅养殖、绒山羊养殖、肉牛养殖三个专业合作社。年均出栏肉鹅2万只，肉羊1 000只，肉牛150头；建成拥有20栋（亩）大棚，2栋（亩）温室的特色种植示范园区；建成占地220亩，栽培8个珍稀品种和绿化品种苗木50万株的林业苗木种植基地。使全村的农业基础地位得到了加强，农业产业结构更加合理，农产品供给能力不断提升，经济发展环境和质量大幅改善。同时建成面积460平方米的革命屯抗联纪念馆；硬化屯内道路10公里，安装铁艺围栏2 000米，建U形水泥排水沟4 500米，安装节能路灯74盏和监控安保系统。实施了清洁管理、垃圾出屯工程，达到了新农村建设的要求标准。

老区赵光镇前进村是黑河市老区建设点上村。五年来在镇党委、政府的大力支持下，村“两委班子”坚持发展多元经济思路不动摇，建立了500万元农机合作社，粮食生产实现了规范化种植。建成前进村棚室生产合作社，拥有标准化果蔬大棚97栋（亩）。引资3 000万元组建的，泰生猪养殖合作社，拥有9栋顶级高标准猪舍的生猪养殖场，年出栏仔猪15万头。组建的肉牛养殖专业合作社（肉牛养殖专业屯），年出栏肉牛210头，实现养、销一条龙产业模式。建成占地3万平方米的3个光伏发电站，年可发电132万度。灭迹泥草危房24栋。文化、卫生、教育事业全面推进，人们的生活质量大幅提高.

老区通北镇通北村是全省小城镇建设试点核心村。由于多年来以粮食生产为主，产业单一，虽然多数农民居住在镇内，自身的区位优势难以发挥，始终处于低水平发展状态。近些年来，通北村充分发挥区位优势，大力发展温室大棚种植，组建成立了“东北亚蔬菜生产基地”。建成节能温室150栋（亩），钢架大棚360栋（亩），生产果蔬品种12对24个品种，年产瓜果蔬菜2 500吨。年均对俄出口近1 000吨，收入近1 000万元。产品辐射周边海伦、拜泉、克东三县，六个国营林场和五个乡镇。基地吸纳本村务工劳力350人，务工劳务人均年收入3万元，成为区域科技含量高、生产品种多的产业园区。

老区东胜乡东胜村是抗联西征第一个落脚村。因地处乌裕尔河流域北岸，湿地面积大，粮食产量极不稳定。近年来，在乡党委政府的充分论证、科学规划的前提下，东胜村通过综合分析，明确优势，精准定位，确定了“一体、三区、六大基地”农业绿色发展格局。即在乌裕尔河上游开发建设寒地水稻种植核心区，建成“农业园田综合体”，形成了1.5万亩寒地水稻标准化种植示范区；实施旱地生产“三三”制轮坐，规划了两个万亩轮耕示范区和一个千亩绿色无公害蔬菜种植示范区。其中：万亩蟹稻种养、万亩绿色富硒水稻种植、绿色非转基因大豆生产、绿色棚室蔬菜采摘，绿色生态养殖、绿色农产品的生产加工“六大基地”成为村域经济发展的前沿和主体发展经济。

老区二井镇自和村是于天放脱险地、著名老区村。自改革开放以来，村域主体产业不断发展变化，组成的大云蛋鸡养殖专业合作社，年养蛋鸡达6万余只。其中理事长一家年养殖蛋鸡就达1.6万只，年实现收入达40万元。2018年，又拓展了两处1 000头育肥猪养殖和1万头母猪繁殖场；引进了东北挽马养殖项目，已存栏挽马208匹，农业生产单一、制约农业发展的瓶颈已被打破。

砥砺奋进的老区城郊乡①

新中国成立后，老区城郊乡随着生产资料公有化，在农业合作化和人民公社化的生产阶段，农业生产水平有了较大的发展，农民的生活水平得到了极大的改善，到1957年全乡通电开始使用电灯照明。1972年建立了城郊乡卫生院，到1977年年末全乡有东方红拖拉机91台，收割机46台，各类农具机械113台（套），农业生产水平有了一定基础，粮食单产达到128.5公斤/亩。农民人均收入达到110元。

改革开放以后，老区城郊乡的经济、社会、文化等事业发生了翻天覆地的变化。农业生产实现了传统农业向现代农业的转型，随着集约化大农业发展和大豆“垄三栽培”、小麦标准化种植、玉米地膜覆盖、水稻旱育稀植、甜菜纸筒育秧、蔬菜棚室滴灌、植物动力激素、二氧化碳气肥等一系列农业新技术的推广应用，粮食作物产量大幅度增长，单产达到170~410公斤/亩，总产量比1977年翻了两番；推行山、水、林、牧、田、路综合治理，把发展牛经济放在主导地位，走肉牛、奶牛为主体，猪、禽、蛋、鱼并举的综合开发之路，重点推广了黄牛、奶牛改良、生猪直线育肥、驯化养鱼等技术，实现了畜牧业生产的全面发展。到2000年人均收入达到了2 399.1元，是1977年人均收入110元的20倍。

---

①撰稿：张海龙，北安老区城郊乡老促会会长。

党的十八大以来，乡党委依据农村工作重心转移的部署要求，提出了“农业转产上畜牧、干部转型抓服务、党员转型双带富、农民转移出劳务”的四个战略转移，依托守城靠城独有的自然优势，“走特色路，打绿色牌”，成立农民专业化合作组织45个，推行土地连片规模经营策略，大力实施现代化大农机作业，农业生产实现了由数量向质量要效益的转变，使得人民的生活日渐丰裕，2020年农民人均收入达到了13 884.25元，是2017年人均收入的6倍。建民村成为省级新农村示范村，革命村成为老区红旗村。

截至2020年，全乡拥有大中型拖拉机78台，小型拖拉机891台，大中型配套农具122件，大型联合收割机13台，各种农用、农副加工机械63台件，500吨烘干塔1座，水田收割机16台，水田插秧机34台，水田中型拖拉机15台，水田农机具68台套。依托4个现代农机合作社集中流转土地11.103万亩，占总耕地面积的84.9%，统一制定各类作物种植计划，全部实施现代大农机标准化作业。围绕扩面、规范、提质、增效，支持新型农业经营主体发展多种形式的合作，全面提升现代化大农业的内在素质和产品品质。协调北安市发改委，争取到千亿斤粮食生产项目资金1 000万元，打灌溉井31眼，硬化田间道路4.7公里，修建过水桥涵57座，晒场2 000平方米，改善了农业生产条件，有力地促进了粮食稳产、增产，实现了可持续增收。相继完成新华村蔬菜采摘园和向阳蔬菜采摘园区基础设施建设，新华葡萄采摘园新铺设排水边沟1 100米，铺设滴管137套，向阳园区新修排水边沟1 000米，提高了园区标准化生产水平，以两个小区287栋高标准钢架大棚区为样板，引领农民以合作经营为主要蔬菜经营模式，定位中高端市场，发展绿色无公害果蔬产业。

近年来，城郊乡党委政府根据全乡养殖现状，科学规划出特色养殖小区六处，为实施畜养殖“倍增工程”打基础。其中：乳、肉牛标准化小区4个，小区奶牛存栏1 241头，黄牛存栏164头。特色养殖小区现存栏狐貉、貂4 000只。肉鹅养殖合作社年出栏肉鹅3万只；鹌鹑养殖场存栏鹌鹑50 017只；生猪存栏3 489头，山绵羊5 356只，禽类存栏45 000只，打造牧业绿色、特色品牌。

2012年组建的革命现代农机合作社，带领37户农民会员每年耕种旱田作物32 000亩；种植水稻13 000亩，其中蟹稻10 000亩，鱼稻1 000亩，鸭稻1 000亩。作物采用农机具标准化作业，应用农业先进技术，节本增效，水田应用工厂化育秧等一系列提质增效措施年收入实现510万元，41个村民在其合作社务工年可收入145万元。人均务工年收入3.5万元。

乡村的公共公益及基础设施建设不断完善，已经硬化通村道路79.16公里；安装太阳能路灯190盏；自来水入户率达到95%；住房砖瓦化率达到85%；村屯绿化率达到80%；农民进城购置楼房的安居户达473户；建成两个乡级卫生院，11个村级医疗室；8个农民文化大院，安装健身器材163套，标准化塑胶篮球场3个，中心村屯建立了卫生“四有三包”长效管理机制。（即有专人负责垃圾清运、有定点垃圾箱、有专门填埋场、有固定清运车辆，班子成员分工包屯、包主要路段、包重点农户）。有效地提高和保持了村屯环境卫生。农民新农合参保率达100%，新农保参保率达95%。投资320万元建筑面积406平方米的革命屯抗联纪念馆每年接待参观7 000多人（次），已成为辐射北安周边的爱国主义教育基地，较好地发挥了红色教育基地的抗联精神和老区精神宣传教育作用。

到2020年底末全乡2 000万元资产以上家庭11户，500万元资产家庭23户，50万~100万资产家庭81户；外出成功创业资产超500万元的企业家3户。全乡手机用户达21 697人，光纤入村率

100%，电脑452台，汽车384辆。

近年来，乡引进两个招商企业，上海大众汽车4S店和斯柯达4S店，总投资8 000万元，招录乡域职工53人。引进的黑龙江佳汇食品有限公司落户我市工业园区，总投资10 500万元，生产红肠、火腿、豆制品等系列食品，年销售收入1.5亿元，利税3 000万元，安排本乡农民就业200余人。为全乡产业多元综合发展奠定了坚实的基础。

在党的十九大创新思维综合发展思路指引下，老区城郊乡党委、政府将创新思维、与时俱进，引领、带领老区人民不断砥砺奋斗，规划出了“互联网+农业+畜牧业”发展战略格局，建立农副产品追根溯源制度，走安全、绿色、有机、提质的产业化道路。蔬菜产业采用先进的生产技术，实现“南菜北种，北菜南销”，错时生产、错时销售，打好时间差获取更多经济效益。延长销售、加工链条，将优质粮食、蔬菜、瓜果、肉类等农副产品销售到国外，应用生物制药等行业科技成果实现产品再增值。广泛利用人脉资源，动员全乡干部职工、外出创业能人的人脉资源网，进行亲情招商、感情招商，用真诚的态度打动投资者，用科学的分析吸引投资者，进一步发挥城郊的地缘和区位优势，围绕工业园区和绿色食品产业园区发展适宜产业项目，多措并举，内引外联，拓展招商门路和渠道，实施工业带农业发展战略。

坚持以“富民强村，和谐文明”为基点，以发展农村经济和增加农民收入为核心，以改善农民生活生产条件为重点，有序稳步推进美丽乡村建设，打造“红、绿”旅游产业，协调市域内红色文化资源，认真规划，广泛争取和动员社会资金入股方式，争取以老黑龙江省委旧址、北安博物馆、庆华军工博物馆红色教育基地为主轴，以革命屯为基地，打造北安—新华—革命—建民

（八一水库）集吃住行于一体的“红绿”文化旅游线路，解决广大市民周末休闲旅游无处去的问题。恢复革命屯抗战时期原貌，开展乐享体验，在接受红色教育的同时，开发农家趣味、湿地乐享、绿色采摘、休闲垂钓、无公害一亩方田种植等主题鲜明、群众喜爱的休闲旅游项目，实现城乡红色资源共享。

大力推进农作物秸秆、畜禽粪便综合开发利用，发展食用菌栽培、秸秆燃气供暖、有机肥料生产、造纸等项目，保护好生态家园，拓宽多轮驱动，多元发展的经济增长点。乡村规划进一步科学化，赋予人民一个水清、天蓝、环境优美的家园，实现“村在林中、路在树中、房在园中”的总体目标。形成种植、养殖、生物质能转换、新能源开发、常规能源的节约与土肥等技术融于一体，能流、物流做到科学转换和利用，经济、生态实现良性循环的先进农业生产方式。

到2035年，建成现代化农业体系，农业综合生产能力显著增加，村域产业协调发展；农民生活富足宽裕，农民人均纯收入达到5万元；以建民村和革命村为居民中心居住地集中建设新型农民新区实现城镇化，洗浴中心、餐饮娱乐中心、物流集散中心、公交、供暖供气等配套设施一应俱全。促进农村社会事业全面发展，全面加强精神文明建设，农民群众思想道德素质、科技文化素质和健康素质全面提高，健康文明新风尚基本形成；村域规划建设水平显著提高，村容村貌美化整洁；农村民主政治建设进一步加强；民主管理机制不断完善，农民民主权利和合法权益得到切实保障；乡风文明和谐，农民安居乐业；村办企业有所突破，集体经济积累明显增加；建成具有特色风貌的新农村。

日新月异，飞跃发展的老区赵光镇[①]

2018年以来，在北安市委、市政府的正确领导下，赵光镇以党的十八大精神为引领，以农业增效、农民增收为目的，以加强基础设施建设、多元发展、平安建设、脱贫攻坚为主攻方向，奋力实现新的腾飞。

一、强化农业基础地位 筑建多元经济发展平台

1.农业经济持续稳步发展，村级集体经济不断发展和壮大。按照“整转薄弱村、壮大一般村、提升富裕村”的发展思路，实现了村级党组织、党员干部服务意识、带富能力明显提高，集体经济综合实力大幅提升，党组织创造力、凝聚力、战斗力明显增强，党在农村的执政基础进一步巩固。截至2018年底全镇7个行政村都有比较稳定的集体收入，消除了负债村。绿色农业试点成果收益显著，东丰村5 000亩绿色大豆农业试点完成，农业结构调整合理，三三轮作和二二轮作顺利完成。特色农业初见成效，粮豆薯总产喜获丰收，成功举办了首个农民丰收节。实行了土地整理规模化。全镇累计完成翻埋和碎混地65 207亩，深松5 790亩，旋耕34 200亩，稳定和保证了粮食连续增产，实行了农业增效的目标。

2.产业建设成效显著。围绕精准扶贫和地域优势大力发展镇域产业，已经达到多项产业并举，多元化发展的目标，共投入资金570万元，建成的前进村棚室蔬菜合作社116栋蔬菜大棚投入使用并取得良好的经济效益，北乐“有机白菜”完成国家商标认

①撰稿：唐敏，北安老区赵光镇老促会会长。

证，百栋大棚绿色蔬菜种植区格局基本成型。温氏集团猪场已经完成建设，年可出栏仔猪15万头。投资3 000多万元组建的泰生猪养殖合作社已建成9栋顶级标准的生猪养殖场，已投入使用。六井子生态养殖小区已经初具规模，草原红鸡养殖1.4万只，实现了养销一条龙经营机制。投资200万元专项扶贫资金，建成占地面积6 000平方米北河村养殖合作社，已投入运营。北胜特色水产品银雪鱼养殖试验成功。扶贫产业黑果花楸项目占地160亩，投入资金200万元，树苗已经栽种完毕，附属设施正在抓紧施工。东丰养鸡场无害化处理投入资金10万元，规划设计的有机肥发酵池设施，可以进一步减少了生态环境的污染。投资346.79万元，建成赵光镇三个光伏发电基地，分别为北河村10.11号电站，占地面积11 160平方米，电站容量465千瓦，每年可产生电量74.4万度；赵光村12号电站，共占地面积7 320平方米，电站容量305千瓦，投资227.53万元，每年可产生电量48.8万度，前进村13.14.15号电站，共占地面积30 000平方米，电站容量825千瓦，投资615.45万元，每年可产生电量132万度。实现了村村有项目，产业多元合理的新的发展格局。

3.特色小镇的建设质量和水平得到巩固提升。近年来投资749万元建成集公安分局标准化办案区、多功能社区服务场所、公共服务中心为一体的2 550平方米综合楼，形成了服务、管理一体化。投资20万元新建成的镇区净水厂，新打居民安全饮水井1处。改造自来水管线1 200米，清掏排水井35眼、排水管线460米，维修雨水井、污水井3眼。镇内居民吃上了清洁的安全饮用水，积极治理城镇“三乱”，垃圾实现日产日清，镇居环境较大改善。对友谊路等镇内街道进行了绿化、美化，全力推进“三城联创”，树立了赵光新形象。美康家园8号楼、和顺园楼建成并投入使用；202国道赵光镇内道路得到维修；特色小镇规划已经修编；场镇共建取得积极成果，与农垦配合默契，共同推进城镇管理，共同利用基础设施资源，大力支持九三集团赵光分公司、北大荒有机蔬菜、乌裕尔水业、中储粮赵光监管处等大中型企业发展不断壮大。

4.美丽乡村扎实推进。泥草房改造有序推进，灭迹泥草房93栋。七个村全部新建了文化大院。实现了有线、宽带、村路村村通，全覆盖。连续几年实施的环境整治清理边沟、护栏、路牌、杂草，村屯环境得到有效整治，彻底改善了人们生活环境。7个村卫生诊疗室均达到市里统一标准，每个村配备一至两名村医，保证了人们的防疫治病需要。农村文化大院和文化图书室全部达到标准，全面对村民开放，满足了人们的文化需求。农村广播正在普及推开，实现了无线广播网络覆盖。投资31万元建设幸福大院并投入使用，可解决8户贫困户住房问题。

5.各项社会事业蓬勃发展。2018年征兵工作圆满完成，赵光镇为部队输送新兵员9名，大力支持了国防事业。连续几年组织农民参加了市体育运动会，多次获得了团体一等奖的好成绩；乡村文化丰富多彩，每年组织的赵光镇新春晚会和农民丰收节，引导了农民积极健康向上的生活情趣，参加市秧歌和农民文艺会演，都取得了良好的成绩。农村合作医疗和养老保险参保率达到了98%以上。全镇内商贸市场保持了比较繁荣购销势头，各家商铺收入稳定，提升了赵光镇百姓对物质生活的需求水平。信访势头有效缓解，通过多种措施化解典型案例18件，使上访事件减少了60%。社会治安状态较好，扫黑除恶取得良好开局，目前全镇没有发生黑恶势力事件，灭绝了黑恶势力倾向的案件。

6.精准扶贫取得可喜成果。截至目前，全镇共有建档立卡贫困户564户，933人，已脱贫290户455人。贫困发生率2.046%；2018年动态调整计划脱贫231户388人。调整后未脱贫43户90人，贫困发生率0.4%。贫困户落实产业帮扶措施，其中一项产业73户；两项产业245户；三项以上产业246户。一是光伏带动。赵光镇三个光伏发电基地，电站上线运营，总受益77 270元，带动贫困户95户。二是合作社带动。通过养殖合作社棚室蔬菜合作社，每年扶持112户，365人，人均年实现增收800元。三是庭院经济带动。2018年镇政府通过庭院经济奖扶501户309 509元。种植黄金钩豆角57亩、种植药材平贝21.4亩、栽植柳树育苗28 500株，分包给贫困户经营管理，这一做法得到了扶贫办和市农业局组织的“我的房前屋后绿色产品”展示会的好评。四是金融带动：2017年至2018年度为贫困户支持小额贷款526户，采取“户贷企用”和“户贷社用”两种方式，2017年入大龙种业和宏图种业、2018年入温氏集团和润泰生猪养殖合作社建立利益联结机制，每户贷款3万元，2018年利润分红现已全部发放到位。五是劳务带动。2018年分别与市林业局和人社局签订协议，分别设立生态护林员14人、村级保洁员19名、公益性岗位28人，组织外出务工人员30人。目前为止2018年的务工收益已经发放到贫困户手中，使参加劳务的贫困户每年都有了稳定的收入。通过精准扶贫不等不靠进一步激发了贫困户的致富意识，提高了自身的造血功能，为脱贫攻坚注入了强劲的动力，取得了“真扶贫、扶真贫”助推贫困户快脱贫的帮扶效果。

二、奋发努力 促进老区赵光镇又好又快发展

赵光镇在今后的发展中，坚持以党的十八大以来的经济社会发展蓝图为根本指导思想，以又好又快的把赵光镇建设成为农民富裕、生态良好、产业多元人居宜雅、社会稳定的“小康镇”为目的，实施六大工程建设。

以发展绿色生态农业为重点，全力打造新型农业经济工程。

大力发展绿色农业：按照“一年试点、二年推广、三年铺开”的总体要求；一是大力推进有机农业发展。以东丰村绿色大豆种植为基础，紧紧依托温氏集团和我镇生猪畜牧强镇有机肥增多的优势，全力推进镇域绿色有机农产品壮大。二是大力推进规模经济。借助秋整地，推进规模种植，实现土地深度流转，形成农业生产的规模效应。三是大力推进特色农业。实现赵光马铃薯、北乐平贝、前进蔬菜、北胜林产种植、东丰生猪养殖、赵光村溜达鸡等特色农业新格局，打造赵光镇绿色农产品大品牌，大力推进生态农业，保护水源、草原、森林覆盖率。

以发展特色产业为重点，全力推进项目建设工程。依托温氏集团，打造东丰生态养殖小区和南山生态养殖小区，完善北河养猪场；扩建和完善前进百栋大棚绿色蔬菜大棚区；扩建和完善北胜黑果花楸种植区；逐步扩建北乐北药种植区；扩建和打造赵光养鸡场；筹划福安苏达水厂；支持温氏集团后期扩建项目建设；大力引进秸秆加工利用项目。

以完善基础设施为重点，全力巩固特色小镇成果工程。努力完成赵光大市场改扩建项目，截至目前已经与动迁户商谈完毕；全力推进绿化、美化、亮化；加强日常保洁；逐步完善地下排水设施；逐步改造四个出入口；大力推进废品收购点外迁；完善平改立拆迁，力争开工；努力推进桥下停车场建设。

以整顿村屯环境为重点，全力打造宜居乡村工程。大力推进示范村建设，每个村必须打造2个标准化样板屯；建立健全一支运转有效的村屯环境管理队伍；大力灭迹泥草房；加大三类人群住房改造维修力度；完成硬化路两侧绿化美化任务；努力推进局布通村路建设。

以完成精准扶贫任务为重点，全力改善民生工程。高标准、高质量完成精准扶贫任务，巩固退出成果，完善新退出机制，加大产业脱贫力度，建立长效脱贫计划，杜绝返贫情况发生，完成贫困户可持续脱贫。大力推进文化建设，充分利用文化大院和文化书屋，丰富百姓的精神生活和知识，向着健康良好的人文环境发展。继续完善医疗保障制度，有效的解决百姓看病难的问题；继续注重饮水安全；完成局部供水管网改造。

以实现有效治理为重点，全面加强党的建设。强化理论学习，重点学习习近平考察东三省重要讲话和张庆伟在黑河及北安调研时的重要讲话精神；强化基层党的制度建设；建立健全村规民约；大力倡导移风易俗；大力倡导自力更生；大力倡导五好家庭；大力弘扬尊老爱幼。以建设富裕、美丽、和谐、文明新赵光为目标，全面推进全国特色小镇建设，促进全镇经济、社会，快速、协调发展。

凝神聚力，全面振兴的老区通北镇①

2019年，是全面贯彻落实习近平新时代中国特色社会主义思想，加快推动全面振兴全方位振兴发展的关键之年。我们要牢记嘱托，踏实肯干，助推“经济发达镇”建设迈向新台阶。

一、以经济发达镇试点改革为出发点 实现社会发展新跨越

持续壮大农业绿色经济。创新集体经济发展模式，激发集体经济活力，壮大集体经济实力。以农村集体经济产权制度改革为契机，巩固壮大传统产业。持续优化农业种植结构，严守耕地红线，加大农业“三减”示范基地建设，重点推进绿色有机食品种

①撰稿：黄海玲，北安老区通北镇老促会会长。

植示范区的创建，开展无公害食品、绿色食品、有机食品认证。积极培育发展壮大杂粮、蔬菜、肉牛等为主的生态种养业，以农村电商、物流、农贸为主的现代服务业。大力推行“企业+合作社+农户”的发展新模式，提高农业标准化、机械化生产水平。主动与农垦进行对接合作，深入“场镇共建”合作，依托农场的农机装备优势和丰富的生产管理经验，提升我镇农业装备化、规模化水平，推动我镇现代农业绿色发展。

深入拓展区域强镇功能。结合经济发达镇行政管理体制改革试点契机，承接下放权力。合理安排镇内区域布局和结构布局，逐步增加城乡公共建设、教育、医疗、社保、养老等投入，提高新型城镇化建设水平，实现城乡融合发展。强化提升公共服务功能，改建扩建供水设施，提高集中供水能力。加快通北镇城镇集中供热热源厂建设和通北林业局供热并网工作，做到达标排放。力争新建垃圾处理厂一座，确保镇内生活垃圾得到有效处理。继续配合市环保局及施工方工作，促进污水处理厂尽快投入使用，大力支持金融、电力、通讯、商贸物流等事业加快发展，进一步增强辐射服务周边乡镇的功能，推进发达镇试点改革进程。

坚持强化优化营商环境。坚持把发展优化各项环境作为今后重点工作来抓。突出问题导向，聚焦薄弱环节，抓住关键领域，努力营造风清气正的政治生态环境、积极作为的干事环境、天蓝地绿的生态环境、镇风淳朴的社会环境。依托“中蒙俄经济走廊”延伸地区的广阔合作领域，坚持凝聚内力与借助外力齐抓，全力实现招商引资新突破。积极为企业开辟“绿色通道”、提供“保姆式”服务，规划先行，把合作意向变成落地项目。争取打造一批放心工程、满意工程、品牌工程，营造良好的“亲”“清”新型政商关系。

不断提升群众幸福指数。积极发展民生事业，进一步提高公共服务均等化水平。完善社会救助体系，进一步提高社会保障水平，努力提升农保农合参保缴费率，严格落实城乡低保、农村五保、医疗救助、灾害救助、临时救助、慈善救助等社会救助政策，不断改善低收入群体生活状况。大力推进教育均衡发展，共享和优化教育资源，提高教育教学质量，打造北安南部教育中心。大力推进通北镇创建省级卫生乡镇的建设，加强门诊诊疗工作，把村医定位在公共卫生服务的主线上，做好对村医的引导工作，完善公共服务体系，推动卫生与健康均等发展。以举办广场舞比赛为契机，开展丰富多彩的文体活动，提高对农村文化大院、农村书屋的利用率，引导农村文化生活健康向上发展，从而提升小城镇建设品味。

大力加强“平安老区”建设。持续深化综合治理，进一步创新社会管理。强化安全生产红线意识，全面落实安全生产责任制，坚持隐患排查、整改督查和打非治违常态化管理。突出抓好食品药品、交通、消防等重点行业领域专项整治行动。健全公共法律服务体系，深入排查化解社会矛盾，着力抓好信访维稳工作。研究化解一批恶意拖欠农民工工资类信访事项，解决一批回迁安置类信访事项，避免出现大规模群体事件。发挥扫黑除恶利剑作用，深化“平安通北”建设，有利推动各项工作融合发展。

二、以乡村振兴为着力点 开创老区村建设新局面

突出污染防治，建设生态乡村。抓实“农村环境综合治理”“农村清洁”“青山、碧水、蓝天”三大工程，全面执行作物秸秆禁烧规定，不断提高秸秆禁烧监管力度，坚持植树造林、加强道路、院落绿化，巩固绿化成果，继续实施黑土地保护工程；全面开展水环境综合治理，全面落实河长制，保护水域生态；以村容整洁为目标，以改善村容村貌、清洁农户庭院、绿化

村庄田间、清理厕所卫生和强化管护机制为重点，综合整治农村环境卫生，加强养殖场和养殖户排污监管，提高畜禽粪污综合利用率，合理设置垃圾收集、清理、转运等设施，着力打造宜居宜业宜游的美丽乡村。

坚持多措并举，建设老区乡村。以加快小城镇建设为重要抓手和突破口，大力实施乡村振兴。一是优化小城镇发展环境，引领农村区域协调可持续发展。通过完善相关基础设施，积极向上争取，规划落实村屯道路改造升级；逐步改建自来水、供热管网等公益设施；分步扩建文化活动室、健身广场等文体设施，增强公共服务功能，吸引外出人员回镇返乡创新创业，恢复小镇活力。二是转变农村发展理念，推进农业农村现代化发展。巩固和完善农村土地和基本经营制度，统筹合理运用涉农资金，理顺农村投融资体制，加快农业绿色示范园区建设，扩大股份合作制改革试点，盘活盘清乡村本土资源与资产，培育有机绿色特色产业，运用市场力量，加强农贸集市和专业市场建设。三是以安民富民为核心，大力发展吸纳就业能力强的产业和企业，结合新型城镇化建设合理引导产业梯度转移，创造更多适合劳动力转移就业的机会，提高增收致富能力。四是珍视乡村聚落活态价值，传承乡土文明价值。重视传统村落和特色村镇的保护与开发，构建人地和谐的乡村生态生活圈，传承乡村文化，留住乡愁记忆，全面推进乡村振兴。

加快精准脱贫，建设和谐乡村。现在脱贫攻坚工作已经到了攻坚拔寨的关键期。我们要大胆抓短板，锐意破瓶颈，继续以“产业扶贫”为重点，凝心聚力，完成脱贫攻坚任务，促进贫困人口同步小康，增进社会和谐。谋划扶贫产业。积极推进兴东村猪场投产达效，规范飞跃牛场管理，协调光伏电站建设方加强电站管理提高效益；进一步加强庭院种植、庭院养殖规模化发展等符合贫困户自身发展特点的小型种养业，同时借助乡村振兴，向上争取资金项目，拓宽就业渠道，增加贫困人口收入。开展社会帮扶，借助镇内民营企业多、经济实力强的优势，动员有爱心、社会责任感强的企事业单位和个人积极参与到精准扶贫中来，给予项目和物资上的支持，并在招工时优先录用有劳动能力的贫困户。加大典型选树，选树自主脱贫典型、帮扶典型、带动典型，广泛宣传事迹、经验。激发贫困户内生动力，增强自主脱贫能力，推广帮扶经验，提高帮扶成效。创新扶贫机制，让贫困群众脱贫后依然有稳定的收入来源，防止贫困户返贫。在就业扶贫上增动力，让有劳动能力的贫困群众充分就业。在教育扶贫上补短板，让他们跳出贫困陷阱、阻断贫困代际传递。在健康扶贫上求实效，提升贫困群众健康水平。在金融扶贫上敢创新，提高贫困群众自我脱贫能力。在社保扶贫上兜好底，提高贫困人口社会保障水平。

三、以解放思想大讨论为突破点 谱写党的建设新篇章

坚持理论学习更深一层，促进思想建设大提升。把学习贯彻落实习近平总书记在深入推进东北振兴座谈会上的重要讲话精神以及考察我省时的重要指示精神，作为强大的动力，把坚定理想信念作为党的思想建设的首要任务，教育引导广大党员干部筑牢信仰之基、补足精神之钙、把稳思想之舵。深入开展解放思想推动高质量发展大讨论活动，推动广大党员干部思想大解放、观念大更新。继续依托通北历史陈列馆开展“不忘初心、牢记使命”“从延安到北安”等特色主题党日活动。利用通北党建、流动党员微信群，以及通北之声微信公众号等网络手段开展红色教育宣传活动，推动传统媒体与新兴媒体融合发展，充分发挥红色

经典感召后人激励后人的功能。

坚持成果转化更深一层，促进组织建设大提升。加强党建示范点建设，扩大标准化党组织覆盖面，打造党建新品牌。健全完善制度机制，严格规范组织生活，让党务、政务、财务在群众的监督下有序开展。创新开展“党建+为民服务、党建+精准扶贫、党建+主题党日”工程，大力开展“实施红色先锋工程，创边疆特色党建活动”，促进党建工作与经济社会融合共进，把党建工作由“软任务”变成“硬指标”。以提升组织力为重点，在农村、社区、机关事业以及非公企业之间实行“融建联建共建”机制，实施“企业—社区”融建计划，以区域化党建为引领，推动驻区单位、企业与社区融合发展；开展“学校+农村”“医院+社区”等党支部间的联建活动，发挥各单位的职能作用，更好的服务农村社区，调动各方力量和资源；与农业院校、农场开展“院镇共建”“场镇共建”，促进各单位之间“扬长避短、扬长克短、扬长补短”。大力推进“四有”农村党支部建设，落实好黑河市委提出的农村党建“十件事”，提高基层党建工作质量，为推动脱贫攻坚和乡村振兴提供坚强组织保证。

坚持自身建设更深一层，促进廉政建设大提升。镇党委将从厚植党执政的政治基础高度，坚持不懈落实中央八项规定和省委省政府“九项规定”，坚决纠正“四风”问题，切实担负起党风廉政建设和反腐败工作主体责任。围绕党委重点工作，做深做实监督执纪工作，严肃查处不担当、不作为等失职行为。树立鲜明用人导向，对各项重点工作中遵守纪律、成绩突出、群众满意度高的干部提出表扬，对重视不够、履行职责不到位的干部进行约谈提醒，对工作推进不力、搞形式主义、弄虚作假的干部，严肃批评，严格追责，形成“能者上、庸者下、劣者汰”的良性循环，为实现“经济发达镇”的宏伟蓝图而努力奋斗。

奋发图强的老区二井镇[①]

一、老区二井镇发展与变迁

二井镇是一个以粮食生产为主的乡镇，1946年在黑龙江省委省政府的统一安排下，原自民乡自政村率先在全省开展土地改革。1947年贫下中农分得了土地、房屋和牲畜，实行农业生产互助组，农业生产得到了一定的发展，但小麦亩产仅70公斤，玉米、谷子亩产105公斤左右，大豆亩产仅75公斤左右。1952年试办初级农业生产合作社，并过渡到高级合作社，高级合作社土地归集体所有，耕畜、农具作价入股，社员按劳动评工计分，多劳多得。1960年和1962年全镇粮食播种面积达到了102 416亩、粮食总产达到9 363吨、平均亩单产达到了92.25公斤，粮食生产出现了上升趋势。1966年至1976年“文化大革命”期间，粮食生产遭到严重破坏，1972年粮食单产仅68公斤，是历史最低点。1978年党的十一届三中全会后，由于大型拖拉机的使用，粮食上升达到171.5公斤，比1969年增加97.5公斤。

1983年底，实行家庭联产承包责任制，农民对承包的土地进行了大量的投入，到1989年，粮食播种面积达到了131 984亩、粮食总产达到19 004吨、粮食单产达到144.5公斤。1990年至1995年，随着生态农业建设步伐不断加快，抗旱灌溉、防洪除涝为重点的水利工程的建设，使农业生产条件进一步改善，实现了播种面积、总产量、单产3个逐年同步增长。1996年种植覆膜技术的推广应用，使玉米亩产达到580公斤，1997年土地耕暄措施的实施和中低产田改造相继建成自民村农业立体开发区、自联主体生

①撰稿：张玉江，北安老区二井镇老促会会长。

态农业小区、建华农业立体开发区、建革立体生态农业小区，使全镇的产业基础得到全面提升。

党的十八大以后，全镇开启了土地集中合作经营、农业机械合作社联合经营、实体经营管理体制，截止到2017年，全镇197 000亩耕地，已流转给大户、农机合作社、企业等经营主体实施规模经营的面积已达130 000万亩，占总耕地面积的66%。农业新技术得到广泛普及和应用，农业生产实现了由粗放经营向科技经营的转变，粮食作物产量快速提升，大豆平均亩产达到150公斤，玉米平均亩产达到670公斤以上。全镇总收入实现5.26亿元，同比增长8%，人均收入12 945元，增长7%。

农业生产机具从无到有，实现了机械化，新中国成立之初至1957年底，农业生产主要是用牲畜牵引起垄、播种、蹚地，人工除草。人民公社期间机械化程度逐年发展，全镇拥有12台链轨拖拉机，1971年增加到21台，1983年多种型号拖拉机增加至182台，联合收割机24台。自实行家庭联产承包责任制以后，大型农田机械拥有量下降，但适应家庭经营的中小型拖拉机大幅度增加，到2007年小四轮发展达到高峰期，全镇拥有小四轮6 000余台。由于长时间使用小四轮田间作业，造成土壤板结、蓄水量下降，农业严重减产。为此，从1996年适时提出土地耕暄制度，提倡使用大型农机具，国家出台政策对购买大型农机具的实行补贴。同时随着土地连片规模化经营面积的增加，促进了全镇大型农机具的使用，截止到2016年全镇已建有千万元现代农机合作社5个，大型农机具保有量达到55台套，大型农机具使用率达86%以上。

农田基础设施建设步伐不断加快，相继完成了自政屯低产田改造，改造低产田3 000亩，争取发改委标准化农田新建项目，完成建革屯万亩标准化良田建设，修田间路7.8公里，机耕路14.5

公里，排水渠2.5公里，桥涵6座建设任务，安装大型喷灌设备4台（套），建成种子库一座，晒场1 000平方米，打机电灌溉井15眼。投入1 000万元，完成新建千亿斤粮食生产项目，修建机耕路45条、桥涵89个、抗旱井47眼、晾晒场5个，建成日处理500吨的玉米烘干塔2座，在建革村建成钢架塑料大棚52栋，连体大棚2万平方米，日光温室30栋，改善了农业生产条件。争取土地整理项目，新建、改建涵洞46座，进地涵15座；新建、维修田间道路53条，总长55公里，建成晒场6处，总面积31 659平方米。全镇建有大型规模化收粮站10处，年经销农产品20万吨以上。

畜牧养殖业发展迅猛，存栏数量不断增加。1950年镇有大牲畜1 399匹（头），1957年发展到1 552匹（头），生猪饲养数量达到1 961头，家禽饲养量为0.96万只，1960年，人民公社化以后大牲畜都归集体所有，大牲畜发展到2 540批（头），1965年大牲畜存栏3 323匹（头）。

1984年由于土地承包到户实行了联产承包经营责任制之后，在市政府大力发展奶牛业政策引导下，和市乳品厂龙头企业的带动下，奶牛养殖作为一个独立产业得到了迅猛发展，1986年全镇奶牛养殖发展到2 080头，实现了“千头奶牛乡”的养殖目标。1997年市政府号召“种玉米、养黄牛”，当年全镇大牲畜存栏达到9 428头（匹），其中：黄牛4 726头，奶牛1 705头，生猪14 163头，家禽20.8万只。

2008年以后，镇政府适时调整了发展畜牧养殖规模化经营的发展思路，新建现代化奶牛养殖小区2处，引进北安宜品乳业与上海优幼母婴用品公司联合建设现代化千头奶牛养殖场1处，投入各项产业项目资金，在二井村、自和村新建两处10万头育肥猪养殖场和1万头母猪养殖场。支持农户投资300余万元建成千头生猪养殖场1处。大力发展蛋鸡养殖业，全镇现有2 000只以上的蛋鸡养殖场10家，其中万只以上蛋鸡养殖场3家。截止到2017年末，全镇生猪存栏5 247头，山绵羊存栏6 200只，家禽存栏60 000只，奶牛存栏1 101头，肉牛存栏629头，马存栏208匹。牧业年收入达1.008万元，占农业收入的三分之一强。

公益公共基础建设不断完善，人们的生活质量不断提高。1973年以前，全镇房屋均为泥草房，而且还有少量“马架子”，农民住房条件较为低下，农民普遍住的是对面屋、南北炕，人均住房4~5平方米。村屯道路多为“泥土路”，少部分是砂石路。饮水均为手摇地表井水，靠人打水往自家挑。1960年以前全镇共有小学8所，初中一所。2000年以后，全镇小学有学校15所，其中：中学2所，小学13所，中学在校生1 049人，小学在校生875人。1952年各区设卫生所，村设1名赤脚医生。1969年农村开始实行农村合作医疗，12个生产队有11个实行了合作医疗制度。

2000年以来，乡村公共基础设施建设不断完善，相继开展了新农村建设和美丽乡村建设，重点在村屯基础设施、环境治理上取得了成效。通村道路全部硬化，硬化里程达78公里，通屯道路硬化率达80%。维修破损水泥路面7.96公里31 529平方米，加宽通村水泥道路7.17公里，维修道路涵洞12座。2016年以来开展了自来水井及其管网改造工程，共新打机电井5眼，更新改造12个自然屯自来水管网累计46 195延长米，全镇自来水入户率100%。镇共置换危房110座，维修75座，租赁30座，实施泥草房灭迹130座，全镇住房砖瓦化率提升至87%以上。安装路灯70盏、垃圾箱264个，铁艺栅栏以及水泥栅栏10 739米、铺设硬质边沟6 500米，新建村级文化大院 3个，村级文化广场 4个，安装体育健身器材90余套，建设文化书屋7个，灯光篮球场及球场5个，镇级综合文化站1处780平方米；全镇共设有镇级卫生院2所，医护人员33人，床位42张；村级卫生站14个，医护人员21人，实行签约服务机制，为每名村民建立健康档案，定期免费健康体检。全镇有线电视、网络信号覆盖率均为100%，电视、手机普及率均为100%。农民的生活质量得到全面改善。

农民的社会保障实现了全覆盖目标。全镇社会保障体系发展健康，先后实行了近年来社会保障快速发展。全面开展新农合、新农保，参合率、参保率分别达到 100%、95%。对符合享受低保条件的1 526户2 459人，落实了低保救助政策。2012年以来，医疗二次救助累计482人（次），发放粮食综合补贴和种植补贴涉农补贴8 600余万元，对享受五保待遇132人，实行了集中供养重症精神病免费住院6人，对享受计生奖励特扶的273人，享受独生子女费人数2 486人兑现了扶持金，2017年累计发放各类补贴资金3 450余万元。

二、老区二井镇发展构想与展望

在党的十八大精神指导下，二井镇党委、政府从本镇发展实际状况和发展水平出发，精心谋划今后的发展蓝图，确定了一切以人民为中心，以服务北安经济发展为目标，以扶贫攻坚为主线，全力打造“现代农业、围城经济”两大支柱产业，积极推进“精准扶贫、美丽乡村、文化品牌、和谐二井”四项社会事业建设，大力推进生态农业、绿色农业、品牌农业快速发展，加快乡村振兴步伐，确保农民稳定增收，人居环境明显改善，努力把全镇建成文明、美丽、幸福、和谐的北安北部区域重镇发展目标。

扎实推进农村改革，在加速农业现代化发展进程上实现新突破。在推动农业发展从数量向数量、质量并重的转变上下功夫。探索土地经营模式向家庭农场，向带地入社、利益共享、风险共担的更高层次发展。力争到2020年实现规范的整镇土地流转和规模经营。加强设施农业建设，加大土地整理、低产田改造、农田道路、水利、桥涵、水打沟综合治理、水田开发以及蔬菜大棚、晾晒场、仓储库、畜牧养殖场等农田水利基础设施建设。提升农机装备水平和作业质量，加大“三北”农田防护林、水土保持林建设力度，到2020年完成护路林采伐和农田防护林更新造林目标，成活率达到85%以上，进一步改善全镇农业生产生态环境。加强科技农业建设，落实“藏粮于地、藏粮于技”战略，抓好科技规模区建设，重点推广“三减示范田、米豆轮作、大垄宽窄行密植、大豆110厘米全程机械化综合高产栽培、深松整地”等农业科学技术，提升农业科技贡献率。培育发展绿色农业，重点培育绿色蔬菜、绿色鸡蛋等农畜产品，发挥乌裕尔品牌作用，疏通农副产品销售渠道，通过“互联网+农业”，实现网上线下销售目标。

集中精力抓招商引资上项目，在带动产业发展上实现新突破。坚持把产业项目作为加快发展的核心动力，重点在引进“粮头食尾，农头工尾”项目上下功夫。要突出“原字号”农产品深度开发项目的引进。建成龙头企业，以项目带动产业发展壮大。编制和争取项目，准确把握国家政策走向，重点围绕土地整理、道路拓宽、道路维修、自来水管网改造、文化设施、畜牧养殖等方面，集中人力做好项目论证和争取工作。

突出发展围城经济，在培育特色基地上实现新突破。要充分发挥镇域地处北安近郊区位优势，重点在培育发展多种经营，满足北安市场需求，促进农民增收上下功夫。鼓励农民自主创业。引导脱离土地的农民从事二三产业，吸引外出务工人员返乡创业。重点培育9个特色基地。即培育老区自民村发展庭院蔬菜种植基地，在老区自和村打造蛋鸡养殖、东北挽马和生猪养殖为一体的产业基地，大力发展观光农业。重点发展蔬菜葡萄采摘、水库池塘垂钓、农家乐山庄等观光经济，满足市民休闲娱乐需求。

振兴畜牧发展，在规模养、绿色殖上实现新突破。大力发展生猪养殖，扩大建华生猪养殖场规模，力争年出栏2 000头以上。依托二井村千头生猪养殖场，组建成立二井生猪养殖专业合作社，探索农户分养、家猪散养、山林放养等养殖模式，打造绿色生猪养殖品牌。大力发展蛋鸡养殖，依托老区自和村大云蛋鸡养殖合作社、建立屯万只蛋鸡养殖场，进一步扩大蛋鸡养殖规模，到2020年，拟新建万只蛋鸡养殖场1个，千只以上养殖场4个，全镇蛋鸡养殖数量达到10万只以上。大力发展山绵羊养殖。到2020年全镇山绵羊养殖数量要达到10 000只以上。稳步发展“两牛一马”，结合市场需求，提高联立、自和奶牛小区奶牛入驻数量，鼓励肉牛养殖。加速推进自和东北挽马繁育场建设，尽快建成全省最大最好的东北挽马繁育基地。

持续改善和发展民生，在打造文明二井、美丽二井上实现新突破。重点在社会事业，社会保障、美丽乡村、文化建设上下功夫。落实和完善社会保障政策，完善农村低保、社保、医疗救助、五保供养等社会保障政策，加大精准扶贫工作力度，重点在产业扶贫上下功夫，确保按期实现脱贫目标，让党的阳光更多普照百姓。大力发展文化事业，积极争取项目资金，加大文化广场、文化大院、篮球场等公共文化设施建设。加大文艺群体的培养，建立文艺人才库，重点扶持小剧团、秧歌队、广场舞蹈队和文艺创作等群体。全力打造“二井镇金秋农民艺术节”文化品牌，组织开展各类文体活动，丰富农民群众的业余文化生活，增强农民群众的文化自信。加强美丽乡村建设，严格落实《村屯环境卫生十条标准》，全面推行农户门前三包，完善保洁、垃圾清运队伍建设，启用垃圾转运站，做到垃圾每日清运。对通村路重点路段进行道路拓宽，中心村主街两侧全部实行边沟硬化，新建统一标准的栅栏。继续加大泥草房改造力度，力争到2020年基本消灭泥草房。继续加大造林绿化力度，确保完成造林任务，高标准绿化屯每村不少于2个，全镇重点村屯力争在2020年前，实现绿化、美化、香化、亮化目标。

勇立潮头的老区东胜乡①

革命老区东胜乡党委政府，以党的十九大精神为指针，继承和发扬老区精神，带领全乡人民努力拼搏，艰苦奋斗，老区的发展突飞猛进，人民的生活福祉不断提高，老区社会发展发挥了翻天覆地的变化。新中国成立后，老区东胜乡伴随着生产资料的公有化，1956年至1958年由初级社变为高级社、人民公社，是在农业合作化和人民公社化的生产阶段，农业生产有了较大的发展，农民的生活水平得到了初步的改善，1954年建立了东胜乡卫生所，就是后来东胜乡卫生院的前身。1955年成立了东胜小学，1963年至1970年成立东胜农中。到1964年东胜公社向阳屯正式通电，1965年东胜驻地粮台屯通电，开始使用北安发电厂电照明。到1977年年末全公社有东方红链轨拖拉机20台，胶轮拖拉机8台，收割机9台，各类农具机械80台套。农业生产水平有了一定基础，做到小修不出队，大修不出社，基本达到机种、机管、机收，初步实现了农业机械化水平。粮食单产达到129公斤/亩，在《纲要》以上。农民人均收入达到120元。

改革开放以后，特别是党的十八大以来，农业生产实现了粗放农业向科技农业的转型，随着大豆"垄三栽培"、小麦标准化种植、玉米地膜覆盖、水稻旱育稀植、甜菜纸筒育秧、植物动力激素、二氧化碳气肥、测土配方施肥、田间化学除草等一系列农

①撰稿：刘龙，北安老区东胜乡老促会会长。

业新技术的应用，粮食作物产量大幅度增长，单产达到175~220公斤/亩，总产量比1977年翻了一番；推行山、水、林、牧、田、路综合治理，把发展牛经济放在主导地位，走肉牛、奶牛为主体，猪、禽、蛋、鱼并举的综合开发之路，重点推广了黄牛、奶牛改良、生猪直线育肥、驯化养鱼等技术，实现了畜牧业生产的全面发展。到2000年人均收入达到了3 200元，是1977年人均收入120元的27倍。

特别是2008年以来，乡党委、政府认真贯彻执行省市老区工作会议精神，为东胜乡老区工作的开展奠定了坚实的基础。以科学发展观为统领，全面贯彻落实党的十七大和十七届三中全会精神，把加快发展，服务发展作为第一要务，充分发挥革命老区和全省环境优美乡镇两大优势，围绕“六型”经济建设，从强基础，重民生，促发展三方面入手，全面推进老区经济的快速发展。以增产增收为目标，积极调整优化产业结构，围绕质量、绿色、庭院、围墙、旅游、外向型突出发展六型经济，走有地方特色的乡域经济发展道路。

近年来，乡党委依据农村工作重心转移的部署要求，拓宽工作思路，“走特色路，打绿色牌”，大力推动土地流转有序进行。以党的十八大、十九大精神为指针，乡党委、政府认真谋划老区工作和老区村建设，按照“政府牵针引线，土地集中流转，大户经营管理”的工作思路，市乡村三级部门多方联动，全力推进。

1.发挥区位优势，科学规划农业绿色发展新格局。通过综合分析评估现阶段农业发展现状，明确优势，查找问题，规划确立了农业绿色发展的“一体、三区、六大基地”的现代农业绿色发展新格局。“一体”即在乌裕尔河上游寒地水稻核心区建设农业田园综合体一处；“三区”即以“三三”轮作、米豆两区轮作为基础建成5万亩土地轮耕示范区；建成1万亩绿色蔬菜生产示范区；建成3万亩寒地水稻高标准种植示范区；“六大基地”即万亩稻蟹种养基地；万亩绿色富硒水稻种植基地、绿色非转基因大豆生产基地、绿色棚室蔬菜采摘基地、绿色生态养殖基地、绿色农产品生产加工基地。

2.以农业“三减一增”为核心，全力打造绿色有机种植示范区。既在减少化肥、农药、除草剂用量，增施有机肥上下功夫，重点针对规模经营大户、合作社进行技术指导，采取技术包扶措施，从推广先进栽培模式、测土配方施肥、秸秆还田、增施有机肥等农业新技术入手，5个千万元以上的合作社为骨架支撑，切实提高农产品质量，提高土壤肥力和可持续生产能力，以点带面促进全乡农业绿色发展。

3.以农业科技为支撑，逐步完善农业生产的“六大体系”建设。即建立以“三三”轮作、“两两轮作”为基础的作物轮耕体系；建立以先进农机装备为基础的标准化农机作业体系；建立以测土配方施肥为基础，秸秆周期粉碎还田、增施有机肥、微肥、生物菌肥的施肥体系；建立以预防为主，综合防治为基础，机械除草、轮耕灭草、生物病虫防治的绿色防控体系；建立以播种—管理—收获—加工—销售全程高标准为基础的科学管理体系；建立以预测预报为基础的农业灾害预警体系。成立农民专业化合作组织12个，实现了农业生产由数量向质量要效益的转变，使得人民的生活稳步提升。

4.依托全省“两大平原”现代农业综合配套改革试验区旱改水项目，打造致富脱贫新途径。该项目总规划面积5万亩（含东胜乡3万亩），总投资5亿元，建设期是2014年至2016年三年时间。项目区位于乌裕尔河上游两岸，涉及4个乡镇的7个行政村，原来这里是5万亩的旱田，由于处于河谷地带，低洼、多涝，5年大约有3年是处于绝产和半绝产状态，通过项目的改造，通过综合开发和整理，提升综合生产能力，打造集中连片、设施配套、生态良好、抗灾能力强的高标准水田。项目建设重点围绕高标准水田、现代农机装备、资源节约生态、高新技术应用、产业化龙头企业五位一体进行高标准、高质量建设，项目运作机制实行“政府引导、企业拉动、合作社经营、农民参与”的机制，形成紧密型利益共同体，实现企业发展、合作社和农户增收的多赢格局。建设的催芽、育秧设施，全省处于领先地位，具备高效优质、节能环保、智能控制的优点，在催芽车间、育秧车间、育秧大棚中，全部应用了智能模块和传感器，通过传感器采集温度、湿度、液位、芽种或秧苗生长状态的相关数据，将这些数据传输到物联网中心，物联网中心对整个催芽、育秧全过程进行智能化控制，为芽种和秧苗生长提供最优越的生长条件，既保证了效率，更保证了质量。同时在农业生产上实现“六统一”，即统一种植业方案、统一种子、统一播种、统一施肥、统一病虫害防治、统一品牌销售，实现“产+销”一条龙发展。

如今东胜乡农林牧副渔各业齐头并进，各项工作突飞猛进，全面推进，呈现出一派社会主义新农村的繁荣景象。党政干部齐心协力，风清气正，精神面貌焕然一新。经济工作再上新台阶，优化环境，美丽乡村建设如火如荼，以基础设施建设为重点，以村屯环境整治为突破口，建设生态宜居、聚商宜业、魅力宜游的美丽乡村。截至2018年底，各村均实现了“三通”和“三有”（即通硬化路、通广播电视、通宽带、有卫生室、有文化活动场所、有医生）。白色路面全乡贯通45公里；安装太阳能路灯60盏；自来水入户率实现85%；住房砖瓦化率达到85%；村屯绿化率达到85%；一个乡级卫生院，5个村级医疗室；5个农民文化大院，安装健身器材100套，标准化塑胶篮球场3个，中心村屯建立了卫生长效管理机制。垃圾定点堆放，定期运出。农民新农合参保率达100%，新农保参保率达95%。投资到东胜和东利两个贫困村的光伏发电脱贫项目也已经并网发电，贫困户享受到了实惠。现代化的育秧基地正式投入运营，带动更多的农户，为巩固脱贫成果打下坚实基础，目前人均收入超过1万元，人们安居乐业。乡党委、政府在传承抗联精神和老区精神工作中不断创新理念、思想和工作方法，努力把老区村建设得更加和谐、富足、美丽。把传承抗联精神、老区精神时刻贯穿在全乡各项工作的始终。

雄关漫道真如铁，而今迈步从头越。新的时代谱写新的篇章，时代在召唤，历史在前进。抗联的精神鼓舞了每一代中国人，更在东胜乡一代代传承着。老区人民一定不忘感恩，听从党的领导，牢记历史，不忘初心，珍惜现在来之不易的幸福生活，时刻秉持革命先烈传承下来的伟大精神，沿着抗联的足迹前进，让抗联精神、老区精神闪闪发光，各项事业再攀高峰！